紧跟最新法律政策　助力“1+X”证书制度
结合2020年《中华人民共和国民法典》再版

“十三五”高职院校财经精品系列教材

经济法概论

（第二版）

主　编◎汪　飙　程小玲
副主编◎骆　俊　何平兰　戴严森　谷　峰

西南财经大学出版社
Southwestern University of Finance & Economics Press
中国·成都

图书在版编目(CIP)数据

经济法概论/汪飙,程小玲主编 .—2 版.—成都:西南财经大学出版社,2020.8
ISBN 978-7-5504-4504-8

Ⅰ.①经…　Ⅱ.①汪…②程…　Ⅲ.①经济法—中国—资格考试—自学参考资料　Ⅳ.①D922.29

中国版本图书馆 CIP 数据核字(2020)第 157134 号

经济法概论(第二版)

主　编　汪飙　程小玲
副主编　骆俊　何平兰　戴严森　谷峰

责任编辑:雷静
封面设计:何东琳设计工作室
责任印制:朱曼丽

出版发行	西南财经大学出版社(四川省成都市光华村街 55 号)
网　　址	http://www.bookcj.com
电子邮件	bookcj@foxmail.com
邮政编码	610074
电　　话	028-87353785
照　　排	四川胜翔数码印务设计有限公司
印　　刷	郫县犀浦印刷厂
成品尺寸	185mm×260mm
印　　张	14.25
字　　数	301 千字
版　　次	2020 年 8 月第 2 版
印　　次	2020 年 8 月第 1 次印刷
印　　数	1— 3000 册
书　　号	ISBN 978-7-5504-4504-8
定　　价	36.00 元

前言

QIANYAN

随着社会对大学生能力和素质的要求逐步提高，当前大学生的就业压力不断加大，于是通过考级考证增强就业竞争力便成了广大学生的优先选择，教育部等部门也要求各高等职业学院实施“学历证书+若干职业技能等级证书”制度（“1+X”证书制度）。财经财会类专业的学生除了争取在校期间努力完成学历教育取得学历证书外，还需要通过初级会计职称考试，并做好职业生涯规划，争取在会计职业上获得更强的技能和更大的发展空间，因而中级会计资格以及注册会计师便成了他们更高的目标。《经济法》是各级会计类资格考试的必考科目，可见经济法相关知识是财经财会人员知识结构中不可或缺的一个重要部分。

但经济法作为一个成熟的法律体系，覆盖面广，自成一套体系，但会计职称考试“经济法基础”大纲的内容与之不尽相同，因此，为避免经济法教学课时的不足以及师资的不匹配，我们根据学校教育的课时限制以及相关配套课程的设置，特选取其中的经济法律部分编写本教材。本教材结合2018年会计职称考试的重大改革和2020年《中华人民共和国民法典》的颁布实施，在上一版的基础上大胆突破了经济法理论体系的束缚，一切以实用为出发点，紧密围绕会计职称考试的大纲和知识要点，汇集了初级会计职称考试“经济法基础”的总论、会计法律制度、支付结算法律制度及劳动合同与社会保险法律制度，并增加了中级会计职称考试“经济法”的核心内容：公司法、合伙企业法和合同法，为财经财会类经济法教学提供了一个良好的读本。

本教材的作者都是多年从事会计职称考试经济法课程教学的一线骨干专职教师，拥有丰富的教学经验和扎实的理论功底。本书由汪飙、程小玲任主编，何平兰、骆俊、戴严森、谷峰任副主编。各章撰稿人的具体分工如下：汪飙（第一章）、程小玲（第四章、第七章）、何平兰（第三章）、骆俊（第五章）、戴严森（第二章）、谷峰（第六章）。全书由汪飙统一修改并定稿，时间仓促，疏漏难免，欢迎批评和指正。

汪飙

2020年7月

目录

MULU

第一章 总论

【本章学习要求】

1. 掌握法和法律、法律关系、法律事实、法的形式和分类。
2. 掌握仲裁、民事诉讼。
3. 掌握行政复议、行政诉讼。
4. 熟悉法律部门与法律体系。
5. 熟悉法律责任。
6. 了解经济纠纷的概念与解决途径。

【案例导入】

小王参加中国电信的“分期购机优惠活动”，使用招商银行信用卡通过分期付款的方式零首付，轻松购得苹果手机一部。按照与中国电信签订的36个月合约，小王选择了299元套餐，月供金额320元。

问题：

1. 小王购买手机及电信套餐的行为存在哪些法律关系？
2. 各法律关系的主体都有什么样的权利和义务？

第一节 法律基础

一、法和法律

（一）法的概念与本质

1. 法的概念

法律一词可分别从广义、狭义两方面进行理解。狭义的法律专指拥有立法权的国家机关依照立法程序制定和颁布的规范性文件；而广义的法律则指法的整体，即国家制定或认可，并由国家强制力保证实施的各种行为规范的总和。

2. 法的本质

一般来讲，法是反映着统治阶级意志的规范体系。这一意志的内容由统治阶级的物质生活条件所决定，它通过规定人们在社会关系中的权利和义务，确认、保护和发展有利于统治阶级的社会关系和社会秩序。

法不是超阶级的产物，不是社会各阶级的意志都能体现为法，法只能是统治阶级意志的体现。法所体现的统治阶级的意志，不是随心所欲、凭空产生的，而是由统治阶级的物质生活条件决定的，是社会客观需要的反映。它体现的是统治阶级的整体意志和根本利益，而不是统治阶级每个成员个人意志的简单相加。法体现的也不是一般的统治阶级意志，而是被奉为法律的统治阶级意志，即统治阶级的国家意志。所以法是统治阶级的国家意志的体现，这是法的本质。

（二）法的特征

法作为一种特殊的行为规则和社会规范，不仅具有行为规则、社会规范的一般共性，还具有自己的特征。其特征主要有以下四个方面：

（1）法是经过国家制定或认可才得以形成的规范。制定、认可，是国家创制法的两种方式，但并不是国家发布的任何文件都是法。首先，法是国家发布的规范性文件；其次，法是按照法定的职权和方式制定和发布的，有确定的表现形式。也就是说，法需要通过特定的国家机关、按照特定的方式、表现为特定的法律文件形式，才能成立。

（2）法凭借国家强制力的保证而获得普遍遵行的效力。法的强制性是由国家提供和保证的，因而与一般社会规范的强制性不同，如道德、习惯等。国家强制力是以国家的强制机构（如军队、警察、法庭、监狱）为后盾，和国家制裁相联系，表现为对违法者采取国家强制措施。法是最具有强制力的规范。

（3）法是确定人们在社会关系中的权利和义务的行为规范。法的主要内容是由规定权利、义务的条文构成的，它通过规定人们在社会关系中的权利、义务来实现统治阶级的意志和要求，维持社会秩序。

（4）法是明确而普遍适用的规范。法具有明确的内容，能使人们预知自己或他人一定行为的法律后果。法具有普遍适用性，凡是在国家权力管辖和法律调整的范围、期限内，对所有社会成员及其活动都普遍适用。

二、法的形式和分类

（一）法的形式

法的形式，是指法的具体的表现形态，即法是由何种国家机关，依照什么方式或程序创制出来的，并表现为何种形式、具有何种效力等级的法律文件。法的形式的种类，主要是依据创制法的国家机关不同、创制方式的不同而进行划分的。

1. 我国法的主要形式。

（1）宪法。

宪法由国家最高权力机关——全国人民代表大会制定，是国家的根本大法。宪法规定国家的基本制度和根本任务，具有最高的法律效力，也具有更为严格的制定和修改程序。

（2）法律。

全国人民代表大会和全国人民代表大会常务委员会行使国家立法权。全国人民代表大会制定和修改刑事、民事、国家机构及其他的基本法律。全国人民代表大会常务委员会制定和修改除应当由全国人民代表大会制定的法律以外的其他法律；在全国人民代表大会闭会期间，对全国人民代表大会制定的法律进行部分补充和修改，但是不得同该法律的基本原则相抵触。

下列事项只能制定法律：①国家主权的事项；②各级人民代表大会、人民政府、人民法院和人民检察院的产生、组织和职权；③民族区域自治制度、特别行政区制度、基层群众自治制度；④犯罪和刑罚；⑤对公民政治权利的剥夺、限制人身自由的强制措施和处罚；⑥税种的设立、税率的确定和税收征收管理等税收基本制度；⑦对非国有财产的征收、征用；⑧民事基本制度；⑨基本经济制度以及财政、海关、金融和外贸的基本制度；⑩诉讼和仲裁制度；⑪必须由全国人民代表大会及其常务委员会制定法律的其他事项。

（3）行政法规。

行政法规是由国家最高行政机关——国务院制定、发布的规范性文件。它通常冠以条例、办法、规定等名称。

（4）地方性法规、自治条例和单行条例。

省、自治区、直辖市的人民代表大会及其常务委员会根据本行政区域的具体情况和实际需要，在不同宪法、法律、行政法规相抵触的前提下，可以制定地方性法规。

设区的市的人民代表大会及其常务委员会根据本市的具体情况和实际需要，在不同宪法、法律、行政法规和本省、自治区的地方性法规相抵触的前提下，可以对城乡建设与管理、环境保护、历史文化保护等方面的事项制定地方性法规，法律对设区的市制定地方性法规的事项另有规定的，从其规定。设区的市的地方性法规须报省、自治区的人民代表大会常务委员会批准后施行。

经济特区所在地的省、市的人民代表大会及其常务委员会根据全国人民代表大会的授权决定，制定法规，在经济特区范围内实施。

地方性法规一般采用条例、规则、规定、办法等名称。

民族自治地方的人民代表大会有权依照当地民族的政治、经济和文化的特点，制定自治条例和单行条例。自治区的自治条例和单行条例，报全国人民代表大会常务委员会批准后生效。自治州、自治县的自治条例和单行条例，报省、自治区、直辖市的人民代表大会常务委员会批准后生效。自治条例和单行条例可以依照当地民族的特点，对法律和行政法规的规定做出变通规定，但不得违背法律或者行政法规的基本原则，不得对宪法和民族区域自治法的规定以及其他有关法律、行政法规专门就民族自治地方所做的规定做出变通规定。

（5）特别行政区的法。

全国人民代表大会制定的特别行政区基本法以及特别行政区依法制定并报全国人民代表大会常务委员会备案的、在该特别行政区内有效的规范性法律文件，属于特别行政区的法。如《中华人民共和国香港特别行政区基本法》《中华人民共和国澳门特别行政区基本法》。

（6）规章。

国务院各部、委员会、中国人民银行、审计署和具有行政管理职能的直属机构，可以根据法律和国务院的行政法规、决定、命令，在本部门的权限范围内，制定规章。没有法律或者国务院的行政法规、决定、命令的依据，部门规章不得设定减损公民、法人和其他组织权利或者增加其义务的规范，不得增加本部门的权力或者减少本部门的法定职责。

省、自治区、直辖市和设区的市、自治州的人民政府，可以根据法律、行政法规和本省、自治区、直辖市的地方性法规，制定规章。没有法律、行政法规、地方性法规的依据，地方政府规章不得设定减损公民、法人和其他组织权利或者增加其义务的规范。

（7）国际条约。

国际条约不属于国内法的范畴，但我国签订和加入的国际条约对于国内的国家机关、社会团体、企业、事业单位和公民也有约束力，因此，这些条约就其具有与国内法同样的约束力而言，也是我国法的形式之一，如《世界版权公约》等。

2. 法律效力等级及其适用规则

（1）上位法优于下位法。

不同形式的规范性法律文件之间是有效力等级和位阶划分的，居于效力等级上位的称为上位法，居于效力等级下位的称为下位法，上位法的效力优于下位法。宪法具有最高的法律效力，一切法律、行政法规、地方性法规、自治条例和单行条例、规章都不得同宪法相抵触。法律的效力高于行政法规、地方性法规、规章。行政法规的效力高于地方性法规、规章。地方性法规的效力高于本级和下级地方政府规章。省、自治区的人民政府制定的规章的效力高于本行政区域内的设区的市、自治州的人民政府制定的规章。部门规章之间、部门规章与地方政府规章之间具有同等效力，在各自的权限范围内施行。

（2）变通规定优先。

自治条例和单行条例依法对法律、行政法规、地方性法规做变通规定的，在本自治地方适用自治条例和单行条例的规定。经济特区法规根据授权对法律、行政法规、地方性法规做变通规定的，在本经济特区适用经济特区法规的规定。

（3）特别法优于一般法、新法优于旧法。

同一机关制定的法律、行政法规、地方性法规、自治条例和单行条例、规章，特别规定与一般规定不一致的，适用特别规定；新的规定与旧的规定不一致的，适用新的规定。

（4）不溯及既往原则。

法律、行政法规、地方性法规、自治条例和单行条例、规章不溯及既往，但为了更好地保护公民、法人和其他组织的权利和利益而做的特别规定除外。

（5）法律规范冲突的裁决。

法律之间对同一事项的新的一般规定与旧的特别规定不一致，不能确定如何适用时，由全国人民代表大会常务委员会裁决。行政法规之间对同一事项的新的一般规定与旧的特别规定不一致，不能确定如何适用时，由国务院裁决。

地方性法规、规章之间不一致时，由有关机关依照下列规定的权限做出裁决：①同一机关制定的新的一般规定与旧的特别规定不一致时，由制定机关裁决；②地方性法规与部门规章之间对同一事项的规定不一致，不能确定如何适用时，由国务院提出意见，国务院认为应当适用地方性法规的，应当决定在该地方适用地方性法规的规定；认为应当适用部门规章的，应当提请全国人民代表大会常务委员会裁决；③部门规章之间、部门规章与地方政府规章之间对同一事项的规定不一致时，由国务院裁决。根据授权制定的法规与法律规定不一致，不能确定如何适用时，由全国人民代表大会常务委员会裁决。

（二）法的分类

根据不同的标准，可以对法做不同的分类。

1. 成文法和不成文法

这是根据法的创制方式和发布形式所做的分类。成文法是指有权制定法律的国家机关依照法定程序所制定的具有条文形式的规范性文件。不成文法是指国家机关认可的、不具有条文形式的习惯。不成文法也称习惯法。有的观点认为判例法也是不成文法。

2. 根本法和普通法

这是根据法的内容、效力和制定程序所做的分类。根本法就是宪法，它规定国家制度和社会制度的基本原则，具有最高的法律效力，是普通法立法的依据。因此，它的制定和修改通常需要经过比普通法更为严格的程序。普通法泛指宪法以外的所有法律，它根据宪法确认的原则就某个方面或某些方面的问题做出具体规定，效力低于宪法。

3. 实体法和程序法

这是根据法的内容所做的分类。实体法是指从实际内容上规定主体的权利和义务的法律，如民法、刑法。程序法是指为了保障实体权利和义务的实现而制定的关于程序方面的法律，如刑事诉讼法、民事诉讼法、行政诉讼法。

4. 一般法和特别法

这是根据法的空间效力、时间效力或对人的效力所做的分类。一般法是指在一国领域内对全体居民和所有的社会组织普遍适用，而且在它被废除前始终有效的法律，如民法、刑法。特别法是指只在一国的特定地域内（如某个行政区域）或只对特定主体（如公职人员、军人）或在特定时期内（如战争时期）有效的法律。

5. 国际法和国内法

这是根据法的主体、调整对象和形式所做的分类。国际法的主体主要是国家，调整的对象主要是国家间的相互关系，形式主要是国际条约和各国公认的国际惯例，实施则以国家单独或集体的强制措施为保证。国内法的主体主要是该国的公民和社会组织，调整对象是一国内部的社会关系，形式主要是制定国立法机关颁布的规范性文件，实施则以该国的强制力加以保证。

6. 公法和私法

公法和私法的划分方法，始于古罗马法学家，在法学界中得到广泛应用。比较普遍的看法是以法律运用的目的为划分的依据，即凡是以保护公共利益为目的的法律为公法，如宪法、行政法等；凡是以保护私人利益为目的的法律为私法，如民法、商法。

三、法律部门与法律体系

（一）法律部门

法律部门，也称部门法，是根据一定标准和原则所划定的调整同一类社会关系的法律规范的总称。划分法律部门的主要标准是法律所调整的不同社会关系，即调整对象。如调整行政主体与行政相对人之间行政管理关系的法律规范的总和构成行政法部门，调整劳动关系、社会保障和社会福利关系的法律规范构成社会法部门。另外还包括法律调整的方法。如民法和刑法，都调整人身关系和财产关系，但民法是以自行调节为主要方式，而刑法是以强制干预为主要调整方式。法律部门的划分也不都是绝对的，可以有不同的标准，可以交叉、重合。

（二）法律体系

一个国家的现行法律规范划分为若干法律部门，由这些法律部门组成的具有内在联系的、互相协调的统一整体即为法律体系。我国现行法律体系大体可以划分为以下法律部门：

1. 宪法及宪法相关法

宪法是国家的根本法。宪法相关法是与宪法相配套、直接保障宪法实施和国家政权运作等方面的法律规范的总和，主要包括四个方面的法律：①有关国家机构的产生、组织、职权和基本工作制度的法律；②有关民族区域自治制度、特别行政区制度、基层群众自治制度的法律；③有关维护国家主权、领土完整和国家安全的法律；④有关保障公民基本政治权利的法律。

宪法相关法主要有：全国人民代表大会组织法、国务院组织法、地方各级人民代表大会和地方各级人民政府组织法、法院组织法、人民检察院组织法、香港特别行政区基本法、澳门特别行政区基本法、立法法、选举法、国防法、领海及毗连区法、专属经济区和大陆架法、国旗法、国徽法以及集会游行示威法、戒严法等。

2. 民商法

民法是调整作为平等主体的公民与公民之间、法人与法人之间、公民与法人之间的财产关系以及调整公民人身关系的法律规范的总和。

商法可以看作是民法中的一个特殊部分，是在民法基本原则的基础上适应现代商事活动的需要逐渐发展起来的，是调整公民、法人之间的商事关系和商事行为的法律规范的总和。一般认为，民法法律部门包括民法典、拍卖法、商标法、专利法、著作权法、农村土地承包法等；而商法法律部门包括公司法、个人独资企业法、合伙企业法、证券法、保险法、票据法、海商法、商业银行法、招标投标法、企业破产法等。

3. 行政法

行政法是调整有关国家行政管理活动的法律规范的总和，包括有关行政管理主体、行政行为、行政程序、行政监督以及国家公务员制度等方面的法律规范，如行政处罚法、行政强制法、行政监察法、行政复议法、政府采购法、人民警察法、出境入境管理法、治安管理处罚条例、消防法、国家安全法、教育法、义务教育法、职业教育法、高等教育法、环境保护法、大气污染防治法、水污染防治法、环境噪声污染防治法等。

4. 经济法

经济法是指调整国家从社会整体利益出发对经济活动实行干预、管理或调控所产生的社会经济关系的法律规范的总和，包括预算法、审计法、会计法、中国人民银行法、价格法、税收征收管理法、个人所得税法、反不正当竞争法、消费者权益保护法、产品质量法、广告法、对外贸易法、农业法、种子法、铁路法、民航法、公路法、电力法、煤炭法、建筑法、城市房地产管理法、森林法、草原法、水法、矿产资源法、土地管理法、标准化法、计量法、统计法、测绘法等。

5. 社会法

社会法是调整有关劳动关系、社会保障和社会福利关系的法律规范的总和，包括：劳动法、社会保险法、矿山安全法、残疾人保障法、未成年人保护法、妇女权益保障法、老年人权益保障法、工会法、红十字会法、公益事业捐赠法等。

6. 刑法

刑法是规定犯罪、刑事责任和刑罚的法律规范的总和，包括刑法以及关于惩治骗购外汇、逃汇和非法买卖外汇犯罪的决定等。

7. 诉讼与非诉讼程序法

诉讼与非诉讼程序法是调整因诉讼活动和非诉讼活动而产生的社会关系的法律规范的总和，包括：刑事诉讼法、民事诉讼法、行政诉讼法、海事诉讼特别程序法、引渡法、仲裁法、公证法等。

四、法律关系

（一）法律关系的概念

法律关系是法律规范在调整人们的行为过程中所形成的一种特殊的社会关系，即法律上的权利与义务关系。或者说，法律关系是指被法律规范所调整的权利与义务关系。社会关系是多种多样的，因而调整它的法律规范也是多种多样的，如调整平等主体之间的财产关系和人身非财产关系而形成的法律关系，称为民事法律关系或民商法律关系；调整行政管理关系而形成的法律关系，称为行政法律关系；调整因国家对经济活动的管理而产生的社会经济关系，称为经济法律关系。

（二）法律关系的要素

法律关系是由法律关系的主体、法律关系的内容和法律关系的客体三个要素构成的。缺少其中任何一个要素，都不能构成法律关系。

1. 法律关系的主体

（1）法律关系主体的概念。法律关系的主体又称权利主体或义务主体，是指参加法律关系，依法享有权利和承担义务的当事人。

（2）法律关系主体的种类。什么人或者组织可以成为法律关系主体是由一国法律规定和确认的。根据我国法律规定，法律关系主体包括：

①自然人（公民）。所谓自然人，是指具有生命的个体的人。既包括中国公民，也包括居住在中国境内或在境内活动的外国公民和无国籍人。公民是各国法律关系的基本主体之一，是指具有一国国籍的自然人。

②组织（法人和非法人组织）。法人是具有民事权利能力和民事行为能力，依法独立享有民事权利和承担民事义务的组织。法人组织分为营利法人、非营利法人和特别法人。营利法人包括有限责任公司、股份有限公司和其他企业法人等。非营利法人包括事业单位、社会团体、基金会、社会服务机构等。机关法人、农村集体经济组织法人、城镇农村的合作经济组织法人、基层群众性自治组织法人，为特别法人。非法人组织是不具有法人资格，但是能够依法以自己的名义从事民事活动的组织。非法人组织包括个人独资企业、合伙企业、不具有法人资格的专业服务机构等。

③国家。在特殊情况下，国家可以作为一个整体成为法律关系主体。例如在国内，国家是国家财产所有权唯一和统一的主体；在国际法上，国家则是国际法关系的主体。

（3）法律关系的主体资格。法律关系的主体资格包括权利能力和行为能力两个方面。

①权利能力。权利能力是指法律关系主体能够参加某种法律关系，依法享有一定的权利和承担一定的义务的法律资格。它是任何个人或组织参加法律关系的前提条件。

公民权利能力依不同标准可以进行不同的分类。例如根据享有权利能力的主体范围不同，可以分为一般权利能力和特殊权利能力。一般权利能力又称基本的权利能力，是一国所有公民均具有的权利能力，它是任何人取得公民法律资格的基本条件，不能被任意剥夺或解除。特殊权利能力是公民在特定条件下具有的法律资格，这种资格并不是每个公民都可以享有的，而是只授予某些特定的法律主体。如国家机关及其工作人员行使职权的资格，就是特殊的权利能力。另外，按照法律部门的不同，可以分为民事权利能力、政治权利能力、行政权利能力、劳动权利能力、诉讼权利能力等。根据《中华人民共和国民法典》（以下简称《民法典》）的规定，自然人从出生时起到死亡时止，具有民事权利能力，依法享有民事权利，承担民事义务。自然人的民事权利能力一律平等。

法人权利能力的范围则由法人成立的宗旨和业务范围决定，自法人成立时产生，至法人终止时消灭。

②行为能力。行为能力是指法律关系主体能够通过自己的行为实际取得权利和履行义务的能力。法人的行为能力和权利能力一致，同时产生，同时消灭。而自然人的行为能力不同于其权利能力，根据《民法典》的规定，自然人民事行为能力分为三类：

一是完全行为能力人。十八周岁以上的自然人为成年人，具有完全民事行为能力，可以独立实施民事法律行为。十六周岁以上不满十八周岁的自然人，以自己的劳动收入为主要生活来源的，视为完全民事行为能力人。

二是限制行为能力人。八周岁以上的未成年人和不能完全辨认自己行为的成年人为限制民事行为能力人，实施民事法律行为由其法定代理人代理或者经其法定代理人同意、追认，但是可以独立实施纯获利益的民事法律行为或者与其年龄、智力、精神健康状况相适应的民事法律行为。

三是无行为能力人。不满八周岁的未成年人和不能辨认自己行为的成年人为无民事行为能力人，由其法定代理人代理实施民事法律行为。

2. 法律关系的内容

法律关系的内容，是指法律关系主体所享有的权利和承担的义务。

法律权利是指法律关系主体依法享有的权益，表现为权利享有者依照法律规定具有的自主决定做出或者不做出某种行为、要求他人做出或者不做出某种行为的自由。依法享有权利的主体称为权利主体。如财产所有权人可以自主占有、使用其财产以获得收益；债权人有权请求债务人偿还债务。

法律义务是指法律关系主体依照法律规定所承担的必须做出某种行为或者不得做出某种行为的负担或约束。依法承担义务的主体称为义务主体。义务主体必须做出某种行为是指以积极的作为方式去履行义务，称为积极义务，如纳税、服兵役等。义务主体不得做出某种行为是指以消极的不作为方式去履行义务，称为消极义务，如不得毁坏公共财物，不得侵害他人生命财产安全等。

法律权利和义务作为构成法律关系内容的两个方面，是密切联系不可分离的，共同处于法律关系这一统一体中。任何一方的权利都必须有另一方义务的存在，而任何一方的义务又都是为实现他方的权利而设定的。没有无义务的权利，也没有无权利的义务。在大多数民商法律关系中，各方主体都既享有权利，又承担义务。也就是说，任何一方既是权利主体，也是义务主体。如买卖关系中，买方承担向卖方支付价款的义务，同时享有获得卖方出售物的权利；卖方享有获得买方价款的权利，同时承担向买方支付出售物的义务。

法律上的权利和义务，都受国家法律保障。当义务人拒不履行义务的时候，权利人可以请求司法机关或其他国家机关依法采取必要的强制措施来保障权利的实现和义务的履行；当法律关系主体的权利受到侵害时，可以请求司法机关或其他国家机关给予保护。

3. 法律关系的客体

（1）法律关系客体的概念。法律关系的客体是指法律关系主体的权利和义务所共同指向的对象。权利和义务只有通过客体才能得到体现和落实。如果没有客体，权利与义务就失去了依附的目标和载体，无所指向，也就不可能发生权利与义务。因此，客体也是法律关系不可缺少的三要素之一。

（2）法律关系客体的内容和范围。法律关系客体的内容和范围是由法律规定的。作为法律关系的客体应当具备的特征是：能为人类所控制并对人类有价值。一般认为，法律关系的客体主要包括物，人身、人格，非物质财富和行为四大类。

①物。物是指可为人们控制的，具有一定经济价值和实物形态的生产资料和消费资料。物可以是自然物，如土地、矿藏、水流、森林；也可以是人造物，如建筑物、机器、各种产品等；还可以是财产物品的一般价值表现形式——货币及有价证券。物既可以是有体物也可以是无体物。

②人身、人格。人身和人格分别代表着人的物质形态和精神利益，是人之所以为人的两个不可或缺的要素。一方面，人身和人格是生命权、身体权、健康权、姓名权、肖像权、名誉权、荣誉权、隐私权、婚姻自主权等指向的客体。另一方面，人身和人格又是禁止非法拘禁他人、禁止刑讯逼供、禁止侮辱或诽谤他人、禁止卖身为奴、禁止卖淫等法律义务所指向的客体。以人身、人格作为法律关系客体的范围，法律有严格的限制。人的整体只能是法律关系的主体，不能作为法律关系的客体，而人的部分是可以作为客体的“物”的，如人的头发、血液、骨髓、精子、卵子和其他器官从身体中分离出去，成为与身体相分的外部之物时，在某些情况下也可以视为法律上的“物”。

③非物质财富。非物质财富也称精神产品或精神财富，包括知识产品和荣誉产品。知识产品也称智力成果，是指人们通过脑力劳动创造的能够带来经济价值的精神财富。如著作、发现、发明、商标等，它们分别为著作权关系、发现权关系、发明权关系、商标权关系的客体。智力成果是一种精神形态的客体，是一种思想或者技术方案，不是物，但通常有物质载体，如书籍、图册、录像、录音等。它的价值不在于它的物质载体价值，而在于它的思想或技术能够创造物质财富，带来经济效益，它是一种知识财富。荣誉产品是指人们在各种社会活动中所取得的物化或非物化的荣誉价值，如荣誉称号、奖章、奖品等。它

们是自然人、法人荣誉权的法律关系的客体。

④行为。行为作为法律关系的客体不是指人们的一切行为，而是指法律关系的主体为达到一定目的所进行的作为（积极行为）或不作为（消极行为），是人的有意识的活动，如生产经营行为、经济管理行为、完成一定工作的行为和提供一定劳务的行为等。

五、法律事实

任何法律关系的发生、变更和消灭，都要有法律事实的存在。

法律事实，是指由法律规范所确定的，能够产生法律后果，即能够直接引起法律关系发生、变更或者消灭的情况。法律事实是法律关系产生的具体条件，只有当法律规范规定的法律事实发生时，才会引起法律关系的发生、变更和消灭。法律事实是法律关系发生、变更和消灭的直接原因。

（一）法律事件

法律事件，是指不以人的主观意志为转移的能够引起法律关系发生、变更和消灭的法定情况或者现象。

事件可以是自然现象，如地震、洪水、台风、森林大火等不因人的因素造成的自然灾害；也可以是某些社会现象，如爆发战争、重大政策的改变等，虽属人的行为引起，但其出现在特定法律关系中并不以当事人的意志为转移。自然灾害可引起保险赔偿关系的发生或合同关系的解除；人的出生可引起抚养关系、户籍管理关系的发生；人的死亡可引起抚养关系、婚姻关系、劳动合同关系的消灭，继承关系的发生；重大社会变革可引起多领域法律关系的变化。由自然现象引起的事实又称自然事件、绝对事件，由社会现象引起的事实又称社会事件、相对事件。它们的出现都是不以人们（当事人）的意志为转移的，具有不可抗力的特征。

（二）法律行为

法律行为，是指以法律关系主体意志为转移，能够引起法律后果，即引起法律关系发生、变更和消灭的人们有意识的活动。它是引起法律关系发生、变更和消灭的最普遍的法律事实。

根据不同标准，可以对法律行为进行多种分类。

（1）合法行为与违法行为。这是根据行为是否符合法律的内容要求，即行为的法律性质所做的分类。合法行为是指行为人所实施的具有一定的法律意义、与法律规范内容要求相符合的行为；违法行为是指行为人所实施的违反法律规范的内容要求、应受惩罚的行为。

（2）积极行为（作为）与消极行为（不作为）。这是根据行为的表现形式不同，对法律行为所做的分类。积极行为，又称作为，是指以积极的、主动的行为作用于客体的形式表现的、具有法律意义的行为；消极行为，又称不作为，则指以消极的、抑制的形式表现的具有法律意义的行为。

（3）意思表示行为与非表示行为。这是根据行为是否通过意思表示所做的分类。意思表示行为，是指行为人基于意思表示而做出的具有法律意义的行为；非表示行为，是指非经行为者意思表示而是基于某种事实状态即具有法律效果的行为，如拾得遗失物、发现埋藏物等。

（4）单方行为与多方行为。这是根据主体意思表示的形式所做的分类。单方行为，是指由法律主体一方的意思表示即可成立的法律行为，如遗嘱、行政命令等；多方行为，是指由两个或两个以上的多方法律主体意思表示一致而成立的法律行为，如合同行为等。

（5）要式行为与非要式行为。根据行为是否需要特定形式或实质要件，可以分为要式行为和非要式行为。要式行为，是指必须具备某种特定形式或程序才能成立的法律行为；非要式行为，是指无须特定形式或程序即能成立的法律行为。

（6）自主行为与代理行为。根据主体实际参与行为的状态，可以把法律行为分为自主行为和代理行为。自主行为，是指法律主体在没有其他主体参与的情况下以自己的名义独立从事的法律行为；代理行为是指法律主体根据法律授权或其他主体的委托而以被代理人的名义所从事的法律行为。

法律行为除上述分类外，还有单务和双务法律行为、有偿和无偿法律行为、诺成和实践法律行为、主法律行为和从法律行为等分类方法。

六、经济法概述

（一）经济法的概念

一般认为，经济法是调整一定范围经济关系的法律规范的总称，主要是国家为了克服市场调节的盲目性和局限性而制定的调整全局性的、社会公共性的、需要由国家干预的经济关系的法律规范的总称。简单地说，经济法是调整因国家对经济活动的管理所产生的社会经济关系的法律规范的总称。

（二）经济法体系

按照经济关系以及经济法所调整的基本内容，我们将经济法体系做如下划分：

（1）经济组织法。经济组织法指经济组织的法律制度，主要是企业法律制度，如公司法、合伙企业法、独资企业法、外商投资企业法等。

（2）经济管理法。经济管理法指国家在组织管理和协调经济活动中形成的法律制度，主要是计划和产业政策、财税法、金融法、外汇、价格、市场和特定行业管理法等。

（3）经济活动法。经济活动法指调整经济主体在经济流通和交换过程中发生的权利义务关系而产生的法律制度，主要是合同法、反不正当竞争法等。

第二节 经济纠纷的解决途径

一、经济纠纷解决途径的选择

经济纠纷，是指经济法律关系主体之间因经济权利和经济义务的矛盾而引起的争议。它包括平等主体之间涉及经济内容的纠纷和公民、法人或者其他组织作为行政管理相对人与行政机关之间因行政管理所发生的涉及经济内容的纠纷。

在市场经济条件下，经济法主体为实现各自的经济目标，必然要进行各种经济活动，由于各自的经济权益相互独立，加之客观情况经常变化，因而不可避免地会发生各种各样的经济权益争议，产生经济纠纷，如合同纠纷、纳税人与税务机关就纳税事务发生争议等。为了保护当事人的合法权益，维持社会经济秩序，必须利用有效手段，及时解决这些纠纷。在我国，解决经济纠纷的途径和方式主要有仲裁、民事诉讼、行政复议、行政诉讼。

仲裁与民事诉讼适用于解决横向关系经济纠纷，即平等民事主体的当事人之间发生的经济纠纷。行政复议与行政诉讼适用于解决纵向关系经济纠纷，即行政管理相对人和行政主体之间发生的经济纠纷。

二、仲裁

（一）仲裁的概念和特征

1. 仲裁的概念

仲裁是指由经济纠纷的各方当事人共同选定仲裁机构，对纠纷依法定程序做出具有约束力的裁决的活动。

2. 仲裁的特征

从仲裁的概念可以看出，仲裁具有以下三个要素或者特征：

（1）仲裁以双方当事人自愿协商为基础。

（2）仲裁由双方当事人自愿选择的中立第三者（仲裁机构）进行裁判。仲裁机构是民间性质的组织，不是国家的行政机关或司法机关，对经济纠纷案件没有强制管辖权。

（3）仲裁裁决对双方当事人都具有约束力。

（二）仲裁的适用范围

根据《中华人民共和国仲裁法》（以下简称《仲裁法》）的规定，平等主体的公民、法人和其他组织之间发生的合同纠纷和其他财产权益纠纷，可以仲裁。

下列纠纷不能提请仲裁：

（1）关于婚姻、收养、监护、扶养、继承纠纷。

（2）依法应当由行政机关处理的行政争议。

下列仲裁不适用于《仲裁法》，不属于《仲裁法》所规定的仲裁范围，而应由别的法律予以调整：

（1）劳动争议的仲裁；

（2）农业集体经济组织内部的农业承包合同纠纷的仲裁。

（三）仲裁的基本原则

（1）自愿原则。当事人采用仲裁方式解决纠纷，应当由双方自愿达成仲裁协议或仲裁条款。没有仲裁协议或仲裁条款，一方申请仲裁的，仲裁委员会不予受理。

（2）依据事实和法律，公平合理地解决纠纷的原则。仲裁要坚持以事实为根据，以法律为准绳的原则，在法律没有规定或者规定不完备的情况下，仲裁庭可以按照公平合理的一般原则来解决纠纷。

（3）独立仲裁原则。仲裁机构不依附于任何机关而独立存在，仲裁依法独立进行，不受任何行政机关、社会团体和个人的干涉。

（4）一裁终局原则。仲裁实行一裁终局的制度，即仲裁庭做出的仲裁裁决为终局裁决。裁决做出后，当事人就同一纠纷再申请仲裁或者向法院起诉的，仲裁委员会或者法院不予受理。

（四）仲裁机构

仲裁机构主要是指仲裁委员会。仲裁委员会是有权对当事人提交的经济纠纷进行审理和裁决的机构。仲裁委员会可以在直辖市和省、自治区人民政府所在地的市设立，也可以根据需要在其他设区的市设立，不按行政区划层层设立。仲裁委员会独立于行政机关，与行政机关没有隶属关系。仲裁委员会之间也没有隶属关系。

（五）仲裁协议

1. 仲裁协议的概念

仲裁协议是指双方当事人自愿把他们之间可能发生或者已经发生的经济纠纷提交仲裁机构裁决的书面约定。仲裁协议应当以书面形式订立。口头达成仲裁的意思表示无效。

2. 仲裁协议的内容

仲裁协议包括合同中订立的仲裁条款和以其他书面形式在纠纷发生前或者纠纷发生后达成的请求仲裁的协议。仲裁协议应当具有下列内容：

（1）有请求仲裁的意思表示；

（2）有仲裁事项；

（3）有选定的仲裁委员会。

仲裁协议对仲裁事项或者仲裁委员会没有约定或者约定不明确的，当事人可以补充协议；达不成补充协议的，仲裁协议无效。

3. 仲裁协议的效力

仲裁协议一经依法成立，即具有法律约束力。仲裁协议独立存在，合同的变更、解除、终止或者无效，不影响仲裁协议的效力。

仲裁庭有权确认仲裁协议的效力。当事人对仲裁协议的效力有异议的，可以请求仲裁委员会做出决定或者请求法院做出裁定。一方请求仲裁委员会做出决定，另一方请求法院做出裁定的，由法院裁定。当事人对仲裁协议的效力有异议，应当在仲裁庭首次开庭前提出。

当事人达成仲裁协议，一方向法院起诉未声明有仲裁协议，法院受理后，另一方在首次开庭前提交仲裁协议的，法院应当驳回起诉，但仲裁协议无效的除外；另外一方在首次开庭前未对法院受理该案提出异议的，视为放弃仲裁协议，法院应当继续审理。

（六）仲裁裁决

仲裁不实行级别管辖和地域管辖，仲裁委员会应当由当事人协议选定。仲裁庭可以由3名仲裁员或者1名仲裁员组成。由3名仲裁员组成的，设首席仲裁员。当事人约定由3名仲裁员组成仲裁庭的，应当各自选定或者各自委托仲裁委员会主任指定1名仲裁员，第3名仲裁员由当事人共同选定或者共同委托仲裁委员会主任指定。第3名仲裁员是首席仲裁员。当事人约定由1名仲裁员成立仲裁庭的，应当由当事人共同选定或者共同委托仲裁委员会主任指定。当事人没有在仲裁规则规定的期限内约定仲裁庭的组成方式或者选定仲裁员的，由仲裁委员会主任指定。仲裁庭组成后，仲裁委员会应当将仲裁庭的组成情况书面通知当事人。

仲裁员有下列情形之一的，必须回避，当事人也有权提出回避申请：①是本案当事人或者当事人、代理人的近亲属；②与本案有利害关系；③与本案当事人、代理人有其他关系，可能影响公正仲裁的；④私自会见当事人、代理人，或者接受当事人、代理人的请客送礼的。

仲裁应当开庭进行。当事人协议不开庭的，仲裁庭可以根据仲裁申请书、答辩书以及其他材料做出裁决。所谓开庭审理，是指在仲裁庭的主持下，在双方当事人和其他仲裁参与人的参加下，按照法定程序，对案件进行审理并做出裁决的方式。

仲裁不公开进行。当事人协议公开的，可以公开进行；但涉及国家秘密的除外。所谓不公开进行，是指仲裁庭在审理案件时不对社会公开，不允许群众旁听，也不允许新闻记者采访和报道。

当事人申请仲裁后，可以自行和解。达成和解协议的，可以请求仲裁庭根据和解协议做出裁决书，也可以撤回仲裁申请。当事人达成和解协议，撤回仲裁申请后反悔的，可以根据仲裁协议申请仲裁。

仲裁庭在做出裁决前，可以先行调解。当事人自愿调解的，仲裁庭应当调解。调解不成的，应当及时做出裁决。调解达成协议的，仲裁庭应当制作调解书或者根据协议的结果制作裁决书。调解书与裁决书具有同等法律效力。调解书经双方当事人签收后，即发生法律效力。在调解书签收前当事人反悔的，仲裁庭应当及时做出裁决。

裁决应当按照多数仲裁员的意见做出，少数仲裁员的不同意见可以记入笔录。仲裁庭不能形成多数意见时，裁决应当按照首席仲裁员的意见做出。裁决书自做出之日起发生法律效力。

当事人应当履行裁决。一方当事人不履行的，另一方当事人可以依照《中华人民共和国民事诉讼法》（以下简称《民事诉讼法》）的有关规定向人民法院申请执行。受申请的法院应当执行。

三、民事诉讼

诉讼是指国家审判机关即法院依照法律规定，在当事人和其他诉讼参与人的参加下，依法解决诉讼的活动。平等主体当事人之间发生经济纠纷提起诉讼，适用于《民事诉讼法》解决纷争。

（一）民事诉讼的适用范围

公民之间、法人之间、其他组织之间以及他们相互之间因财产关系和人身关系发生纠纷，可以提起民事诉讼。

适用于《民事诉讼法》的案件主要有以下几类：

（1）因民法、婚姻法、收养法、继承法等调整的平等主体之间的财产关系和人身关系发生的民事案件，如合同纠纷、房产纠纷、侵害名誉权纠纷等案件；

（2）因经济法、劳动法调整的社会关系发生的争议，法律规定适用民事诉讼程序审理的案件，如企业破产案件、劳动合同纠纷案件等；

（3）适用特别程序审理的选民资格案件和宣告公民失踪、死亡等非讼案件；

（4）按照督促程序解决的债务案件；

（5）按照公示催告程序解决的宣告票据和有关事项无效的案件。

（二）审判制度

1. 合议制度

合议制度是指由 3 名以上审判人员组成审判组织，代表法院行使审判权，对案件进行审理并做出裁判的制度。合议制度是相对于独任制度而言的，后者是指由 1 名审判员独立地对案件进行审理和裁判的制度。法院审理第一审民事案件，除适用简易程序、特别程序（选民资格案件及重大、疑难案件除外）、督促程序、公示催告程序审理的民事案件由审判员 1 人独任审理外，一律由审判员、陪审员共同组成合议庭或者由审判员组成合议庭。选民资格案件及重大、疑难的案件，由审判员组成合议庭。法院审理第二审民事案件，由审判员组成合议庭。合议庭的成员，应当是 3 人以上的单数。

2. 回避制度

回避制度是指参与案件民事诉讼活动的审判人员、书记员、翻译人员、鉴定人、勘验人是案件的当事人或者当事人、诉讼代理人近亲属，或者与案件有利害关系，或者与案件当事人、诉讼代理人有其他关系，可能影响对案件公正审理的，应当自行回避，当事人有权用口头或者书面方式申请他们回避。

上述人员接受当事人、诉讼代理人请客送礼，或者违反规定会见当事人、诉讼代理人的，当事人有权要求他们回避。上述人员有前款规定的行为的，应当依法追究法律责任。

3. 公开审判制度

公开审判制度是指法院的审判活动依法向社会公开的制度。人民法院审理民事案件，除涉及国家秘密、个人隐私或者法律另有规定的以外，应当公开进行。离婚案件、涉及商业秘密的案件，当事人申请不公开审理的，可以不公开审理。公开审理的，应当公告当事人姓名、案由和开庭的时间、地点。公开审判包括审判过程公开和审判结果公开两项内容。人民法院对公开审理或者不公开审理的案件，一律公开宣告判决。

4. 两审终审制度

两审终审制度是指一个诉讼案件经过两级法院审判后即终结的制度。根据《中华人民共和国人民法院组织法》（以下简称《人民法院组织法》）的规定，我国法院分为四级：最高人民法院、高级人民法院、中级人民法院、基层人民法院。除最高人民法院外，其他各级法院都有自己的上一级法院。按照两审终审制，一个案件经第一审法院审判后，当事人如果不服，有权在法定期限内向上一级法院提起上诉，由该上一级法院进行第二审。二审法院的判决、裁定是终审的判决、裁定。

根据《民事诉讼法》的规定，两审终审制度的例外有：①适用特别程序、督促程序、公示催告程序和简易程序中的小额诉讼程序审理的案件，实行一审终审；②最高人民法院做出的一审判决、裁定为终审判决、裁定。

对终审判决、裁定，当事人不得上诉。如果发现终审裁判确有错误，可以通过审判监督程序予以纠正。

（二）诉讼管辖

诉讼管辖是指各级法院之间以及不同地区的同级法院之间，受理第一审民事案件、经济纠纷案件的职权范围和具体分工。

1. 级别管辖

级别管辖是根据案件性质、案情繁简、影响范围，来确定上、下级法院受理第一审案件的分工和权限。大多数民事案件均归基层法院管辖。

2. 地域管辖

各级法院的辖区和各级行政区划是一致的。按照地域标准也即按照法院的辖区和民事案件的隶属关系，确定同级法院之间受理第一审民事案件的分工和权限，称地域管辖。地域管辖又分为一般地域管辖、特殊地域管辖和专属管辖等。

（1）一般地域管辖，是按照当事人所在地与法院辖区的隶属关系来确定案件管辖法院，也叫普通管辖。通常实行“原告就被告”原则，即由被告住所地法院管辖；被告住所地与经常居住地不一致的，由经常居住地人民法院管辖。

但下列民事诉讼，由原告住所地人民法院管辖；原告住所地与经常居住地不一致的，由原告经常居住地人民法院管辖：①对不在中华人民共和国领域内居住的人提起的有关身份关系的诉讼；②对下落不明或者宣告失踪的人提起的有关身份关系的诉讼；③对被采取强制性教育措施的人提起的诉讼；④对被监禁的人提起的诉讼。

原告向被告住所地法院起诉。这样规定，既有利于被告应诉，又便于法院行使审判权，还有利于法院采取财产保全和执行措施，同时也可在一定程度上防止原告滥用起诉权。

（2）特殊地域管辖，是以诉讼标的所在地、法律事实所在地为标准确定管辖法院，也称特别管辖。《民事诉讼法》规定了十种属于特殊地域管辖的诉讼：

①因合同纠纷提起的诉讼，由被告住所地或者合同履行地人民法院管辖；

②因保险合同纠纷提起的诉讼，由被告住所地或者保险标的物所在地人民法院管辖；

③因票据纠纷提起的诉讼，由票据支付地或者被告住所地人民法院管辖；

④因公司设立、确认股东资格、分配利润、解散等纠纷提起的诉讼，由公司住所地人民法院管辖；

⑤因铁路、公路、水上、航空运输和联合运输合同纠纷提起的诉讼，由运输始发地、目的地或者被告住所地人民法院管辖；

⑥因侵权行为提起的诉讼，由侵权行为地或者被告住所地人民法院管辖；

⑦因铁路、公路、水上和航空事故请求损害赔偿提起的诉讼，由事故发生地或者车辆、船舶最先到达地、航空器最先降落地或者被告住所地人民法院管辖；

⑧因船舶碰撞或者其他海事损害事故请求损害赔偿提起的诉讼，由碰撞发生地、碰撞船舶最先到达地、加害船舶被扣留地或者被告住所地人民法院管辖；

⑨因海难救助费用提起的诉讼，由救助地或者被救助船舶最先到达地人民法院管辖；

⑩因共同海损提起的诉讼，由船舶最先到达地、共同海损理算地或者航程终止地的人民法院管辖。

（3）专属管辖，是指法律强制规定某类案件必须由特定的人民法院管辖，其他法院无权管辖，当事人也不得协议变更的管辖。专属管辖的案件主要有三类：

①因不动产纠纷提起的诉讼，由不动产所在地法院管辖；

②因港口作业中发生纠纷提起的诉讼，由港口所在地法院管辖；

③因继承遗产纠纷提起的诉讼，由被继承人死亡时住所地或者主要遗产所在地法院管辖。

（4）协议管辖，又称合意管辖或者约定管辖，是指双方当事人在合同纠纷或者其他财产权益纠纷发生之前或发生之后，以协议的方式选择解决他们之间纠纷的管辖人民法院。合同或者其他财产权益纠纷的当事人可以书面协议选择被告住所地、合同履行地、合同签订地、原告住所地、标的物所在地等与争议有实际联系的地点的人民法院管辖，但不得违反《民事诉讼法》对级别管辖和专属管辖的规定。

（5）共同管辖和选择管辖

两个以上人民法院都有管辖权（共同管辖）的诉讼，原告可以向其中一个法院起诉（选择管辖）；原告向两个以上有管辖权的法院起诉的，由最先立案的法院管辖。

（四）诉讼时效

1. 诉讼时效的概念

诉讼时效，是指权利人在法定期间内不行使权利而失去诉讼保护的制度。诉讼时效期间，是指权利人请求法院或者仲裁机关保护其民事权利的法定期间。

诉讼时效期间届满，权利人丧失的是胜诉权，即丧失依诉讼程序强制义务人履行义务的权利；权利人的实体权利并不消灭，债务人自愿履行的，不受诉讼时效限制。

诉讼时效的期间、计算方法以及中止、中断的事由由法律规定，当事人约定无效。人民法院不得主动适用诉讼时效的规定。

2. 诉讼时效期间的具体规定

（1）普通诉讼时效期间

根据《中华人民共和国民法典》（以下简称《民法典》）的规定，向人民法院请求保护民事权利的诉讼时效期间为 3 年。法律另有规定的，依照其规定。

（2）最长诉讼时效期间

诉讼时效期间自权利人知道或者应当知道权利受到损害以及义务人之日起计算。法律另有规定的，依照其规定。但是自权利受到损害之日起超过 20 年的，人民法院不予保护；有特殊情况的，人民法院可以根据权利人的申请决定延长。也就是说，对在 20 年内始终不知道或者不应当知道自己权利受侵害的当事人，法律也不再予以诉讼保护。20 年就是法律保护的最长期限，故也称绝对时效期间。

3. 诉讼时效期间的中止

在诉讼时效期间的最后六个月内，因下列障碍，不能行使请求权的，诉讼时效中止：

（1）不可抗力；

（2）无民事行为能力人或者限制民事行为能力人没有法定代理人，或者法定代理人死亡、丧失民事行为能力、丧失代理权；

（3）继承开始后未确定继承人或者遗产管理人；

（4）权利人被义务人或者其他人控制；

（5）其他导致权利人不能行使请求权的障碍。

自中止时效的原因消除之日起满六个月，诉讼时效期间届满。

4. 诉讼时效的中断

有下列情形之一的，诉讼时效中断，从中断、有关程序终结时起，诉讼时效期间重新计算：

（1）权利人向义务人提出履行请求；

（2）义务人同意履行义务；

（3）权利人提起诉讼或者申请仲裁；

（4）与提起诉讼或者申请仲裁具有同等效力的其他情形。

5. 不适用诉讼时效的情形

下列请求权不适用诉讼时效的规定：

（1）请求停止侵害、排除妨碍、消除危险；

（2）不动产物权和登记的动产物权的权利人请求返还财产；

（3）请求支付抚养费、赡养费或者扶养费；

（4）依法不适用诉讼时效的其他请求权。

（五）判决和执行

1. 调解

人民法院审理民事案件，根据当事人自愿的原则，在事实清楚的基础上，分清是非，进行调解。调解达成协议，必须双方自愿，不得强迫。调解协议的内容不得违反法律规定。调解未达成协议或者调解书送达前一方反悔的，人民法院应当及时判决。

除特殊情况外，调解达成协议，人民法院应当制作调解书。调解书应当写明诉讼请求、案件的事实和调解结果。调解书由审判人员、书记员署名，加盖人民法院印章，送达双方当事人。调解书经双方当事人签收后，即具有法律效力。

2. 判决

当事人不服地方人民法院第一审判决的，有权在判决书送达之日起十五日内向上一级人民法院提起上诉。当事人不服地方人民法院第一审裁定的，有权在裁定书送达之日起十日内向上一级人民法院提起上诉。

第二审人民法院的判决、裁定，是终审的判决、裁定。但最高人民法院的判决、裁定，以及依法不准上诉或者超过上诉期没有上诉的判决、裁定，是发生法律效力的判决、裁定。

3. 执行

发生法律效力的民事判决、裁定，当事人必须履行。一方拒绝履行的，对方当事人可以向人民法院申请执行，也可以由审判员移送执行员执行。

调解书和其他应当由人民法院执行的法律文书，当事人必须履行。一方拒绝履行的，对方当事人可以向人民法院申请执行。

发生法律效力的民事判决、裁定，以及刑事判决、裁定中的财产部分，由第一审人民法院或者与第一审人民法院同级的被执行的财产所在地人民法院执行。法律规定由人民法院执行的其他法律文书，由被执行人住所地或者被执行的财产所在地人民法院执行。

申请执行的期间为二年。申请执行时效的中止、中断，适用法律有关诉讼时效中止、中断的规定。

四、行政复议

行政复议是指国家行政机关在依照法律、法规的规定履行对社会的行政管理职责过程中，作为行政管理主体的行政机关一方与作为行政管理相对人的公民、法人或者其他组织一方，对于法律规定范围内的具体行政行为发生争议，由行政管理相对人向做出具体行政行为的行政机关的上一级行政机关或者法律规定的其他行政机关提出申请，由该行政机关对引起争议的具体行政行为进行审查，并做出相应决定的一种行政监督活动。行政复议是现代国家保护公民免受行政机关具体行政行为不法侵害的一种重要的法律制度。

（一）行政复议范围

公民、法人或者其他组织认为行政机关的具体行政行为侵犯其合法权益，符合《中华人民共和国行政复议法》（以下简称《行政复议法》）规定范围的，可以申请行政复议。

1. 可以申请行政复议的事项

《行政复议法》规定，有下列情形之一的，公民、法人或者其他组织可以申请行政复议：

（1）对行政机关做出的警告、罚款、没收违法所得、没收非法财物、责令停产停业、暂扣或者吊销许可证、暂扣或者吊销执照、行政拘留等行政处罚决定不服的；

（2）对行政机关做出的限制人身自由或者查封、扣押、冻结财产等行政强制措施决定不服的；

（3）对行政机关做出的有关许可证、执照、资质证、资格证等证书变更、中止、撤销的决定不服的；

（4）对行政机关做出的关于确认土地、矿藏、水流、森林、山岭、草原、荒地、滩涂、海域等自然资源的所有权或者使用权的决定不服的；

（5）认为行政机关侵犯其合法的经营自主权的；

（6）认为行政机关变更或者废止农业承包合同，侵犯其合法权益的；

（7）认为行政机关违法集资、征收财物、摊派费用或者违法要求履行其他义务的；

（8）认为符合法定条件，申请行政机关颁发许可证、执照、资质证、资格证等证书，或者申请行政机关审批、登记有关事项，行政机关没有依法办理的；

（9）申请行政机关履行保护人身权利、财产权利、受教育权利的法定职责，行政机关没有依法履行的；

（10）申请行政机关依法发放抚恤金、社会保险金或者最低生活保障费，行政机关没有依法发放的；

（11）认为行政机关的其他具体行政行为侵犯其合法权益的。

公民、法人或者其他组织认为行政机关的具体行政行为所依据的下列规定不合法，在对具体行政行为申请行政复议时，可以一并向行政复议机关提出对该规定的审查申请：①国务院部门的规定；②县级以上地方各级人民政府及其工作部门的规定；③乡、镇人民政府的规定。上述所列规定不含国务院部、委员会规章和地方人民政府规章。规章的审查依照法律、行政法规办理。

2. 行政复议的排除事项

下列事项不能申请行政复议：

（1）不服行政机关做出的行政处分或者其他人事处理决定，可依照有关法律、行政法规的规定提出申诉；

（2）不服行政机关对民事纠纷做出的调解或者其他处理，可依法申请仲裁或者向法院提起诉讼。

（二）行政复议申请和受理

公民、法人或者其他组织认为具体行政行为侵犯其合法权益的，可以自知道该具体行政行为之日起60日内提出行政复议申请；但是法律规定的申请期限超过60日的除外。因不可抗力或者其他正当理由耽误法定申请期限的，申请期限自障碍消除之日起继续计算。

申请人申请行政复议，可以书面申请，也可以口头申请；口头申请的，行政复议机关应当当场记录申请人的基本情况、行政复议请求、申请行政复议的主要事实、理由和时间。

公民、法人或者其他组织向人民法院提起行政诉讼，人民法院已经依法受理的，不得申请行政复议。

行政复议机关受理行政复议申请，不得向申请人收取任何费用。

行政复议期间具体行政行为不停止执行；但是，有下列情形之一的，可以停止执行：

（1）被申请人认为需要停止执行的；

（2）行政复议机关认为需要停止执行的；

（3）申请人申请停止执行，行政复议机关认为其要求合理，决定停止执行的；

（4）法律规定停止执行的。

（三）行政复议参加人和行政复议机关

1. 行政复议参加人

行政复议参加人，是指具体参加行政复议活动全过程，以保护其合法权益不受非法侵害的人。行政复议参加人包括申请人、被申请人和第三人。

依照《行政复议法》的规定，申请行政复议的公民、法人或者其他组织是申请人。做出具体行政行为的行政机关是被申请人。同申请行政复议的具体行政行为有利害关系的其他公民、法人或者其他组织，可以作为第三人参加行政复议。

2. 行政复议机关

履行行政复议职责的行政机关是行政复议机关。行政复议机关负责法制工作的机构具体办理行政复议事项，称之为行政复议机构。

（1）对县级以上地方各级人民政府工作部门的具体行政行为不服的，由申请人选择，可以向该部门的本级人民政府申请行政复议，也可以向上一级主管部门申请行政复议。

对海关、金融、国税、外汇管理等实行垂直领导的行政机关和国家安全机关的具体行政行为不服的，向上一级主管部门申请行政复议。

（2）对地方各级人民政府的具体行政行为不服的，向上一级人民政府申请行政复议。对省、自治区人民政府依法设立的派出机关所属的县级地方人民政府的具体行政行为不服的，向该派出机关申请行政复议。

（3）对国务院部门或者省、自治区、直辖市人民政府的具体行政行为不服的，向做出该具体行政行为的国务院部门或者省、自治区、直辖市人民政府申请行政复议。对行政复议决定不服的，可以向人民法院提起行政诉讼；也可以向国务院申请裁决，国务院依照本法的规定做出最终裁决。

（四）行政复议决定

行政复议原则上采取书面审查的方法，但是申请人提出要求或者行政复议机关负责法制工作的机构认为有必要时，可以向有关组织和人员调查情况，听取申请人、被申请人和第三人的意见。

行政复议的举证责任，由被申请人承担。

行政复议机关应当自受理申请之日起 60 日内做出行政复议决定，但是法律规定的行政复议期限少于 60 日的除外。

行政复议机构应当对被申请人做出的具体行政行为进行审查，提出意见，经行政复议机关的负责人同意或者集体讨论通过后，按照下列规定做出行政复议决定：

（1）具体行政行为认定事实清楚，证据确凿，适用依据正确，程序合法，内容适当的，决定维持；

（2）被申请人不履行法定职责的，决定其在一定期限内履行；

（3）具体行政行为有下列情形之一的，决定撤销、变更或者确认该具体行政行为违法；决定撤销或者确认该具体行政行为违法的，可以责令被申请人在一定期限内重新做出具体行政行为：①主要事实不清、证据不足的；②适用依据错误的；③违反法定程序的；④超越或者滥用职权的；⑤具体行政行为明显不当的。

被申请人不按照法律规定提出书面答复，提交当初做出具体行政行为的证据、依据和其他有关材料的，视为该具体行政行为没有证据、依据，决定撤销该具体行政行为。

行政复议机关责令被申请人重新做出具体行政行为的，被申请人不得以同一事实和理由做出与原具体行政行为相同或者基本相同的具体行政行为。

行政复议机关做出行政复议决定，应当制作行政复议决定书，并加盖印章。行政复议决定书一经送达，即发生法律效力。

五、行政诉讼

行政诉讼是指公民、法人或者其他组织认为行政机关或法律、法规授权的组织的行政行为侵犯其合法权益，依法向人民法院请求司法保护，人民法院通过对被诉行政行为的合法性审查，在双方当事人和其他诉讼参与人的参与下，对该行政争议进行审理和裁判的司法活动。行政诉讼是行政法制监督的一种特殊形式。

（一）行政诉讼的适用范围

公民、法人或者其他组织认为行政机关和行政机关工作人员的行政行为侵犯其合法权益，有权依法向人民法院提起行政诉讼。此处所称的行政行为，包括法律、法规、规章授权的组织做出的行政行为。

人民法院受理公民、法人或者其他组织提起的下列行政诉讼：

（1）对行政拘留、暂扣或者吊销许可证和执照、责令停产停业、没收违法所得、没收非法财物、罚款、警告等行政处罚不服的；

（2）对限制人身自由或者对财产的查封、扣押、冻结等行政强制措施和行政强制执行不服的；

（3）申请行政许可，行政机关拒绝或者在法定期限内不予答复，或者对行政机关做出的有关行政许可的其他决定不服的；

（4）对行政机关做出的关于确认土地、矿藏、水流、森林、山岭、草原、荒地、滩涂、海域等自然资源的所有权或者使用权的决定不服的；

（5）对征收、征用决定及其补偿决定不服的；

（6）申请行政机关履行保护人身权、财产权等合法权益的法定职责，行政机关拒绝履行或者不予答复的；

（7）认为行政机关侵犯其经营自主权或者农村土地承包经营权、农村土地经营权的；

（8）认为行政机关滥用行政权力排除或者限制竞争的；

（9）认为行政机关违法集资、摊派费用或者违法要求履行其他义务的；

（10）认为行政机关没有依法支付抚恤金、最低生活保障待遇或者社会保险待遇的；

（11）认为行政机关不依法履行、未按照约定履行或者违法变更、解除政府特许经营协议、土地房屋征收补偿协议等协议的；

（12）认为行政机关侵犯其他人身权、财产权等合法权益的。

除上述规定外，人民法院受理法律、法规规定可以提起诉讼的其他行政案件。

但人民法院不受理公民、法人或者其他组织对下列事项提起的诉讼：

（1）国防、外交等国家行为；

（2）行政法规、规章或者行政机关制定、发布的具有普遍约束力的决定、命令；

（3）行政机关对行政机关工作人员的奖惩、任免等决定；

（4）法律规定由行政机关最终裁决的行政行为。

（二）诉讼管辖

1. 级别管辖

基层人民法院管辖第一审行政案件。

中级人民法院管辖下列第一审行政案件：

（1）对国务院部门或者县级以上地方人民政府所做的行政行为提起诉讼的案件；

（2）海关处理的案件；

（3）本辖区内重大、复杂的案件；

（4）其他法律规定由中级人民法院管辖的案件。

高级人民法院管辖本辖区内重大、复杂的第一审行政案件。最高人民法院管辖全国范围内重大、复杂的第一审行政案件。

2. 地域管辖

行政案件由最初做出行政行为的行政机关所在地人民法院管辖。经复议的案件，也可以由复议机关所在地人民法院管辖。

经最高人民法院批准，高级人民法院可以根据审判工作的实际情况，确定若干人民法院跨行政区域管辖行政案件。

对限制人身自由的行政强制措施不服提起的诉讼，由被告所在地或者原告所在地人民法院管辖。

因不动产提起的行政诉讼，由不动产所在地人民法院管辖。

两个以上人民法院都有管辖权的案件，原告可以选择其中一个人民法院提起诉讼。原告向两个以上有管辖权的人民法院提起诉讼的，由最先立案的人民法院管辖。

（二）起诉和受理

对属于人民法院受案范围的行政案件，公民、法人或者其他组织可以先向行政机关申请复议，对复议决定不服的，再向人民法院提起诉讼；也可以直接向人民法院提起诉讼。法律、法规规定应当先向行政机关申请复议，对复议决定不服再向人民法院提起诉讼的，依照法律、法规的规定。

公民、法人或者其他组织不服复议决定的，可以在收到复议决定书之日起 15 日内向人民法院提起诉讼。复议机关逾期不做决定的，申请人可以在复议期满之日起 15 日内向人民法院提起诉讼。法律另有规定的除外。

公民、法人或者其他组织直接向人民法院提起诉讼的，应当自知道或者应当知道做出行政行为之日起6个月内提出，法律另有规定的除外。因不动产提起诉讼的案件自行政行为做出之日起超过20年，其他案件自行政行为做出之日起超过5年提起诉讼的，人民法院不予受理。

公民、法人或者其他组织申请行政机关履行保护其人身权、财产权等合法权益的法定职责，行政机关在接到申请之日起2个月内不履行的，公民、法人或者其他组织可以向人民法院提起诉讼。法律、法规对行政机关履行职责的期限另有规定的，从其规定。公民、法人或者其他组织在紧急情况下请求行政机关履行保护其人身权、财产权等合法权益的法定职责，行政机关不履行的，提起诉讼不受上述规定期限的限制。

公民、法人或者其他组织因不可抗力或者其他不属于其自身的原因耽误起诉期限的，被耽误的时间不计算在起诉期限内。公民、法人或者其他组织因上述规定以外的其他特殊情况耽误起诉期限的，在障碍消除后10日内，可以申请延长期限，是否准许由人民法院决定。

起诉应当向人民法院递交起诉状，并按照被告人数提出副本。书写起诉状确有困难的，可以口头起诉，由人民法院记入笔录，出具注明日期的书面凭证，并告知对方当事人。

人民法院在接到起诉状时对符合法律规定的起诉条件的，应当登记立案。对当场不能判定是否符合法律规定的起诉条件的，应当接收起诉状，出具注明收到日期的书面凭证，并在七日内决定是否立案。不符合起诉条件的，做出不予立案的裁定。裁定书应当载明不予立案的理由。原告对裁定不服的，可以提起上诉。

起诉状内容欠缺或者有其他错误的，应当给予指导和释明，并一次性告知当事人需要补正的内容。不得未经指导和释明即以起诉不符合条件为由不接收起诉状。

公民、法人或者其他组织认为行政行为所依据的国务院部门和地方人民政府及其部门制定的规范性文件不合法，在对行政行为提起诉讼时，可以一并请求对该规范性文件（不含规章）进行审查。

（四）审理和判决

人民法院公开审理行政案件，但涉及国家秘密、个人隐私和法律另有规定的除外。涉及商业秘密的案件，当事人申请不公开审理的，可以不公开审理。

当事人认为审判人员、书记员、翻译人员、鉴定人、勘验人与本案有利害关系或者有其他关系可能影响公正审判，有权申请审判人员回避。上述人员认为自己与本案有利害关系或者有其他关系的，应当申请回避。

人民法院审理行政案件，不适用调解。但是，行政赔偿、补偿以及行政机关行使法律、法规规定的自由裁量权的案件可以调解。调解应当遵循自愿、合法原则，不得损害国家利益、社会公共利益和他人合法权益。

人民法院审理行政案件，以法律和行政法规、地方性法规为依据。地方性法规适用于本行政区域内发生的行政案件。人民法院审理民族自治地方的行政案件，并以该民族自治地方的自治条例和单行条例为依据。人民法院审理行政案件，参照规章。

被告对做出的行政行为负有举证责任，应当提供做出该行政行为的证据和所依据的规范性文件。被告不提供或者无正当理由逾期提供证据，视为没有相应证据。但是，被诉行政行为涉及第三人合法权益，第三人提供证据的除外。在诉讼过程中，被告及其诉讼代理人不得自行向原告、第三人和证人收集证据。

当事人不服人民法院第一审判决的，有权在判决书送达之日起十五日内向上一级人民法院提起上诉。当事人不服人民法院第一审裁定的，有权在裁定书送达之日起十日内向上一级人民法院提起上诉。逾期不提起上诉的，人民法院的第一审判决或者裁定发生法律效力。

第三节 法律责任

一、法律责任的概念

法律责任的概念可以从正反两个方面理解，即积极意义的法律责任与消极意义的法律责任。积极意义的法律责任是指所有组织和个人都有遵守法律的义务，即将法律责任与法律义务的含义等同，也称广义的法律责任。现行立法所用的法律责任是一种消极意义上的法律责任，是指法律关系主体由于违反法定或约定的义务而应承受的不利的法律后果，也称狭义的法律责任。

二、法律责任的种类

根据我国法律的有关规定，可将法律责任分为民事责任、行政责任和刑事责任三种，也有人将民事责任和行政责任中的经济内容部分称为经济责任。

（一）民事责任

根据《民法典》的规定，承担民事责任的方式主要有：

（1）停止侵害；

（2）排除妨碍；

（3）消除危险；

（4）返还财产；

（5）恢复原状；

（6）修理、重作、更换；

（7）继续履行；

（8）赔偿损失；

（9）支付违约金；

（10）消除影响、恢复名誉；

（11）赔礼道歉。

法律规定惩罚性赔偿的，依照其规定。

以上承担民事责任的方式，可以单独适用，也可以合并适用。

（二）行政责任

行政责任包括行政处罚和行政处分。

1. 行政处罚

行政处罚是指行政主体依照法定职权和程序对违反行政法规范，尚未构成犯罪的相对人给予行政制裁的具体行政行为。行政处罚分为人身自由罚、行为罚、财产罚和声誉（申诫）罚等多种形式。根据《中华人民共和国行政处罚法》的规定，行政处罚的具体种类有：

（1）警告；

（2）罚款；

（3）没收违法所得、没收非法财物；

（4）责令停产停业；

（5）暂扣或者吊销许可证、暂扣或者吊销执照；

（6）行政拘留；

（7）法律、行政法规规定的其他行政处罚。

2. 行政处分

行政处分，是指国家行政机关依照行政隶属关系给予有违法失职行为的国家机关公务人员的一种惩罚措施，包括警告、记过、记大过、降级、撤职、开除。

（三）刑事责任

刑事责任是指犯罪分子因实施犯罪行为所应承受的由国家审判机关依照刑事法律给予的制裁后果，是法律责任中最严厉的责任形式。刑事责任主要通过刑罚来实现，刑罚分为主刑和附加刑两类。

1. 主刑

主刑是对犯罪分子适用的主要刑罚方法，只能独立适用，不能附加适用，对犯罪分子只能判一种主刑。主刑分为管制、拘役、有期徒刑、无期徒刑和死刑。

2. 附加刑

附加刑是既可以独立适用又可以附加适用的刑罚方法。即对同一犯罪行为既可以在主刑之后判处一个或两个以上的附加刑，也可以独立判处一个或两个以上的附加刑。附加刑分为罚金、剥夺政治权利、没收财产。对犯罪的外国人，也可以独立或者附加适用驱逐出境。

判决宣告以前一人犯数罪的，除判处死刑和无期徒刑的以外，应当在总和刑期以下、数刑中最高刑期以上，酌情决定执行的刑期，但是管制最高不能超过三年，拘役最高不能超过一年，有期徒刑总和刑期不满三十五年的，最高不能超过二十年，总和刑期在三十五年以上的，最高不能超过二十五年。数罪中有判处有期徒刑和拘役的，执行有期徒刑。数罪中有判处有期徒刑和管制，或者拘役和管制的，有期徒刑、拘役执行完毕后，管制仍须执行。数罪中有判处附加刑的，附加刑仍须执行，其中附加刑种类相同的，合并执行，种类不同的，分别执行。

【思考题】

1. 小乔在中百超市购买了一瓶洗发水，试述其法律关系。
2. 试述我国法的主要形式的效力等级。
3. 仲裁和民事诉讼有什么区别？
4. “民告官”和民事诉讼有什么区别？
5. 试辨析诉讼时效期间的中止和中断。

【学习参考案例】

【案情简介】

原、被告系邻居。一日，当地下了一场大雨，导致被告墙体倒塌，将原告家的耕牛砸死。事后，原、被告共同将现场清理。原告将死牛变卖后得款 1 180 元。后原告起诉至法院，称其耕牛价值 3 000 多元，要求被告赔偿其损失不得低于 2 000 元。

被告答辩称：墙体倒塌系原告所建牛棚距离墙体太近，牛粪便长期侵蚀，加之牛对墙体踢蹭，使墙体遭受严重破坏，墙体倒塌的责任在于原告，因此不同意原告之赔偿请求。同时提出反诉，要求原告赔偿其墙体损失 800 元。

【审理判析】

法院经审理认为：被告作为倒塌墙体的所有者和管理者，对墙体未做维护保养，也未对原告搭建牛棚表示过异议，在下雨过程中亦未采取应急措施，本身有过错。同时，被告不能提供墙体倒塌是由原告蓄养的牛所造成的相应证据，被告应对原告耕牛的损失负主要赔偿责任。被告提出的反诉请求，证据不足，不予支持。原告在明知被告的墙体状况不佳的情况下，利用被告墙体东侧搭建牛棚，且在长时间下大雨的情况下，未对耕牛采取转移措施，对耕牛实际受损亦应承担管理不善的责任。

【法理研究】

本案从表面看，引起原、被告之间法律关系的直接原因是那场大雨。这场大雨的来临与当事人的意志无关，甚至与当事人的意志相反，其导致了墙体倒塌，牛被砸死，侵权的法律关系随之发生。所以说，那场大雨是引起原、被告之间产生具体法律关系的法律事实，因其与当事人的意志无关，故具体而言，该场大雨属于法律事实中的事件。

但是，我们进行更深一层次的研究就会发现，仅有这场大雨是不足以导致法律关系产生的。一方面，被告作为该墙的所有者和管理者，对墙体未做维护保养，也未对原告搭建牛棚表示过异议，在下雨过程中亦未采取应急措施。这一系列的不作为也是导致墙体倒塌的原因之一，最终导致了法律关系的产生。故该不作为属法律事实，具体而言是法律事实中的行为。另一方面，原告在明知被告墙体状况不好，而且在长时间下大雨的情况下，未采取转移措施以避免损失扩大。原告的不作为也是最终造成耕牛死亡的原因之一，同理也属于法律事实中的行为。

第二章 会计法律制度

【本章学习要求】

1. 掌握会计核算、会计档案管理、会计监督。
2. 掌握会计机构、会计岗位的设置。
3. 熟悉会计职业道德的概念和主要内容。
4. 熟悉违反会计法律制度的法律责任。
5. 了解会计法律制度的概念、适用范围和会计工作管理体制。

【案例导入】

2017 年 8 月，甲服装厂发生如下事项：

(1) 7 日，该厂会计人员王某脱产学习一个星期，会计科长指定出纳李某临时兼管债权债务账目的登记工作，未办理会计工作交接手续。

(2) 10 日，该厂档案科会同会计科销毁一批保管期限已满的会计档案，未编制会计档案销毁清册。

要求：分析以上事项中的不妥之处。

【解析】根据会计法律制度的规定，①出纳不能兼管债权债务账目登记工作，因此李某不能接替王某的工作。虽然王某只脱产学习一周，也需要办理会计工作交接手续。②会计档案保管期满需要销毁的，需要编造会计档案销毁清册，并履行规定手续后方可销毁。

会计法律制度，是指国家权力机关和行政机关制定的关于会计工作的法律、法规、规章和规范性文件的总称，简称“会计法规”。会计法律制度是调整会计关系的法律规范，会计关系是指会计机构和会计人员在办理会计事务过程中，以及国家在管理会计工作过程中发生的经济关系。在一个单位，会计关系的主体为会计机构和会计人员，客体为与会计工作相关的具体事务。

《中华人民共和国会计法》（以下简称《会计法》）《总会计师条例》《企业财务会计报告条例》《代理记账管理办法》《会计档案管理办法》《企业内部控制基本规范》《会计基础工作规范》以及《企业会计准则》及其解释等，构成了我国会计法律制度的主要内容。

国家机关、社会团体、公司、企业、事业单位和其他组织（以下统称单位）办理会计事务必须依照《会计法》办理。

《会计法》规定，国家实行统一的会计制度。国务院财政部门主管全国的会计工作。县级以上地方各级人民政府财政部门管理本行政区域内的会计工作。

单位负责人对本单位的会计工作和会计资料的真实性、完整性负责。会计机构、会计人员依法进行会计核算，实行会计监督。

第一节　会计核算与监督

一、会计核算

会计核算，是以货币为主要计量单位，运用专门的会计方法，对生产经营活动或预算执行过程及其结果进行连续、系统、全面的记录、计算、分析，定期编制并提供财务会计报告和其他一系列内部管理所需的会计资料，为经营决策和宏观经济管理提供依据的一项会计活动。会计核算是会计工作的基本职能之一，是会计工作的重要环节。

（一）会计核算基本要求

1. 依法建账

各单位都应当按照《会计法》的规定设置会计账簿，进行会计核算。

设置会计账簿的种类和具体要求，应当符合《会计法》、会计法规和国家统一的会计制度的规定。

各单位发生的各项经济业务事项应当统一进行会计核算，不得违反规定私设会计账簿进行登记、核算。

2. 根据实际发生的经济业务进行会计核算

《会计法》规定，各单位必须根据实际发生的经济业务事项进行会计核算，填制会计凭证，登记会计账簿，编制财务会计报告。会计核算以实际发生的经济业务为依据，体现了会计核算的真实性和客观性要求。其具体要求是，根据实际发生的经济业务，取得可靠的凭证，并据此登记账簿，编制财务会计报告，形成符合质量标准的会计资料。

3. 保证会计资料的真实和完整

会计资料，主要是指会计凭证、会计账簿、财务会计报告等会计核算专业资料，它是会计核算的重要成果，是投资者做出投资决策、经营者进行经营管理及国家进行宏观调控的重要依据。会计资料的真实性，主要是指会计资料所反映的内容和结果，应当同单位实际发生的经济业务的内容及其结果相一致。会计资料的完整性，主要是指构成会计资料的各项要素都必须齐全，以使会计资料如实、全面地记录和反映经济业务的发生情况，便于会计资料使用者全面、准确地了解经济活动情况。会计资料的真实性和完整性，是会计资料最基本的质量要求，是会计工作的生命，各单位必须保证所提供的会计资料真实和完整。

造成会计资料不真实、不完整的原因可能是多方面的，但伪造、变造会计资料是重要手段之一。伪造会计资料，包括伪造会计凭证和会计账簿，是以虚假的经济业务为前提来编制会计凭证和会计账簿，旨在以假充真；变造会计资料，包括变造会计凭证和会计账簿，是用涂改、挖补等手段来改变会计凭证和会计账簿的真实内容，以歪曲事实真相。伪造、变造会计资料，其结果是造成会计资料失实、失真，误导会计资料的使用者，损害投资者、债权人、国家和社会公众的利益。因此，《会计法》规定，任何单位或者个人不得以任何方式授意、指使、强令会计机构或会计人员伪造、变造会计凭证、会计账簿和其他会计资料，提供虚假财务会计报告。任何单位和个人不得伪造、变造会计凭证会计账簿及其他会计资料，不得提供虚假的财务会计报告。

4. 正确采用会计处理方法

会计处理方法是指在会计核算中所采用的具体方法。采用不同的会计处理方法，或者在不同会计期间采用不同的会计处理方法，都会影响会计资料的一致性和可比性，进而影响会计资料的使用。因此，《会计法》和国家统一的会计制度规定，各单位采用的会计处理方法，前后各期应当一致，不得随意变更；确有必要变更的，应当按照国家统一的会计制度的规定变更，并将变更的原因、情况及影响在财务会计报告中说明。

5. 正确使用会计记录文字

根据《会计法》的规定，会计记录的文字应当使用中文。在民族自治地方，会计记录可以同时使用当地通用的一种民族文字。在中国境内的外商投资企业、外国企业和其他外国组织的会计记录可以同时使用一种外国文字。

6. 使用电子计算机进行会计核算必须符合法律规定

为保证计算机生成的会计资料真实、完整和安全，《会计法》规定，使用电子计算机进行会计核算的，其软件及其生成的会计凭证、会计账簿、财务会计报告和其他会计资料，必须符合国家统一的会计制度的规定。使用电子计算机进行会计核算的，其会计账簿的登记、更正，应当符合国家统一的会计制度的规定。

（二）会计核算的内容

会计核算的内容，是指应当进行会计核算的经济业务事项。根据《会计法》的规定，对下列经济业务事项，应当办理会计手续，进行会计核算：

（1）款项和有价证券的收付；

（2）财物的收发、增减和使用；

（3）债权债务的发生和结算；

（4）资本、基金的增减；

（5）收入、支出、费用、成本的计算；

(6) 财务成果的计算和处理;

(7) 需要办理会计手续、进行会计核算的其他事项。

(三) 会计年度

会计年度，是指以年度为单位进行会计核算的时间区间，是反映单位财务状况、核算经营成果的时间界限。根据《会计法》的规定，我国是以公历年度为会计年度，即以每年公历的 1 月 1 日起至 12 月 31 日止为一个会计年度。每一个会计年度还可以按照公历日期具体划分为半年度、季度、月度。

(四) 记账本位币

记账本位币，是指日常登记账簿和编制财务会计报告用以计量的货币，也就是单位进行会计核算业务时所使用的货币。根据《会计法》的规定，会计核算以人民币为记账本位币。人民币是我国的法定货币，在我国境内具有广泛的流通性。人民币作为记账本位币，具有广泛的适应性，便于会计信息口径的一致。

随着我国改革开放的不断深入，外商投资企业在我国得到迅速发展，同时我国向外国的投资和对外贸易也日渐增多，这就涉及两种或两种以上货币的业务往来，而且在一些单位的日常经营活动中，人民币以外的其他货币收支逐步占主导地位。为了便于这些单位对外开展业务，简化会计核算手续，方便我国境内财务会计报告使用者的阅读和使用，《会计法》规定，业务收支以人民币以外的货币为主的单位，可以选定其中一种货币作为记账本位币，但是编报的财务会计报告应当折算为人民币。

(五) 会计凭证和会计账簿

1. 会计凭证

会计凭证，是指具有一定格式、用以记录经济业务事项发生和完成情况，明确经济责任，并作为记账凭证的书面证明，是会计核算的重要会计资料。各单位在按照《会计法》和《会计基础工作规范》的有关规定办理会计手续、进行会计核算时，必须以会计凭证为依据。会计凭证按其来源和用途，分为原始凭证和记账凭证两种。

(1) 原始凭证填制的基本要求

原始凭证，又称单据，是指在经济业务发生时，由业务经办人员直接取得或者填制，用以表明某项经济业务已经发生或完成情况并明确有关经济责任的一种原始凭据，如发票。原始凭证是会计核算的原始依据，来源于实际发生的经济业务事项。原始凭证种类很多，既有来自单位外部的，也有单位自制的；既有国家统一印制的具有固定格式的发票，也有由发生经济业务事项双方认可并自行填制的凭据等。

会计机构、会计人员必须按照国家统一的会计制度的规定对原始凭证进行审核，对不真实、不合法的原始凭证有权不予接受，并向单位负责人报告；对记载不准确、不完整的原始凭证予以退回，并要求按照国家统一的会计制度的规定更正、补充。原始凭证记载的各项内容均不得涂改；原始凭证有错误的，应当由出具单位重开或者更正，更正处应当加盖出具单位印章。原始凭证金额有错误的，应当由出具单位重开，不得在原始凭证上更正。

（2）记账凭证填制的基本要求

记账凭证，亦称传票，是指对经济业务事项按其性质加以归类，确定会计分录，并据以登记会计账簿的凭证。它具有分类归纳原始凭证和满足登记会计账簿需要的作用。记账凭证应当根据经过审核的原始凭证及有关资料编制。除部分转账业务以及结账、更正错误外，记账凭证必须附有原始凭证并注明所附原始凭证的张数；一张原始凭证所列的支出需要由两个以上的单位共同负担时，应当由保存该原始凭证的单位开具原始凭证分割单给其他应负担的单位。

2. 会计账簿

（1）会计账簿的种类

会计账簿，是指全面记录和反映一个单位经济业务事项，把大量分散的数据或者资料进行归类整理，逐步加工成有用会计信息的簿籍，它是编制财务会计报告的重要依据。

会计账簿的种类主要有：

①总账，也称总分类账，是根据会计科目开设的账簿，用于分类登记单位的全部经济业务事项，提供资产、负债、所有者权益、费用、成本、收入等总括核算的资料。总账一般有订本账和活页账两种。

②明细账，也称明细分类账，是根据总账科目所属的明细科目设置的，用于分类登记某一类经济业务事项，提供有关明细核算资料。明细账通常使用活页账。

③日记账，是一种特殊的序时明细账，它是按照经济业务事项发生的时间先后顺序，逐日逐笔地进行登记的账簿，包括现金日记账和银行存款日记账。日记账通常使用订本账。

④其他辅助账簿，也称备查账簿，是为备忘备查而设置的。在会计实务中，主要包括各种租借设备、物资的辅助登记或有关应收、应付款项的备查簿，担保、抵押备查簿等。

（2）登记会计账簿的基本要求

对于会计账簿的登记，各单位应当按照《会计法》和国家统一的会计制度的规定遵循以下要求：①必须依据经过审核的会计凭证登记会计账簿；②登记会计账簿必须按照记账规则进行，包括会计账簿应当按照连续编号的页码顺序登记；会计账簿记录发生错误或者隔页、缺号、跳行的，应当按照国家统一的会计制度规定的方法更正，并由会计人员和会计机构负责人（会计主管人员）在更正处盖章等；③任何单位都不得在法定会计账簿之外私设会计账簿。

（六）财务会计报告

财务会计报告，也称财务报告，是指单位对外提供的、反映单位某一特定日期财务状况和某一会计期间经营成果、现金流量等会计信息的文件。编制财务会计报告，是对单位会计核算工作的全面总结，也是及时提供真实、完整会计资料的重要环节。因此，必须严格财务会计报告的编制程序和质量要求。

1. 企业财务会计报告的构成

企业财务会计报告包括会计报表、会计报表附注和财务情况说明书。会计报表应当包括资产负债表、利润表、现金流量表及相关附表。企业财务会计报告按编制时间分为年度、半年度、季度和月度财务会计报告。季度、月度财务会计报告通常仅指会计报表，会计报表至少应当包括资产负债表和利润表。国家统一的会计制度规定季度、月度财务会计报告需要编制会计报表附注的，从其规定。

2. 企业财务会计报告的对外提供

企业对外提供的财务会计报告反映的会计信息应当真实、完整。企业应当依照法律、行政法规和国家统一的会计制度有关财务会计报告提供期限的规定，及时对外提供财务会计报告。企业对外提供的财务会计报告应当由企业负责人和主管会计工作的负责人、会计机构负责人（会计主管人员）签名并盖章。设置总会计师的企业，还应由总会计师签名并盖章。

国有企业、国有控股的或者占主导地位的企业，应当至少每年一次向本企业的职工代表大会公布财务会计报告，并重点说明下列事项：①反映与职工利益密切相关的信息，包括管理费用的构成情况，企业管理人员工资、福利和职工工资、福利费的发放、使用和结余情况，公益金的提取及使用情况，利润分配的情况以及其他与职工利益相关的信息；②内部审计发现的问题及纠正情况；③注册会计师审计的情况；④国家审计机关发现的问题及纠正情况；⑤重大的投资、融资和资产处置决策及其原因的说明等；⑥需要说明的其他重要事项。

企业应依照《企业财务会计报告条例》的规定向有关各方提供财务会计报告，其编制基础、编制依据、编制原则和方法应当一致，不得提供编制基础、编制依据、编制原则和方法不同的财务会计报告。财务会计报告须经注册会计师审计的，企业应当将注册会计师及其会计师事务所出具的审计报告随同财务会计报告一并对外提供。

接受企业财务会计报告的组织或者个人，在企业财务会计报告未正式对外披露前，应当对其内容保密。

（七）账务核对及财产清查

1. 账务核对

账务核对，又称账账核对、账表核对、账证核对或对账，是保证会计账簿记录质量的重要程序。《会计法》规定，各单位应当定期将会计账簿记录与实物、款项及有关资料相互核对，保证会计账簿记录与实物及款项的实有数额相符、会计账簿记录与会计凭证的有关内容相符、会计账簿之间相对应的记录相符、会计计账簿记录与会计报表的有关内容相符。

2. 财产清查

财产清查，是会计核算工作的一项重要程序，特别是在编制年度财务会计报告之前必须进行财产清查，并对账实不符等问题根据国家统一的会计制度的规定进行会计处理，以保证财务会计报告反映的会计信息真实、完整。

财产清查制度是通过定期或不定期、全面或部分地对各项财产物资进行实地盘点和对库存现金、银行存款、债权债务进行清查核实的一种制度。通过清查，可以发现财产管理工作中存在的问题，以便查清原因，改善经营管理，保护财产的完整和安全；可以确定各项财产的实存数，以便查明实存数与账面数是否相符，并查明不符的原因和责任，制定相应措施，做到账实相符，保证会计资料的真实性。

二、会计档案管理

会计档案是记录和反映经济业务事项的重要史料和证据。《会计法》和《会计基础工作规范》对会计档案管理做出了原则性规定；财政部、国家档案局的《会计档案管理办法》对会计档案管理有关内容做出了具体规定。单位应当加强会计档案管理工作，建立和完善会计档案的收集、整理、保管、利用和鉴定销毁等管理制度，采取可靠的安全防护技术和措施，保证会计档案的真实、完整、可用、安全。

（一）会计档案的概念

会计档案是指单位在进行会计核算等过程中接收或形成的，记录和反映单位经济业务事项的，具有保存价值的文字、图表等各种形式的会计资料，包括通过计算机等电子设备形成、传输和存储的电子会计档案。各单位的预算、计划、制度等文件材料属于文书档案，不属于会计档案。

（二）会计档案的归档

1. 会计档案的归档范围

下列会计资料应当进行归档：

（1）会计凭证，包括原始凭证、记账凭证；

（2）会计账簿类，包括总账、明细账、日记账、固定资产卡片及其他辅助性账簿；

（3）财务会计报告类，包括月度、季度、半年度财务会计报告和年度财务会计报告；

（4）其他会计资料，包括银行存款余额调节表、银行对账单、纳税申报表、会计档案移交清册、会计档案保管清册、会计档案销毁清册、会计档案鉴定意见书及其他具有保存价值的会计资料。

2. 会计档案的归档要求

（1）同时满足下列条件的，单位内部形成的属于归档范围的电子会计资料可仅以电子形式保存，形成电子会计档案：

①形成的电子会计资料来源真实有效，由计算机等电子设备形成和传输；

②使用的会计核算系统能够准确、完整、有效地接收和读取电子会计资料，能够输出符合国家标准归档格式的会计凭证、会计账簿、财务会计报表等会计资料，设定了经办、审核、审批等必要的审签程序；

③使用的电子档案管理系统能够有效接收、管理、利用电子会计档案，符合电子档案的长期保管要求，并建立了电子会计档案与相关联的其他纸质会计档案的检索关系；

④采取有效措施，防止电子会计档案被篡改；

⑤建立电子会计档案备份制度，能够有效防范自然灾害、意外事故和人为破坏的影响；

⑥形成的电子会计资料不属于具有永久保存价值或者其他重要保存价值的会计档案。

满足上述条件，单位从外部接收的电子会计资料附有符合《中华人民共和国电子签名法》规定的电子签名的，可仅以电子形式归档保存，形成电子会计档案。

（2）单位的会计机构或会计人员所属机构（以下统称单位会计管理机构）按照归档范围和归档要求，负责定期将应当归档的会计资料整理立卷，编制会计档案保管清册。

（3）当年形成的会计档案，在会计年度终了后，可由单位会计管理机构临时保管一年，再移交单位档案管理机构保管。因工作需要确需推迟移交的，应当经单位档案管理机构同意。单位会计管理机构临时保管会计档案最长不超过 3 年。临时保管期间，会计档案的保管应当符合国家档案管理的有关规定，且出纳人员不得兼管会计档案。

（三）会计档案的移交和利用

1. 会计档案的移交

单位会计管理机构在办理会计档案移交时，应当编制会计档案移交清册，并按照国家档案管理的有关规定办理移交手续。

纸质会计档案移交时应当保持原卷的封装。电子会计档案移交时应当将电子会计档案及其元数据一并移交，且文件格式应当符合国家档案管理的有关规定。特殊格式的电子会计档案应当与其读取平台一并移交。

单位档案管理机构接收电子会计档案时，应当对电子会计档案的准确性、完整性、可用性、安全性进行检测，符合要求的才能接收。

2. 会计档案的利用

单位应当严格按照相关制度利用会计档案，在进行会计档案查阅、复制、借出时履行登记手续，严禁篡改和损坏。

单位保存的会计档案一般不得对外借出。确因工作需要且根据国家有关规定必须借出的，应当严格按照规定办理相关手续。会计档案借用单位应当妥善保管和利用借入的会计档案，确保借入会计档案的安全完整，并在规定时间内归还。

（四）会计档案的保管期限

会计档案保管期限分为永久、定期两类。会计档案的保管期限是从会计年度终了后的第一天算起。永久，即是指会计档案须永久保存；定期，是指会计档案保存应达到法定的时间，定期保管期限一般分为10年和30年。《会计档案管理办法》规定的会计档案保管期限为最低保管期限。《会计档案管理办法》规定的保管期间见表2-1和表2-2。

表2-1　　企业和其他组织会计档案保管期限

序号	档案名称	保管期限	备注
一	会计凭证		
1	原始凭证	30年	
2	记账凭证	30年	
二	会计账簿		
3	总账	30年	
4	明细账	30年	
5	日记账	30年	
6	固定资产卡片		固定资产报废清理后保管5年
7	其他辅助性账簿	30年	
三	财务会计报告		
8	月度、季度、半年度财务会计报告	10年	
9	年度财务会计报告	永久	
四	其他会计资料		
10	银行存款余额调节表	10年	
11	银行对账单	10年	
12	纳税申报表	10年	
13	会计档案移交清册	30年	
14	会计档案保管清册	永久	
15	会计档案销毁清册	永久	
16	会计档案鉴定意见书	永久	

表2-2　　财政总预算、行政单位、事业单位和税收会计档案保管期限

序号	档案名称	保管期限			备注
		财政总预算	行政单位事业单位	税收会计	
一	会计凭证				

表2-2(续)

序号	档案名称	保管期限			备注
		财政总预算	行政单位事业单位	税收会计	
1	国家金库编送的各种报表及缴库退库凭证	10 年		10 年	
2	各收入机关编送的报表	10 年			
3	行政单位和事业单位的各种会计凭证		30 年		包括：原始凭证、记账凭证和传票汇总表
4	财政总预算拨款凭证和其他会计凭证	30 年			包括：拨款凭证和其他会计凭证
二	会计账簿				
5	日记账		30 年	30 年	
6	总账	30 年	30 年	30 年	
7	税收日记账（总账）			30 年	
8	明细分类、分户账或登记簿	30 年	30 年	30 年	
9	行政单位和事业单位固定资产卡片				固定资产报废清理后保管 5 年
三	财务会计报告				
10	政府综合财务报告	永久			下级财政、本级部门和单位报送的保管 2 年
11	部门财务报告		永久		所属单位报送的保管 2 年
12	财政总决算	永久			下级财政、本级部门和单位报送的保管 2 年
13	部门决算		永久		所属单位报送的保管 2 年
14	税收年报（决算）			永久	
15	国家金库年报（决算）	10 年			
16	基本建设拨、贷款年报（决算）	10 年			
17	行政单位和事业单位会计月、季度报表		10 年		所属单位报送的保管 2 年
18	税收会计报表			10 年	所属税务机关报送的保管 2 年
四	其他会计资料				
19	银行存款余额调节表	10 年	10 年		

表2-2(续)

序号	档案名称	保管期限			备注
		财政总预算	行政单位事业单位	税收会计	
20	银行对账单	10年	10年	10年	
21	会计档案移交清册	30年	30年	30年	
22	会计档案保管清册	永久	永久	永久	
23	会计档案销毁清册	永久	永久	永久	
24	会计档案鉴定意见书	永久	永久	永久	

注：税务机关的税务经费会计档案保管期限，按行政单位会计档案保管期限规定办理。

（五）会计档案的鉴定和销毁

1. 会计档案的鉴定

单位应当定期对已到保管期限的会计档案进行鉴定，并形成会计档案鉴定意见书。经鉴定，仍需继续保存的会计档案，应当重新划定保管期限；对保管期满，确无保存价值的会计档案，可以销毁。会计档案鉴定工作应当由单位档案管理机构牵头，组织单位会计、审计、纪检监察等机构或人员共同进行。

2. 会计档案的销毁

经鉴定可以销毁的会计档案，销毁的基本程序和要求是：

（1）单位档案管理机构编制会计档案销毁清册，列明拟销毁会计档案的名称、卷号、册数、起止年度、档案编号、应保管期限、已保管期限和销毁时间等内容。

（2）单位负责人、档案管理机构负责人、会计管理机构负责人、档案管理机构经办人、会计管理机构经办人在会计档案销毁清册上签署意见。

（3）单位档案管理机构负责组织会计档案销毁工作，并与会计管理机构共同派员监销。监销人在会计档案销毁前应当按照会计档案销毁清册所列内容进行清点核对；在会计档案销毁后，应当在会计档案销毁清册上签名或盖章。

电子会计档案的销毁还应当符合国家有关电子档案的规定，并由单位档案管理机构、会计管理机构和信息系统管理机构共同派员监销。

3. 不得销毁的会计档案

保管期满但未结清的债权债务原始凭证和涉及其他未了事项的会计凭证不得销毁，纸质会计档案应当单独抽出立卷，电子会计档案单独转存，保管到未了事项完结时为止。单独抽出立卷或转存的会计档案，应当在会计档案鉴定意见书、会计档案销毁清册和会计档案保管清册中列明。

（六）特殊情况下的会计档案处置

1. 单位分立情况下的会计档案处置

单位分立后原单位存续的，其会计档案应当由分立后的存续方统一保管，其他方可以查阅、复制与其业务相关的会计档案。单位分立后原单位解散的，其会计档案应当经各方协商后由其中一方代管或按照国家档案管理的有关规定处置，各方可以查阅、复制与其业务相关的会计档案。

单位分立中未结清的会计事项所涉及的会计凭证，应当单独抽出由业务相关方保存，并按照规定办理交接手续。

单位因业务移交其他单位办理所涉及的会计档案，应当由原单位保管，承接业务单位可以查阅、复制与其业务相关的会计档案。对其中未结清的会计事项所涉及的会计凭证，应当单独抽出由承接业务单位保存，并按照规定办理交接手续。

2. 单位合并情况下的会计档案处置

单位合并后原各单位解散或者一方存续其他方解散的，原各单位的会计档案应当由合并后的单位统一保管。单位合并后原各单位仍存续的，其会计档案仍应当由原各单位保管。

3. 建设单位项目建设会计档案的交接

建设单位在项目建设期间形成的会计档案，需要移交给建设项目接受单位的，应当在办理竣工财务决算后及时移交，并按照规定办理交接手续。

4. 单位之间交接会计档案的手续

单位之间交接会计档案时，交接双方应当办理会计档案交接手续。移交会计档案的单位，应当编制会计档案移交清册，列明应当移交的会计档案名称、卷号、册数、起止年度、档案编号、应保管期限和已保管期限等内容。交接会计档案时，交接双方应当按照会计档案移交清册所列内容逐项交接，并由交接双方的单位有关负责人负责监督。交接完毕后，交接双方经办人和监督人应当在会计档案移交清册上签名或盖章。电子会计档案应当与其元数据一并移交，特殊格式的电子会计档案应当与其读取平台一并移交。档案接受单位应当对保存电子会计档案的载体及其技术环境进行检验，确保所接收电子会计档案的准确、完整、可用和安全。

三、会计监督

会计监督是会计的基本职能之一，是对经济活动的本身进行检查监督，借以控制经济活动，使经济活动能够根据一定的方向、目标、计划，遵循一定的原则正常进行。会计监督可分为单位内部监督、政府监督和社会监督。

（一）单位内部会计监督

单位内部会计监督制度，是指为了保护其资产的安全、完整，保证其经营活动符合国家法律、法规和内部有关管理制度，提高经营管理水平和效率，而在单位内部采取的一系列相互制约、相互监督的制度与方法。

1. 单位内部会计监督的概念

单位内部会计监督是指各单位的会计机构、会计人员依据法律法规制度规定，通过会计手段对本单位经济活动的合法性、合理性和有效性进行监督。内部会计监督的主体是各单位的会计机构、会计人员，内部会计监督的对象是单位的经济活动。

2. 单位内部会计监督的要求

（1）记账人员与经济业务事项和会计事项的审批人员、经办人员、财物保管人员的职责权限应当明确，并相互分离、相互制约；

（2）重大对外投资、资产处置、资金调度和其他重要经济业务事项的决策和执行的相互监督、相互制约程序应当明确；

（3）财产清查的范围、期限和组织程序应当明确；

（4）对会计资料定期进行内部审计的办法和程序应当明确。

单位负责人应当保证会计机构、会计人员依法履行职责，不得授意、指使、强令会计机构、会计人员违法办理会计事项。

会计机构、会计人员对违反《会计法》和国家统一的会计制度规定的会计事项，有权拒绝办理或者按照职权予以纠正。

会计机构、会计人员发现会计账簿记录与实物、款项及有关资料不相符的，按照国家统一的会计制度的规定有权自行处理的，应当及时处理；无权处理的，应当立即向单位负责人报告，请求查明原因，做出处理。

（二）会计工作的政府监督

1. 会计工作政府监督的概念

会计工作的政府监督，主要是指财政部门代表国家对各单位和单位中相关人员的会计行为实施的监督检查，以及对发现的违法会计行为实施行政处罚。这里所说的财政部门，是指国务院财政部门、国务院财政部门的派出机构和县级以上人民政府财政部门。

此外，《会计法》规定，除财政部门外，审计、税务、人民银行、证券监管、保险监管等部门依照有关法律、行政法规规定的职责和权限，可以对有关单位的会计资料实施监督检查。

各单位必须依照有关法律、行政法规的规定，接受有关监督检查部门依法实施的监督检查，如实提供会计凭证、会计账簿、财务会计报告和其他会计资料以及有关情况，不得拒绝、隐匿、谎报。

2. 财政部门会计监督的主要内容

（1）是否依法设置会计账簿；

（2）会计凭证、会计账簿、财务会计报告和其他会计资料是否真实、完整；

（3）会计核算是否符合本法和国家统一的会计制度的规定；

（4）从事会计工作的人员是否具备专业能力、遵守职业道德。

财政部门依法在对各单位会计凭证、会计账簿、财务会计报告和其他会计资料真实性、完整性实施监督检查中，发现重大违法嫌疑时，国务院财政部门及其派出机构可以向与被监督单位有经济业务往来的单位和被监督单位开立账户的金融机构查询有关情况，有关单位和金融机构应予以支持。依法对有关单位的会计资料实施监督检查的部门及其工作人员对在监督检查中知悉的国家秘密和商业秘密负有保密的义务。

（三）会计工作的社会监督

会计工作的社会监督，主要是指由注册会计师及其所在的会计师事务所等中介机构接受委托，依法对单位的经济活动进行审计，出具审计报告，发表审计意见的一种监督制度。

根据《会计法》的规定，法律、行政法规规定须经注册会计师进行审计的单位，应当向受委托的会计师事务所如实提供会计凭证、会计账簿、财务会计报告和其他会计资料以及有关情况。任何单位或者个人不得以任何方式要求或者示意注册会计师及其所在的会计师事务所出具不实或者不当的审计报告。

《会计法》规定，任何单位和个人对违反《会计法》和国家统一的会计制度规定的行为，有权检举。这是为了充分发挥社会各方面的力量，鼓励任何单位和个人检举违法会计行为，也属于会计工作社会监督的范畴。

第二节　会计机构和会计人员

一、会计机构

会计机构，是指各单位办理会计事务的职能部门。根据《会计法》的规定，各单位应当根据会计业务的需要，设置会计机构，或者在有关机构中设置会计人员并指定会计主管人员；不具备设置条件的，应当委托经批准从事会计代理记账业务的中介机构代理记账。

二、会计岗位的设置

（一）会计工作岗位设置要求

会计工作岗位，是指一个单位会计机构内部根据业务分工而设置的职能岗位。根据《会计基础工作规范》的要求，各单位应当根据会计业务需要设置会计工作岗位。会计工作岗位一般可分为：会计机构负责人或者会计主管人员、出纳、财产物资核算、工资核算、成本费用核算、财务成果核算、资金核算、往来结算、总账报表、稽核、档案管理等。开展会计电算化和管理会计的单位，可以根据需要设置相应工作岗位，也可以与其他工作岗位相结合。

会计机构内部应当建立稽核制度。会计工作岗位，可以一人一岗、一人多岗或者一岗多人。但出纳人员不得兼任稽核、会计档案保管和收入、支出、费用、债权债务账目的登记工作。会计人员的工作岗位应当有计划地进行轮换。档案管理部门的人员管理会计档案，不属于会计岗位。

会计人员应当具备从事会计工作所需要的专业能力，遵守职业道德。担任单位会计机构负责人（会计主管人员）的，应当具备会计师以上专业技术职务资格或者从事会计工作3年以上经历。

因有提供虚假财务会计报告，做假账，隐匿或者故意销毁会计凭证、会计账簿、财务会计报告，贪污，挪用公款，职务侵占等与会计职务有关的违法行为被依法追究刑事责任的人员，不得再从事会计工作。

（二）会计人员回避制度

国家机关、国有企业、事业单位任用会计人员应当实行回避制度。单位领导人的直系亲属不得担任本单位的会计机构负责人、会计主管人员。会计机构负责人、会计主管人员的直系亲属不得在本单位会计机构中担任出纳工作。需要回避的直系亲属为：夫妻关系、直系血亲关系、三代以内旁系血亲以及配偶亲关系。

（三）会计工作交接

会计工作交接，是指会计人员工作调动或因故离职时与接管人员办理交接手续的一种工作程序。办理好会计工作交接，有利于分清移交人员和接管人员的责任，可以使会计工作前后衔接，保证会计工作顺利进行。

会计人员调动工作、离职或者因病暂时不能工作，应与接管人员办清交接手续。一般会计人员办理交接手续，由会计机构负责人（会计主管人员）监交；会计机构负责人（会计主管人员）办理交接手续，由单位负责人负责监交，必要时主管单位可以派人会同监交。移交人员在办理移交时，要按移交清册逐项移交；接替人员要逐项核对点收。交接完毕后，交接双方和监交人要在移交清册上签名或者盖章，并应在移交清册上注明：单位名称，交接日期，交接双方和监交人的职务、姓名，移交清册页数以及需要说明的问题和意见等。移交清册一般应当填制一式三份，交接双方各执一份，存档一份。

接替人员应当继续使用移交的会计账簿，不得自行另立新账，以保持会计记录的连续性。移交人员对所移交的会计凭证、会计账簿、会计报表和其他有关资料的合法性、真实性承担法律责任。

（四）会计专业职务与会计专业技术资格

1. 会计专业职务

根据1986年4月中央职称改革工作领导小组转发财政部制定的《会计专业职务试行

条例》的规定，会计专业职务分为高级会计师、会计师、助理会计师和会计员。其中，高级会计师为高级职务，会计师为中级职务，助理会计师和会计员为初级职务。

根据2017年1月中共中央办公厅、国务院办公厅印发的《关于深化职称制度改革的意见》，要健全职称层级设置。各职称系列均设置初级、中级、高级职称，其中高级职称分为正高级和副高级，初级职称分为助理级和员级，可根据需要仅设置助理级。目前未设置正高级职称的职称系列均设置到正高级，以拓展专业技术人才职业发展空间。

2. 会计专业技术资格

会计专业技术资格，是指担任会计专业职务的任职资格。

会计专业技术资格分为初级资格、中级资格和高级资格三个级别。目前，初级、中级会计资格实行全国统一考试制度，高级会计师资格实行考试与评审相结合制度。

通过全国统一考试取得初级或中级会计专业技术资格的会计人员，表明其已具备担任相应级别会计专业技术职务的任职资格。用人单位可根据工作需要和德才兼备的原则，从获得会计专业技术资格的会计人员中择优录取。对于已取得中级会计资格并符合国家有关规定的，可聘任会计师职务；对于已取得初级会计资格的人员，如具备大专毕业且担任会计员职务满2年，或中专毕业担任会计员职务满4年，或者不具备规定学历的，担任会计员职务满5年，并符合国家有关规定的，可聘任助理会计师职务。不符合以上条件的人员，可聘任会计员职务。

（五）会计专业技术人员继续教育

根据《专业技术人员继续教育规定》，国家机关、企业、事业单位以及社会团体等组织（以下称“用人单位”）的专业技术人员应当适应岗位需要和职业发展的要求，积极参加继续教育，完善知识结构、增强创新能力、提高专业水平。用人单位应当保障专业技术人员参加继续教育的权利。

继续教育工作实行统筹规划、分级负责、分类指导的管理体制。

继续教育内容包括公需科目和专业科目。公需科目包括专业技术人员应当普遍掌握的法律法规、理论政策、职业道德、技术信息等基本知识。专业科目包括专业技术人员从事专业工作应当掌握的新理论、新知识、新技术、新方法等专业知识。

专业技术人员参加继续教育的时间，每年累计不少于90学时，其中，专业科目一般不少于总学时的2/3。

用人单位应当建立本单位专业技术人员继续教育与使用、晋升相衔接的激励机制，把专业技术人员参加继续教育情况作为专业技术人员考核评价、岗位聘用的重要依据。

（六）总会计师

总会计师是主管本单位会计工作的行政领导，是单位行政领导成员，是单位会计工作的主要负责人，全面负责单位的财务会计管理和经济核算，参与单位的重大经营决策活动，是单位主要行政领导人的参谋和助手。国有的和国有资产占控股地位或者主导地位的大中型企业必须设置总会计师，其他单位可以根据业务需要，自行决定是否设置总会计师。

第三节　会计职业道德

一、会计职业道德的概念

（一）会计职业道德的概念

会计职业道德，是指在会计职业活动中应当遵循的、体现会计职业特征、调整会计职业关系的职业行为准则和规范。

（二）会计法律与会计职业道德的联系与区别

1. 会计法律制度与会计职业道德的联系

会计职业道德与会计法律制度在内容上相互渗透、相互吸收；在作用上相互补充、相互协调。会计职业道德是对会计法律制度的重要补充，会计法律制度是对会计职业道德的最低要求。

2. 会计法律制度与会计职业道德的区别

（1）性质不同。会计法律制度通过国家行政权力强制执行，具有很强的他律性；会计职业道德依靠会计从业人员的自觉性，具有很强的自律性。

（2）作用范围不同。会计法律制度侧重于调整会计人员的外在行为和结果的合法化，具有较强的客观性；会计职业道德不仅调整会计人员的外在行为，还调整会计人员内在的精神世界。

（3）表现形式不同。会计法律制度是通过一定的程序由国家立法部门或行政管理部门制定、颁布的，其表现形式是具体的、明确的、正式形成文字的成文规定。而会计职业道德出自会计人员的职业生活和职业实践，其表现形式既有成文的规范，也有不成文的规范。

（4）实施保障机制不同。会计法律制度依靠国家强制力保证其贯彻执行，而会计职业道德主要依靠道德教育、社会舆论、传统习俗和道德评价来实现。

（5）评价标准不同。会计法律制度以法律规定为评价标准，会计职业道德以道德评价为标准。

二、会计职业道德的主要内容

会计职业道德主要包括爱岗敬业、诚实守信、廉洁自律、客观公正、坚持准则、提高技能、参与管理、强化服务八个方面内容。

（1）爱岗敬业。要求会计人员正确认识会计职业，树立职业荣誉感；热爱会计工作，敬重会计职业；安心工作，任劳任怨；严肃认真，一丝不苟；忠于职守，尽职尽责。

（2）诚实守信。要求会计人员做老实人，说老实话，办老实事，不搞虚假；保密守信，不为利益所诱惑；执业谨慎，信誉至上。

（3）廉洁自律。要求会计人员树立正确的人生观和价值观；公私分明、不贪不占；遵纪守法，一身正气。廉洁就是不贪污钱财，不收受贿赂，保持清白。自律是指按照一定的标准，自己约束自己、自己控制自己的言行和思想的过程。自律的核心是用道德观念自觉抵制自己的不良欲望。对于整天与钱财打交道的会计人员来说，经常会受到财、权的诱惑，如果职业道德观念不强、自律意志薄弱，很容易成为权、财的奴隶，走向犯罪的深渊。

（4）客观公正。要求会计人员端正态度，依法办事；实事求是，不偏不倚；如实反映，保持应有的独立性。

（5）坚持准则。要求会计人员熟悉国家法律、法规和国家统一的会计制度，始终坚持按法律、法规和国家统一的会计制度的要求进行会计核算，实施会计监督。会计人员在实际工作中，应当以准则作为自己的行动指南，在发生道德冲突时，应坚持准则，维护国家利益、社会公众利益和正常的经济秩序。

（6）提高技能。要求会计人员具有不断提高会计专业技能的意识和愿望；具有勤学苦练的精神和科学的学习方法，刻苦钻研，不断进取，提高业务水平。

（7）参与管理。要求会计人员在做好本职工作的同时，努力钻研业务，全面熟悉本单位经营活动和业务流程，主动提出合理化建议，积极参与管理，使管理活动更有针对性和实效性。

（8）强化服务。要求会计人员树立服务意识，提高服务质量，努力维护和提升会计职业的良好社会形象。

第四节　违反会计法律制度的法律责任

违反会计法律制度应当承担的法律责任，在《会计法》及相关法律、法规、规章中都做出了相应的规定。本节主要介绍《会计法》对会计违法行为法律责任的规定。

一、违反国家统一的会计制度行为的法律责任

违反《会计法》规定，有下列行为之一的，由县级以上人民政府财政部门责令限期改正，可以对单位并处三千元以上五万元以下的罚款；对其直接负责的主管人员和其他直接责任人员，可以处两千元以上两万元以下的罚款；属于国家工作人员的，还应当由其所在

单位或者有关单位依法给予行政处分。构成犯罪的，依法追究刑事责任：

（1）不依法设置会计账簿的；

（2）私设会计账簿的；

（3）未按照规定填制、取得原始凭证或者填制、取得的原始凭证不符合规定的；

（4）以未经审核的会计凭证为依据登记会计账簿或者登记会计账簿不符合规定的；

（5）随意变更会计处理方法的；

（6）向不同的会计资料使用者提供的财务会计报告编制依据不一致的；

（7）未按照规定使用会计记录文字或者记账本位币的；

（8）未按照规定保管会计资料，致使会计资料毁损、灭失的；

（9）未按照规定建立并实施单位内部会计监督制度或者拒绝依法实施的监督或者不如实提供有关会计资料及有关情况的；

（10）任用会计人员不符合《会计法》规定的。

会计人员有上述所列行为之一，情节严重的，五年内不得从事会计工作。有关法律对上述所列行为的处罚另有规定的，依照有关法律的规定办理。

二、伪造、变造会计凭证、会计账簿，编制虚假财务会计报告行为的法律责任

伪造、变造会计凭证、会计账簿，编制虚假财务会计报告，构成犯罪的，依法追究刑事责任。尚不构成犯罪的，由县级以上人民政府财政部门予以通报，可以对单位并处5 000元以上10万元以下的罚款；对其直接负责的主管人员和其他直接责任人员，可以处3 000元以上5万元以下的罚款；属于国家工作人员的，还应当由其所在单位或者有关单位依法给予撤职直至开除的行政处分；其中的会计人员，五年内不得从事会计工作。

三、隐匿或者故意销毁依法应当保存的会计凭证、会计账簿、财务会计报告行为的法律责任

隐匿或者故意销毁依法应当保存的会计凭证、会计账簿、财务会计报告，构成犯罪的，依法追究刑事责任。尚不构成犯罪的，由县级以上人民政府财政部门予以通报，可以对单位并处5 000元以上10万元以下的罚款；对其直接负责的主管人员和其他直接责任人员，可以处3 000元以上5万元以下的罚款；属于国家工作人员的，还应当由其所在单位或者有关单位依法给予撤职直至开除的行政处分；其中的会计人员，五年内不得从事会计工作。

根据《中华人民共和国刑法》（简称《刑法》）第一百六十二条第二款的规定，隐匿或者故意销毁依法应当保存的会计凭证、会计账簿、财务会计报告，情节严重的，处5年以下有期徒刑或者拘役，并处或者单处2万元以上20万元以下罚金。单位犯前款罪的，对单位判处罚金，并对其直接负责的主管人员和其他直接责任人员，依照前款的规定

处罚。

四、授意、指使、强令会计机构、会计人员及其他人员伪造、变造会计凭证、会计账簿，编制虚假财务会计报告或者隐匿、故意销毁依法应当保存的会计凭证、会计账簿、财务会计报告行为的法律责任

授意、指使、强令会计机构、会计人员及其他人员伪造、变造会计凭证、会计账簿编制虚假财务会计报告或者隐匿、故意销毁依法应当保存的会计凭证、会计账簿、财务会计报告，构成犯罪的，依法追究刑事责任。尚不构成犯罪的，可以处 5 000 元以上 5 万元以下的罚款；属于国家工作人员的，还应当由其所在单位或者有关单位依法给予降级、撤职、开除的行政处分。

五、单位负责人对依法履行职责、抵制违反《会计法》规定行为的会计人员实行打击报复的法律责任

单位负责人对依法履行职责、抵制违反《会计法》规定行为的会计人员以降级、撤职、调离工作岗位、解聘或者开除等方式实行打击报复，构成犯罪的，依法追究刑事责任。尚不构成犯罪的，由其所在单位或者有关单位依法给予行政处分。对受打击报复的会计人员，应当恢复其名誉和原有职务、级别。

根据《刑法》第二百五十五条规定，公司、企业、事业单位、机关、团体的领导人，对依法履行职责、抵制违反《会计法》行为的会计人员实行打击报复，情节恶劣的，处三年以下有期徒刑或者拘役。

六、财政部门及有关行政部门工作人员职务违法行为的法律责任

财政部门及有关行政部门的工作人员在实施监督管理中滥用职权、玩忽职守、徇私舞弊或者泄露国家秘密、商业秘密，构成犯罪的，依法追究刑事责任。尚不构成犯罪的，依法给予行政处分。

收到对违反《会计法》和国家统一的会计制度行为检举的部门及负责处理检举的部门，将检举人姓名和检举材料转给被检举单位和被检举人个人的，由所在单位或者有关单位依法给予行政处分。

【思考题】

1. 简述会计核算的基本要求。
2. 简述会计账簿的种类。
3. 简述登记会计账簿的基本要求。
4. 试述如何形成电子会计档案。

5. 简述会计人员的回避制度。

6. 会计职业道德的主要内容是什么？

【学习参考案例】

年末，华力公司主管财务会计工作的副总经理王某召集财务部部长李某及相关人员开会，重点研究本年财务决算的相关事宜，同时财务部汇报几项工作，由领导决定。

以下是会议期间的部分发言：

王某：受金融危机的影响，公司今年的内销及外销均大幅度下滑，亏损已成定局。财务部正准备编制本年度年报，希望李部长组织相关专业人员多想方法，尽量减少亏损，以完成上级年初下达的考核指标。李部长，你们现在有什么具体打算和措施？

李某：根据财务部的初步测算，今年的收入同比下降21%，成本费用却上升3%，要完成上级年初下达的减亏目标十分困难。目前只能采取一些技术处理，考虑可以采取三项措施：一是红星公司是与我们有长期协作关系的大客户，可以与其协商，年末先向红星开销售发票1 020万，明年再用退货名义冲回，公司估计能减亏5%；二是可以延长固定资产折旧年限，从而减少折旧费用，估计能减亏2%；三是我们长期借款离到期还有很长时间，今年情况特殊，可以暂不计提利息，使财务费用减少125万元，减亏1%。如果综合采取上述三项措施，预计可以实现今年的减亏目标。

王某：我看李部长的三项措施很有效，就按李部长的方案实行吧。另外，关于出纳员小王辞职的事以及销毁会计档案的事，也顺便定一下，李部长再介绍一下情况。

李某：出纳员小王前一段时间跳槽到一外资企业，时间紧迫，走的十分匆忙，没有来得及办理交接，但我已经看过账了，没有问题，现在出纳工作已经由小张接替，工作过渡十分平稳。

王某：好的，没有问题，让小张好好干。

李某：最近档案科提出，档案科库房越来越紧张，准备将10年前的原始凭证、记账凭证和明细账全部销毁，但总账、日记账和年度财务报告继续保管。10年前的档案都是原领导班子留下的，继续保管已没有意义，我觉得应该销毁。

王某：就这么定吧，明天通知档案科，请他们立即销毁。

1. 华力公司年末向红星公司开具发票来完成减亏任务的行为属于（　　）。

A. 变造会计凭证　　B. 伪造会计凭证

C. 私设会计账簿　　D. 隐匿会计账簿

2. 下列说法中正确的是（　　）。

A. 华力公司调整固定资产折旧年限的行为属于正常的会计政策变更

B. 华力公司调整固定资产折旧年限的行为属于随意变更会计方法

C. 华力公司不计提长期借款利息违反了权责发生制

D. 华力公司不计提长期借款利息符合《会计法》的要求

3. 关于会计人员交接，下列说法中正确的有（　　）。

A. 小王与小张不用办理交接手续

B. 小王与小张需要办理交接手续

C. 小王与小张之间的交接应由副总经理王某监交

D. 小王与小张之间的交接应由财务部部长李某监交

4. 关于会计档案销毁，下列说法中正确的有（　　）。

A. 档案部门提出的销毁会计档案事项，符合《会计档案管理办法》规定

B. 经副总经理王某批准后，档案科即可予以销毁会计档案

C. 总账和日记账应当永久保管

D. 销毁会计档案应由档案科和财务部共同派员监销

5. 假定财政部门在会计信息质量检查中发现并追究相关人员责任，下列说法中错误的是（　　）。

A. 法人代表（总经理）没有参加会议因而不承担任何责任

B. 财务部部长李某应当承担全部责任

C. 财政部门可以根据情节，吊销王某和李某的会计从业资格证书

D. 参加销毁会计档案的人员均应负刑事责任

参考答案：1. B　2. BC　3. BD　4. D　5. ABCD

第三章　支付结算法律制度

【本章学习要求】

1. 掌握支付结算的相关概念及其原则和要求。
2. 熟悉各银行结算账户的概念、适用范围和开户要求。
3. 熟悉银行卡的分类、交易和清算。
4. 掌握票据权利与责任、票据行为，区分银行汇票、商业汇票、银行本票和支票。
5. 熟悉网上支付，掌握网上银行及第三方支付的主要功能及业务流程。
6. 熟悉结算纪律与法律责任。

【案例导入】

甲企业从乙企业购进一批设备，价款为200万元，甲企业开出一张由甲企业为出票人和付款人、乙企业为收款人，付款期限为6个月的商业承兑汇票，同时丙企业为该汇票提供了担保，保证甲企业到期承兑该汇票。付款期满后，由于甲企业财务发生困难，无款可付，乙企业要求丙企业支付该笔款项，但丙企业拒绝付款。

请问：丙企业是否要支付该笔款项？为什么？

第一节　支付结算概述

支付结算作为社会经济金融活动的重要组成部分，其主要功能是完成资金从一方当事人向另一方当事人的转移。随着社会经济金融的快速发展，单位、个人之间的经济往来日益频繁，对资金到账的及时性提出了更高的要求；与此同时，安全、快捷、高效的支付结算方式又促进了社会经济金融的发展。

一、支付结算的概念

支付结算，是指单位、个人在社会经济活动中使用票据、银行卡和汇兑、托收承付、委托收款等结算方式进行货币给付及其资金清算的行为。

银行（含城乡信用合作社）以及单位（含个体工商户）和个人是办理支付结算的主

体。其中，银行是支付结算和资金清算的中介机构。非银行机构未经批准不得作为中介机构办理支付结算业务。

二、支付结算的原则

支付结算的原则包括：

（1）恪守信用，履约付款原则。办理支付结算业务时，诚实守信就是要做到按照合同规定及时付款，不得无故拖延或者拒绝支付。

（2）谁的钱进谁的账、由谁支配原则。银行在办理结算时，必须按照存款人的委托，将款项支付给其指定的收款人；对存款人的资金，除国家法律另有规定外，必须由其自由支配。

（3）银行不垫款原则。即银行在办理结算过程中，只负责办理结算当事人之间的款项划拨，不承担垫付任何款项的责任。

三、办理支付结算的基本要求

办理支付结算时应符合下列基本要求：

（1）单位、个人和银行办理支付结算，必须使用按中国人民银行统一规定印制的票据和结算凭证。票据和结算凭证是办理支付结算的工具。未使用按中国人民银行统一规定印制的票据，票据无效；未使用中国人民银行统一规定格式的结算凭证，银行不予受理。

（2）单位、个人和银行应当按照《人民币银行结算账户管理办法》的规定开立、使用账户。在银行开立存款账户的单位和个人办理支付结算，账户内须有足够的资金保证支付。

（3）票据和结算凭证上的签章和其他记载事项应当真实，不得伪造、变造。

所谓“伪造”，是指无权限人假冒他人或虚构他人名义签章的行为。所谓“变造”，是指无权更改票据内容的人，对票据上签章以外的记载事项加以改变的行为。变造票据的方法多是在合法票据的基础上，对票据加以剪接、挖补、覆盖、涂改，从而非法改变票据的记载事项。签章的变造属于伪造。伪造、变造票据属于欺诈行为，应追究其刑事责任。

（4）填写各种票据和结算凭证应当规范。填写票据和结算凭证，必须做到要素齐全、数字正确、字迹清晰、不错漏、不潦草，防止涂改。规范填写票据和结算凭证时应注意以下事项：

①关于收款人名称。单位和银行的名称应当记载全称或者规范化简称。规范化简称应当具有排他性，与全称在实质上具有同一性。

②关于出票日期。票据的出票日期必须使用中文大写。为防止变造票据的出票日期，在填写月、日时，月为壹、贰和壹拾的，日为壹至玖和壹拾、贰拾、叁拾的，应在其前加“零”；日为拾壹至拾玖的，应在其前加“壹”。如 1 月 15 日，应写成零壹月壹拾伍日；

10月20日，应写成零壹拾月零贰拾日。

③关于金额。票据和结算凭证金额以中文大写和阿拉伯数码同时记载，二者必须一致，二者不一致的票据无效；二者不一致的结算凭证，银行不予受理。

第二节　银行结算账户

一、银行结算账户的概念和种类

银行结算账户，是指银行为存款人开立的办理资金收付的人民币活期存款账户。其中，“银行”，是指在中国境内经批准经营支付结算业务的银行业金融机构。

“存款人”，是指在中国境内开立银行结算账户的机关、团体、部队、企业、事业单位、其他组织（以下统称单位）、个体工商户和自然人。

银行结算账户按存款人不同分为单位银行结算账户和个人银行结算账户。存款人以单位名称开立的银行结算账户为单位银行结算账户。单位银行结算账户按用途分为基本存款账户、一般存款账户、专用存款账户和临时存款账户。个体工商户凭营业执照以字号或经营者姓名开立的银行结算账户纳入单位银行结算账户管理。存款人凭个人身份证件以自然人名称开立的银行结算账户为个人银行结算账户。

财政部门为实行财政国库集中支付的预算单位在商业银行开设的零余额账户按基本存款账户或者专用存款账户管理。

二、银行结算账户的开立、变更和撤销

（一）银行结算账户的开立

存款人应在注册地或住所地开立银行结算账户。符合异地（跨省、市、县）开户条件的，也可以在异地开立银行结算账户。开立银行结算账户应遵循存款人自主原则。除国家法律、行政法规和国务院另有规定外，任何单位和个人不得强令存款人到指定银行开立银行结算账户。

存款人申请开立银行结算账户时，应填制开立银行结算账户申请书。申请开立单位银行结算账户时，存款人应填写“开立单位银行结算账户申请书”，并加盖单位公章。存款人有组织机构代码、上级法人或主管单位的，应在“开立单位银行结算账户申请书”上如实填写相关信息。存款人有关联企业的，应填写“关联企业登记表”。申请开立个人银行结算账户时，存款人应填写“开立个人银行结算账户申请书”，并加其个人签章。

银行应对存款人的开户申请书填写的事项和相关证明文件的真实性、完整性、合规性进行认真审查。开户申请书填写的事项齐全，符合开立核准类账户条件的，银行应将存款

人的开户申请书、相关的证明文件和银行审核意见等开户资料报送中国人民银行当地分支行，经其核准后办理开户手续。

中国人民银行当地分支行应于2个工作日内，对银行报送的核准类账户的开户资料的合规性予以审核，符合开户条件的，予以核准，颁发基本（或临时或专用）存款账户开户许可证；不符合开户条件的，应在开户申请书上签署意见，连同有关证明文件一并退回报送银行，由报送银行转送存款人。

存款人在申请开立单位银行结算账户时，其申请开立的银行结算账户的账户名称、出具的开户证明文件上记载的存款人名称以及预留银行签章中公章或财务专用章的名称一致，下列情况除外：

（1）因注册验资开立的临时存款账户，其账户名称为工商行政管理部门核发的“企业名称预先核准通知书”或政府有关部门批文中注明的名称，其预留银行签章中公章或财务专用章的名称应是存款人与银行在银行结算账户管理协议中约定的出资人名称。

（2）预留银行签章中公章或财务专用章的名称依法可使用简称的，账户名称应与其保持一致。

（3）没有字号的个体工商户开立的银行结算账户，其预留签章中公章或财务专用章应是“个体户”字样加营业执照上载明的经营者的签字或盖章。

存款人开立单位银行结算账户，自正式开立之日起3个工作日后，方可使用该账户办理付款业务，但注册验资的临时存款账户转为基本存款账户和因借款转存开立的一般存款账户除外。对于核准类银行结算账户，“正式开立之日”为中国人民银行当地分支行的核准日期；对于非核准类银行结算账户，“正式开立之日”为银行为存款人办理开户手续的日期。

（二）银行结算账户的变更

银行结算账户的变更，是指存款人的账户信息资料发生的变化或改变。根据账户管理的要求，存款人的下列账户资料变更后，应及时向开户银行办理变更手续，填写变更银行结算账户申请书。属于申请变更单位银行结算账户的，应加盖单位公章和法定代表人（单位负责人）或其授权代理人的签名或者盖章；属于申请变更个人银行结算账户的，应加其个人签章。

存款人更改名称，但不改变开户银行及账号的，应于5个工作日内向开户银行提出银行结算账户的变更申请，并出具有关部门的证明文件。

单位的法定代表人或主要负责人、住址以及其他开户资料发生变更时，应于5个工作日内书面通知开户银行并提供有关证明。

属于变更开户许可证记载事项的，存款人办理变更手续时，应交回开户许可证，由中国人民银行当地分支行换发新的开户许可证。

（三）银行结算账户的撤销

银行结算账户的撤销，是指存款人因开户资格或其他原因终止银行结算账户使用的行为。存款人申请撤销银行结算账户时，应填写撤销银行结算账户申请书。属于申请撤销单位银行结算账户的，应加盖单位公章和法定代表人（单位负责人）或其授权代理人的签名或者盖章；属于申请撤销个人银行结算账户的，应加其个人签章。银行在收到存款人撤销银行结算账户的申请后，对于符合销户条件的，应在2个工作日内办理撤销手续。

存款人撤销银行结算账户，必须与开户银行核对银行结算账户存款余额，交回各种重要空白票据及结算凭证和开户许可证，银行核对无误后方可办理销户手续。

有下列情形之一的，存款人应向开户银行提出撤销银行结算账户的申请：

（1）被撤并、解散、宣告破产或关闭的。

（2）注销、被吊销营业执照的。

（3）因迁址需要变更开户银行的。

（4）其他原因需要撤销银行结算账户的。

存款人有以上第（1）、（2）条情形的，应于5个工作日内向开户银行提出撤销银行结算账户的申请。撤销银行结算账户时，应先撤销一般存款账户、专用存款账户、临时存款账户，将账户资金转入基本存款账户后，方可办理基本存款账户的撤销。银行得知存款人有以上第（1）、（2）条情形，存款人超过规定期限未主动办理撤销银行结算账户手续的，银行有权停止其银行结算账户的对外支付。存款人因以上第（3）、（4）条情形撤销基本存款账户后，需要重新开立基本存款账户的，应在撤销其原基本存款账户后10日内申请重新开立基本存款账户。

三、基本存款账户

（一）基本存款账户的概念

基本存款账户，是指存款人因办理日常转账结算和现金收付需要开立的银行结算账户。

可以申请开立基本存款账户的存款人主要有：企业法人，非法人企业；机关、事业单位；团级（含）以上军队、武警部队及分散执勤的支（分）队；社会团体；民办非企业组织；异地常设机构；外国驻华机构；个体工商户；居民委员会、村民委员会、社区委员会；单位设立的独立核算的附属机构，包括食堂、招待所、幼儿园；其他组织，即按照现行的法律、法规规定可以成立的组织，如业主委员会、村民小组等组织。

（二）基本存款账户的开户证明文件

开立基本存款账户需提供以下证明文件：

（1）企业法人，应出具企业法人营业执照正本。

（2）非法人企业，应出具企业营业执照正本。

（3）机关和实行预算管理的事业单位，应出具政府人事部门或编制委员会的批文或登记证书和财政部门同意其开户的证明；非预算管理的事业单位，应出具政府人事部门或编制委员会的批文或登记证书。

（4）军队、武警团级（含）以上单位以及分散执勤的支（分）队，应出具军队军级以上单位财务部门、武警总队财务部门的开户证明。

（5）社会团体，应出具社会团体登记证书，宗教组织还应出具宗教事务管理部门的批文或证明。

（6）民办非企业组织，应出具民办非企业登记证书。

（7）异地常设机构，应出具其驻在地政府主管部门的批文。

（8）外国驻华机构，应出具国家有关主管部门的批文或证明；外资企业驻华代表处、办事处，应出具国家登记机关颁发的登记证。

（9）个体工商户，应出具个体工商户营业执照正本。

（10）居民委员会、村民委员会、社区委员会，应出具其主管部门的批文或证明。

（11）独立核算的附属机构，应出具其主管部门的基本存款账户开户许可证和批文。

（12）其他组织，应出具政府主管部门的批文或证明。

上述存款人如果为从事生产、经营活动纳税人的，还应出具税务部门颁发的税务登记证。

（三）基本存款账户的使用

基本存款账户是存款人的主办账户，一个单位只能开立一个基本存款账户。存款人日常经营活动的资金收付及其工资、奖金和现金的支取，应通过基本存款账户办理。

[例] 某公司刚成立，主营手机配件生产。受公司法定代表人张某的授权，公司财务人员王某携带相关开户证明文件到中国工商银行办理基本存款账户开户手续。请问王某的开户证明文件应包括哪些？应办理哪些开户手续？

[解析] 根据账户管理规定，该公司开立基本存款账户，至少需要提供以下开户证明文件：工商部门颁发的营业执照正本、法定代表人张某的授权书、法定代表人张某和财务人员王某各自的身份证件。

王某需要办理以下手续：①填写“开立单位银行结算账户申请书”，同时附上述证明文件提交中国工商银行。②中国工商银行对王某提供的账户资料的真实性、完整性和合规性审查无误后，与该公司签订账户管理协议，明确双方的权利和义务。③根据中国工商银行的要求，王某还需要提供公司的预留印鉴式样。④中国工商银行据此建立该公司的预留印鉴卡片，同时留存上述开户证明文件的复印件，建立该公司的账户资料档案。

四、一般存款账户

（一）一般存款账户的概念

一般存款账户，是指存款人因借款或其他结算需要，在基本存款账户开户银行以外的银行营业机构开立的银行结算账户。

（二）一般存款账户的开户证明文件

存款人申请开立一般存款账户，应向银行出具其开立基本存款账户规定的证明文件、基本存款账户开户许可证和下列证明文件：

（1）存款人因向银行借款需要，应出具借款合同。

（2）存款人因其他结算需要，应出具有关证明。

（三）一般存款账户的使用

一般存款账户用于办理存款人借款转存、借款归还和其他结算的资金收付。一般存款账户可以办理现金缴存，但不得办理现金支取。

［例］某房地产开发公司在X开户银行开有基本存款账户。2020年3月2日该公司因贷款需要又在Y银行开立了一般存款账户（账号：998123668989）。同日，该公司财务人员签发了一张现金支票（支票上的出票人账号为998123668989），并向Y银行提示付款，要求提取现金3万元。Y银行工作人员对支票审查后，拒绝为该公司办理现金支取业务。请分析Y银行工作人员的做法是否正确。

［解析］一般存款账户是因借款转存、借款归还和其他结算需要开立的银行结算账户。本例中，该公司在Y银行开立了一个一般存款账户。按照我国现行账户管理规定，该一般存款账户可以办理现金缴存，但不得办理现金支取。Y银行工作人员严格执行账户管理规定，不予办理现金支取的做法是正确的。

五、专用存款账户

（一）专用存款账户的概念

专用存款账户，是指存款人按照法律、行政法规和规章，对其特定用途资金进行专项管理和使用而开立的银行结算账户。

（二）专用存款账户的适用范围

专用存款账户的适用范围包括：①基本建设资金；②更新改造资金；③粮、棉、油收购资金；④证券交易结算资金；⑤期货交易保证金；⑥信托基金；⑦政策性房地产开发资金；⑧单位银行卡备用金；⑨住房基金；⑩社会保障基金；⑪收入汇缴资金和业务支出资金；⑫党、团、工会设在单位的组织机构经费；⑬其他需要专项管理和使用的资金。

（三）专用存款账户的开户证明文件

存款人申请开立专用存款账户，应向银行出具其开立基本存款账户规定的证明文件、基本存款账户开户许可证和下列证明文件：

（1）基本建设资金、更新改造资金、政策性房地产开发资金、住房基金、社会保障基金，应出具主管部门批文。

（2）粮、棉、油收购资金，应出具主管部门批文。

（3）单位银行卡备用金，应按照中国人民银行批准的银行卡章程的规定出具有关证明和资料。

（4）证券交易结算资金，应出具证券公司或证券管理部门的证明。

（5）期货交易保证金，应出具期货公司或期货管理部门的证明。

（6）收入汇缴资金和业务支出资金，应出具基本存款账户存款人有关的证明。

（7）党、团、工会设在单位的组织机构经费，应出具该单位或有关部门的批文或证明。

（8）其他按规定需要专项管理和使用的资金，应出具有关法规、规章或政府部门的有关文件。

（四）专用存款账户的使用

（1）单位银行卡账户的资金（备用金）必须由其基本存款账户转账存入。该账户不得办理现金收付业务。

（2）证券交易结算资金、期货交易保证金和信托基金专用存款账户不得支取现金。

（3）基本建设资金、更新改造资金、政策性房地产开发资金账户需要支取现金的，应在开户时报中国人民银行当地分支行批准。

（4）粮、棉、油收购资金，社会保障基金，住房基金和党、团、工会经费等专用存款账户支取现金应按照国家现金管理的规定办理。银行应按照国家对粮、棉、油收购资金使用管理的规定加强监督，不得办理不符合规定的资金收付和现金支取。

（5）收入汇缴资金和业务支出资金，是指基本存款账户存款人附属的非独立核算单位或派出机构发生的收入和支出的资金。收入汇缴账户除向其基本存款账户或预算外资金财政专用存款户划缴款项外，只收不付，不得支取现金。业务支出账户除从其基本存款账户拨入款项外，只付不收，其现金支取必须按照国家现金管理的规定办理。

（五）预算单位零余额账户的设立、使用和管理

（1）预算单位使用财政性资金，应当按照规定的程序和要求，向财政部门提出设立零余额账户的申请，财政部门同意预算单位开设零余额账户后通知代理银行。

（2）代理银行根据《人民币银行结算账户管理办法》的规定，具体办理开设预算单位零余额账户业务，并将所开账户的开户银行名称、账号等详细情况书面报告财政部门和中国人民银行，并由财政部门通知一级预算单位。

（3）预算单位根据财政部门的开户通知，具体办理预留印鉴手续。印鉴卡内容如有变动，预算单位应及时通过一级预算单位向财政部门提出变更申请，办理印鉴卡更换手续。

（4）一个基层预算单位开设一个零余额账户。

（5）预算单位零余额账户用于财政授权支付，可以办理转账、提取现金等结算业务，可以向本单位按账户管理规定保留的相应账户划拨工会经费、住房公积金及提租补贴，以及财政部门批准的特殊款项，不得违反规定向本单位其他账户和上级主管单位、所属下级单位账户划拨资金。

六、临时存款账户

（一）临时存款账户的概念

临时存款账户，是指存款人因临时需要并在规定期限内使用而开立的银行结算账户。

（二）临时存款账户的适用范围

临时存款账户的适用范围包括：

（1）设立临时机构，例如工程指挥部、筹备领导小组、摄制组等。

（2）异地临时经营活动，例如异地建筑施工及安装活动等。

（3）注册验资、增资。

（4）军队、武警单位承担基本建设或者异地执行作战、演习、抢险救灾、应对突发事件等临时任务。

（三）临时存款账户的开户证明文件

存款人申请开立临时存款账户，应向银行出具下列证明文件：

（1）临时机构，应出具其驻在地主管部门同意设立临时机构的批文。

（2）异地建筑施工及安装单位，应出具其营业执照正本或其隶属单位的营业执照正本，以及施工及安装地建设主管部门核发的许可证或建筑施工及安装合同。港、澳、台及外国建筑施工及安装单位，应出具行业主管部门核发的资质准入证明。

（3）异地从事临时经营活动的单位，应出具其营业执照正本以及临时经营地工商行政管理部门的批文。

（4）境内单位在异地从事临时活动的，应出具政府有关部门批准其从事该项活动的证明文件。

（5）境外（含港、澳、台地区）机构在境内从事经营活动的，应出具政府有关部门批准其从事该项活动的证明文件。

（6）军队、武警单位因执行作战、演习、抢险救灾、应对突发事件等任务需要开立银行账户时，开户银行应当凭军队、武警团级以上单位（联勤）部门出具的批准或证明，先予开户并同时启用，后补办相关手续。

（7）注册验资资金，应出具工商行政管理部门核发的企业名称预先核准通知书或有关部门的批文。

（8）增资验资资金，应出具股东会或者董事会决议等证明文件。

（四）临时存款账户的使用

临时存款账户用于办理临时机构以及存款人临时经营活动发生的资金收付。临时存款账户应根据有关开户证明文件确定的期限或存款人的需要确定其有效期限，最长不得超过2年。临时存款账户支取现金，应按照国家现金管理的规定办理。注册验资的临时存款账户在验资期间只收不付。

七、个人银行结算账户

（一）个人银行结算账户的概念

个人银行结算账户，是指存款人因投资、消费、结算等需要而凭个人身份证件以自然人名称开立的银行结算账户。个人银行账户分为Ⅰ类银行账户、Ⅱ类银行账户和Ⅲ类银行账户（以下分别简称Ⅰ类户、Ⅱ类户和Ⅲ类户）。银行可通过Ⅰ类户为存款人提供存款、购买投资理财产品等金融产品、转账、消费和缴费支付、支取现金等服务，可通过Ⅱ类户为存款人提供存款、购买投资理财产品等金融产品、限定金额的消费和缴费支付等服务，可通过Ⅲ类户为存款人提供限定金额的消费和缴费支付服务。

（二）个人银行结算账户的开户方式

个人银行结算账户的开户方式有以下三种：

（1）柜面开户。通过柜面受理银行账户开户申请的，银行可为开户申请人开立Ⅰ类户、Ⅱ类户或Ⅲ类户。

（2）自助机具开户。通过远程视频柜员机和智能柜员机等自助机具受理银行账户开户申请，银行工作人员现场核验开户申请人身份信息的，银行可为其开立Ⅰ类户；银行工作人员未现场核验开户申请人身份信息的，银行可为其开立Ⅱ类户或Ⅲ类户。

（3）电子渠道开户。通过网上银行和手机银行等电子渠道受理银行账户开户申请的，银行可为开户申请人开立Ⅱ类户或Ⅲ类户。

（三）个人银行结算账户的开户证明文件

根据个人银行账户实名制的要求，存款人申请开立个人银行账户时，应向银行出具本人有效身份证件，银行通过有效身份证件仍无法准确判断开户申请人身份的，应要求其出具辅助身份证明材料。

有效身份证件包括：①在中华人民共和国境内已登记常住户口的中国公民为居民身份证；不满16周岁的，可以使用居民身份证或者户口簿。②香港、澳门特别行政区居民为港澳居民往来内地通行证。③台湾地区居民为台湾居民来往大陆通行证。④国外的中国公民为中国护照。⑤外国公民为护照或者外国人永久居留证（外国边民，按照边贸结算的有关规定办理）。⑥法律、行政法规规定的其他身份证明文件。

辅助身份证明材料包括但不限于：①中国公民为户口簿、护照、机动车驾驶证、居住证、社会保障卡、军人和武装警察身份证件、公安机关出具的户籍证明、工作证。②香港、澳门特别行政区居民为香港、澳门特别行政区居民身份证。③台湾地区居民为在台湾居住的有效身份证明。④定居国外的中国公民为定居国外的证明文件。⑤外国公民为外国居民身份证、使领馆人员身份证件或者机动车驾驶证等其他带有照片的身份证件。⑥完税证明、水电煤缴费单等税费凭证。

军人、武装警察尚未领取居民身份证的，除出具军人和武装警察身份证件外，还应出具军人保障卡或所在单位开具的尚未领取居民身份证的证明材料。

(四) 个人银行结算账户的使用

个人银行结算账户用于办理个人转账收付和现金存取。下列款项可以转入个人银行结算账户：①工资、奖金收入；②稿费、演出费等劳务收入；③债券、期货、信托等投资的本金和收益；④个人债权或产权转让收益；⑤个人贷款转存；⑥证券交易结算资金和期货交易保证金；⑦继承、赠与款项；⑧保险理赔、保费退还等款项；⑨纳税退还；⑩农、副、矿产品销售收入；⑪其他合法款项。

单位从其银行结算账户支付给个人银行结算账户的款项，每笔超过5万元（不包含5万元）的，应向其开户银行提供下列付款依据：①代发工资协议和收款人清单；②奖励证明；③新闻出版、演出主办等单位与收款人签订的劳务合同或支付给个人款项的证明；④证券公司、期货公司、信托投资公司、奖券发行或承销部门支付或退还给自然人款项的证明；⑤债权或产权转让协议；⑥借款合同；⑦保险公司的证明；⑧税收征管部门的证明；⑨农、副、矿产品购销合同；⑩其他合法款项的证明。

八、异地银行结算账户

异地银行结算账户，是存款人在其注册地或住所地行政区域之外（跨省、市、县）开立的银行结算账户。

(一) 异地银行结算账户的适用范围

存款人有以下情形的，可以申请开立异地银行结算账户：①营业执照注册地与经营地不在同一行政区域（跨省、市、县）需要开立基本存款账户的；②办理异地借款和其他结算需要开立一般存款账户的；③存款人因附属的非独立核算单位或派出机构发生的收入汇缴或业务支出需要开立专用存款账户的；④异地临时经营活动需要开立临时存款账户的；⑤自然人根据需要在异地开立个人银行结算账户的。

(二) 异地银行结算账户的开户证明文件

存款人需要在异地开立单位银行结算账，除出具开立基本存款账户、一般存款账户、专用存款账户和临时存款账户规定的有关证明文件和基本存款账户开户许可证外，还应出具下列相应的证明文件：

(1) 异地借款的存款人，在异地开立一般存款账户的，应出具在异地取得贷款的借款合同。

（2）因经营需要在异地办理收入汇缴和业务支出的存款人，在异地开立专用存款账户的，应出具隶属单位的证明。

存款人需要在异地开立个人银行结算账户，应出具在住所地开立账户所需的证明文件。

九、银行结算账户的管理

（一）银行结算账户的实名制管理

（1）存款人应以实名开立银行结算账户，并对其出具的开户（变更、撤销）申请资料实质内容的真实性负责，法律、行政法规另有规定的除外。

（2）存款人应按照账户管理规定使用银行结算账户办理结算业务，不得出租、出借银行结算账户，不得利用银行结算账户套取银行信用或进行洗钱活动。

（二）银行结算账户变更事项的管理

存款人申请临时存款账户展期，变更、撤销单位银行结算账户以及补（换）发开户许可证的，可由法定代表人或单位负责人直接办理，也可授权他人办理。由法定代表人或单位负责人直接办理的，除出具相应的证明文件外，还应出具法定代表人或单位负责人的身份证件；授权他人办理的，除出具相应的证明文件外，还应出具法定代表人或单位负责人的身份证件及其出具的授权书，以及被授权人的身份证件。

（三）存款人预留银行签章的管理

（1）单位遗失预留公章或财务专用章的，应向开户银行出具书面申请、开户许可证、营业执照等相关证明文件；更换预留公章或财务专用章时，应向开户银行出具书面申请、原预留公章或财务专用章等相关证明文件。单位存款人申请更换预留公章或财务专用章但无法提供原预留公章或财务专用章的，应向开户银行出具原印鉴卡片、开户许可证、营业执照正本、司法部门的证明等相关证明文件。单位存款人可由法定代表人或单位负责人直接办理，也可授权他人办理。由法定代表人或单位负责人直接办理的，除出具相应的证明文件外，还应出具法定代表人或单位负责人的身份证件；授权他人办理的，除出具相应的证明文件外，还应出具法定代表人或单位负责人的身份证件及其出具的授权书，以及被授权人的身份证件。

（2）个人遗失或更换预留个人印章或更换签字人时，应向开户银行出具经签名确认的书面申请，以及原预留印章或签字人的个人身份证件。银行应留存相应的复印件，并凭以办理预留银行签章的变更。单位存款人申请更换预留个人签章，可由法定代表人或单位负责人直接办理，也可授权他人办理。由法定代表人或单位负责人直接办理的，应出具加盖该单位公章的书面申请以及法定代表人或单位负责人的身份证件。授权他人办理的，应出具加盖该单位公章的书面申请、法定代表人或单位负责人的身份证件及其出具的授权书、被授权人的身份证件。无法出具法定代表人或单位负责人的身份证件的，应出具加盖该单位公章的书面申请、该单位出具的授权书以及被受权人的身份证件。

（四）银行结算账户的对账管理

银行结算账户的存款人应与银行按规定核对账务。存款人收到对账单或对账信息后，应及时核对账务并在规定期限内向银行发出对账回单或确认信息。

第三节 银行卡

银行卡，是指经批准由商业银行（含邮政金融机构）向社会发行的具有消费信用、转账结算、存取现金等全部或部分功能的信用支付工具。银行卡作为支付工具的一种，具有使用方便、集多功能于一体的特点。

一、银行卡的分类

（1）银行卡按是否具有透支功能分为信用卡和借记卡。信用卡可以透支，借记卡不具备透支功能。

信用卡按是否向发卡银行交存备用金分为贷记卡、准贷记卡两类。贷记卡，是指发卡银行给予持卡人一定的信用额度，持卡人可在信用额度内先消费、后还款的信用卡。准贷记卡，是指持卡人须先按发卡银行要求交存一定金额的备用金，当备用金账户余额不足支付时可在发卡银行规定的信用额度内透支的信用卡。

借记卡按功能不同分为转账卡（含储蓄卡）、专用卡、储值卡。转账卡是实时扣账的借记卡，具有转账结算、存取现金和消费功能。专用卡是具有专门用途、在特定区域使用的借记卡，具有转账结算、存取现金功能。“专门用途”，是指在百货、餐饮、娱乐行业以外的用途。储值卡是发卡银行根据持卡人的要求将其资金转至卡内储存，交易时直接从卡内扣款的预付钱包式借记卡。

（2）银行卡按照币种不同分为人民币卡和外币卡。外币卡是持卡人与发卡银行以除人民币以外的货币作为清算货币的银行卡。目前国内商户可受理 VISA（维萨）、Master Card（万事达）、American Express（美国运通）、Diners Club（大来）等外币卡。

（3）银行卡按发行对象不同分为单位卡（商务卡）和个人卡。

（4）银行卡按信息载体不同分为磁条卡和芯片（IC）卡。芯片（IC）卡既可应用于单一的银行卡品种，又可应用于组合的银行卡品种。

二、银行卡账户和交易

（一）银行卡申领、注销和丧失

（1）单位和个人申领信用卡，应按规定填制申请表，连同有关资料一并送交发卡银行。发卡银行可根据申请人的资信程度，要求其提供担保。担保的方式可采用保证、抵押或质押。凡在中国境内金融机构开立基本存款账户的单位，应当凭中国人民银行核发的开户许可证申领单位卡；个人申领银行卡（储值卡除外），应当向发卡银行提供公安部门规定的本人有效身份证件，经发卡银行审查合格后，为其开立记名账户。银行卡及其账户只限经发卡银行批准的持卡人本人使用，不得出租和转借。

个人贷记卡申请的基本条件：①年满 18 周岁，有固定职业和稳定收入，工作单位和户口在常住地的城乡居民；②填写申请表，并在持卡人处亲笔签字；③向发卡银行提供本人及附属卡持卡人、担保人的身份证复印件；外地、境外人员及现役军官以个人名义领卡应出具当地公安部门签发的临时户口或有关部门开具的证明，并须提供具备担保条件的担保单位或有当地户口、在当地工作的担保人。

（2）单位人民币卡账户的资金一律从其基本存款账户转账存入，不得存取现金，不得将销货收入存入单位卡账户。单位外币卡账户的资金应从其单位的外汇账户转账存入，不得在境内存取外币现钞。个人人民币卡账户的资金以其个人持有的现金存入或以其工资性款项、属于个人的合法劳务报酬、投资回报等收入转账存入。个人外币卡账户的资金以其个人持有的外币现钞存入或从其外汇账户（含外钞账户）转账存入，该外汇账户及存款应符合国家外汇管理局的有关规定。严禁将单位的款项转入个人卡账户存储。

（3）持卡人在还清全部交易款项、透支本息和有关费用后，可申请办理销户。销户时，单位人民币卡账户的资金应当转入其基本存款账户，单位外币卡账户的资金应当转回其相应的外汇账户，不得提取现金。对于持卡人因死亡等原因而需办理的注销和清户，应按照《中华人民共和国继承法》（以下简称《继承法》）和《中华人民共和国公证法》（以下简称《公证法》）等法规办理。发卡行受理注销之日起 45 日后，被注销信用卡账户方能清户。

（4）持卡人丧失银行卡，应立即持本人身份证件或其他有效证明，并按规定提供有关情况，向发卡银行或代办银行申请挂失，发卡银行或代办银行审核后办理挂失手续。

（二）银行卡交易的基本规定

（1）单位人民币卡可办理商品交易和劳务供应款项的结算，但不得透支。单位卡不得支取现金。

（2）信用卡预借现金业务包括现金提取、现金转账和现金充值。现金提取是指持卡人通过柜面和自动柜员机等自助机具，以现钞形式获得信用卡预借现金额度内资金；现金转账是指持卡人将信用卡预借现金额度内资金划转到本人银行结算账户；现金充值是指持卡人将信用卡预借现金额度内资金划转到本人在非银行支付机构开立的支付账户。发卡机构不得将持卡人信用卡预借现金额度内资金划转至其他信用卡，以及非持卡人的银行结算账户或支付账户。

（3）贷记卡持卡人非现金交易可享受免息还款期和最低还款待遇，银行记账日到发卡银行规定的到期还款日之间为免息还款期，持卡人在到期还款日前偿还所使用全部银行款项有困难的，可按照发卡银行规定的最低还款额还款。持卡人透支消费享受免息还款期和最低还款额待遇的条件和标准等，由发卡机构自主确定。

（4）发卡银行通过下列途径追偿透支款项和诈骗款项：①扣减持卡人保证金、依法处理抵押物和质物；②向保证人追索透支款项；③通过司法机关的诉讼程序进行追偿。

三、银行卡计息和收费

发卡银行对准贷记卡及借记卡（不含储值卡）账户内的存款，按照中国人民银行规定的同期同档次存款利率及计息办法计付利息。对信用卡透支利率实行上限和下限管理，透支利率上限为日利率万分之五，下限为日利率万分之五的0.7倍。信用卡透支的计结息方式，以及对信用卡溢缴款是否计付利息及其利率标准，由发卡机构自主确定。

发卡机构应在信用卡协议中以显著方式提示信用卡利率标准和计结息方式、免息还款期和最低还款额待遇的条件和标准，以及向持卡人收取违约金的详细情形和收取标准等与持卡人有重大利害关系的事项，确保持卡人充分知悉并确认接受。其中，对于信用卡利率标准，应注明日利率和年利率。发卡机构调整信用卡利率的，应至少提前45个自然日按照约定方式通知持卡人。持卡人有权在新利率标准生效之日前选择销户，并按照已签订的协议偿还相应款项。

取消信用卡滞纳金，对于持卡人违约逾期未还款的行为，发卡机构应与持卡人通过协议约定是否收取违约金以及相关收取方式和标准。发卡机构向持卡人提供超过授信额度用卡的，不得收取超限费。

发卡机构向持卡人收取的违约金和年费、取现手续费、货币兑换费等服务费用不得计收利息。

四、银行卡清算市场

自2015年6月1日起，我国放开银行卡清算市场，符合条件的内外企业，均可申请在中国境内设立银行卡清算机构。在中国境内从事银行卡清算业务的境外支付机构、第三方支付机构、银行等符合条件的机构应当向中国人民银行提出申请，经中国人民银行征求中国银行业监督管理委员会同意后予以批准，依法取得“银行卡清算业务许可证”，申请成为银行卡清算机构的，注册资本不低于10亿元。

目前，中国银联股份有限公司是唯一经国务院同意，由中国人民银行批准设立的中国银行卡清算机构。随着银行卡清算市场的放开，我国银行卡组织将迎来国际卡组织、本土第三方支付机构，甚至国内商业银行的多个参与方。

五、银行卡收单

（一）银行卡收单业务概念

银行卡收单业务，是指收单机构与特约商户签订银行卡受理协议，在特约商户按约定受理银行卡并与持卡人达成交易后，为特约商户提供交易资金结算服务的行为。通俗地讲就是持卡人在银行签约商户那里刷卡消费，银行将持卡人刷卡消费的资金在规定周期内结算给商户，并从中扣取一定比例的手续费。

银行卡收单机构，包括从事银行卡收单业务的银行业金融机构，获得银行卡收单业务许可、为实体特约商户提供银行卡受理并完成资金结算服务的支付机构，以及获得网络支付业务许可、为网络特约商户提供银行卡受理并完成资金结算服务的支付机构。

特约商户，是指与收单机构签订银行卡受理协议、按约定受理银行卡并委托收单机构为其完成交易资金结算的企事业单位、个体工商户或其他组织，以及按照国家工商行政管理机关有关规定，开展网络商品交易等经营活动的自然人。实体特约商户，是指通过实体经营场所提供商品或服务的特约商户。网络特约商户，是指基于公共网络信息系统提供商品或服务的特约商户。

（二）银行卡收单业务管理规定

1. 特约商户管理

收单机构拓展特约商户，应遵循“了解你的客户”原则，对特约商户实行实名制管理。收单机构应严格审核特约商户的营业执照等证明文件，以及法定代表人或者负责人有效身份证件等申请材料。特约商户为自然人的，收单机构应当审核其有效身份证件。特约商户使用单位银行结算账户作为收单银行结算账户的，收单机构还应当审核其合法拥有该账户的证明文件。

收单机构应当与特约商户签订银行卡受理协议，就可受理的银行卡种类、开通的交易类型、收单银行结算账户的设置和变更、资金结算周期、结算手续费标准、差错和纠纷处置等事项，明确双方的权利、义务和违约责任。特约商户的收单银行结算账户应当为其同名单位银行结算账户，或其指定的、与其存在合法资金管理关系的单位银行结算账户。特约商户为个体工商户或自然人的，可使用其同名个人银行结算账户作为收单银行结算账户。

收单机构应当对实体特约商户收单业务进行本地化经营与管理，通过在特约商户及其分支机构所在省（自治区、直辖市）域内的收单机构或其分支机构提供收单服务，不得跨省（自治区、直辖市）域开展收单业务。对于连锁式经营或集团化管理的特约商户，收单机构或经其授权的特约商户所在地的分支机构可与特约商户签订总对总银行卡受理协议，并严格落实本地化服务和管理责任。

2. 业务与风险管理

收单机构应当强化业务和风险管理措施，建立特约商户检查制度、资金结算风险管理制度、收单交易风险监测系统以及特约商户收单银行结算账户设置和变更审核制度等。建立对实体特约商户、网络特约商户分别进行风险评级制度，对于风险等级较高的特约商户，收单机构应当对其开通的受理卡种和交易类型进行限制，并采取强化交易监测、设置交易限额、延迟结算、增加检查频率、建立特约商户风险准备金等措施。

收单机构应按协议约定及时将交易资金结算到特约商户的收单银行结算账户，资金结算时限最迟不得超过持卡人确认可直接向特约商户付款的支付指令生效日后 30 个自然日，因涉嫌违法违规等风险交易需延迟结算的除外。收单机构应当根据交易发生时的原交易信息发起银行卡交易差错处理、退货交易，将资金退至持卡人原银行卡账户。若持卡人原银行卡账户已撤销的，应当退至持卡人指定的本人其他银行账户。

收单机构发现特约商户发生疑似银行卡套现、洗钱、欺诈、移机、留存或泄露持卡人账户信息等风险事件的，应当对特约商户采取延迟资金结算、暂停银行卡交易或收回受理终端（关闭网络支付接口）等措施，并承担因未采取措施导致的风险损失责任；涉嫌违法犯罪活动的，应当及时向公安机关报案。

（三）银行卡 POS 收单业务交易及结算流程

POS（多功能终端）是安装在特约商户内，为持卡人提供授权、消费、结算等服务的专用电子支付设备，也是能够保证银行交易处理信息安全的实体支付终端。目前国内银行卡 POS 交易的转接和资金结算由中国银联负责。境外银行卡 POS 交易的转接和转接清算由国际发卡组织负责（如维萨国际组织、万事达卡国际组织）。银行卡收单业务交易及结算流程如图 3-1 所示。

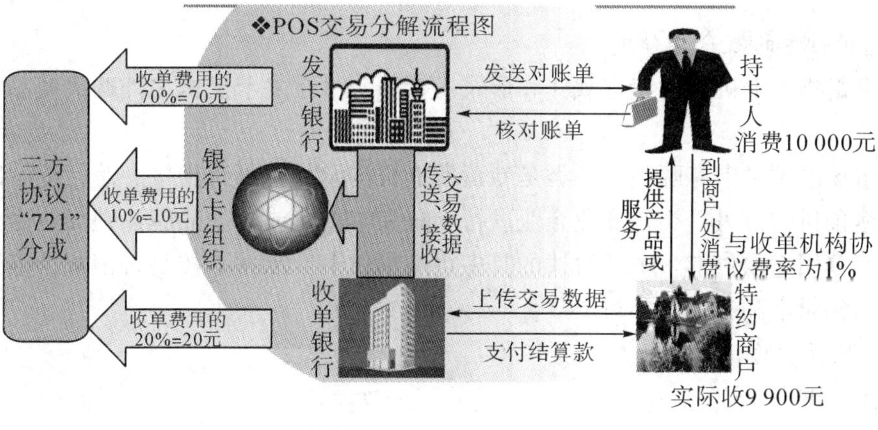

图 3-1　银行卡收单业务交易及结算流程

收单业务交易及结算流程为：

（1）收银员审核银行卡，刷卡输入交易金额。

（2）持卡人确认消费金额并输入交易密码。

（3）交易信息通过中国银联输送至发卡机构。

（4）发卡机构系统检查卡片有效性、验证密码和账户余额，并发送交易处理结果信息（通过检查和验证后扣减持卡人账户资金并发送成功信息，未通过发送失败信息）。

（5）中国银联把交易处理信息结果信息返回给受理机具。

（6）若交易成功，受理机具打印单据。

（7）持卡人在消费单据上签名，收银员保管好交易单据。

（8）中国银联每日23：00进行日终处理，按成员机构代号进行轧差清算，次日通过现代化支付系统直接拨收成员机构清算资金。

（9）成员机构次日从中国银联下载商户交易明细，对商户进行资金入账（已扣减交易手续费）并向特约商户提供交易明细。

（四）结算收费

收单机构向商户收取的收单服务费由收单机构与商户协商确定具体费率；发卡机构向收单机构收取的发卡服务费不区分商户类别，实行政府指导价、上限管理，费率水平借记卡交易不超过交易金额的0.35%，单笔收费金额不超过13元，贷记卡交易不超过0.45%；对非营利性的医疗机构、教育机构、社会福利机构、养老机构、慈善机构刷卡交易，实行发卡行服务费、网络服务费全额减免；自2016年9月6日起2年的过渡期内，对超市、大型仓储式卖场、水电煤气缴费、加油、交通运输售票商户刷卡交易实行发卡行服务费、网络服务费优惠。

六、预付卡

（一）预付卡的概念和分类

预付卡是指发卡机构以特定载体和形式发行的、可在发卡机构之外购买商品或服务的预付价值。

目前市场上预付卡有两类：一类是专营发卡机构发行，可跨地区、跨行业、跨法人使用的多用途预付卡；另一类是商业企业发行，只在本企业或同一品牌连锁商业企业购买商品、服务的单用途预付卡。本章讲述的是多用途预付卡。预付卡按是否记载持卡人身份信息分为记名预付卡和不记名预付卡。

（二）预付卡的相关规定

1. 预付卡的限额

预付卡以人民币计价，不具有透支功能。单张记名预付卡资金限额不得超过5 000元，单张不记名预付卡资金限额不得超过1 000元。

2. 预付卡的期限

预付卡卡面记载有效期限或有效期截止日。记名预付卡可挂失，可赎回，不得设置有效期；不记名预付卡不挂失，不赎回，另有规定的除外。不记名预付卡有效期不得低于3

年。超过有效期尚有资金余额的预付卡，可通过延期、激活、换卡等方式继续使用。

3. 预付卡的办理

个人或单位购买记名预付卡或一次性购买不记名预付卡 1 万元以上的，应当使用实名并向发卡机构提供有效身份证件。发卡机构应当识别购卡人、单位经办人的身份，核对有效身份证件，登记身份基本信息，并留存有效身份证件的复印件或影印件。代理他人购买预付卡的，发卡机构应当采取合理方式确认代理关系，核对代理人和被代理人的有效身份证件，登记代理人和被代理人的身份基本信息，并留存代理人和被代理人的有效身份证件的复印件或影印件。使用实名购买预付卡的，发卡机构应当登记购卡人姓名或单位名称、单位经办人姓名、有效身份证件名称和号码、联系方式、购卡数量、购卡日期、购卡总金额、预付卡卡号及金额等信息。单位一次性购买预付卡 5 000 元以上，个人一次性购买预付卡 5 万元以上的，应当通过银行转账等非现金结算方式购买，不得使用现金。购卡人不得使用信用卡购买预付卡。

4. 预付卡的充值

预付卡只能通过现金或银行转账方式进行充值，不得使用信用卡为预付卡充值。一次性充值金额 5 000 元以上的，不得使用现金。单张预付卡充值后的资金余额不得超过规定限额。预付卡现金充值通过发卡机构网点进行，但单张预付卡同日累计现金充值在 200 元以下的，可通过自助充值终端、销售合作机构代理等方式充值。

5. 预付卡的使用

预付卡在发卡机构拓展、签约的特约商户中使用，不得用于或变相用于提取现金，不得用于购买、交换非本发卡机构发行的预付卡、单一行业卡及其他商业预付卡或向其充值，卡内资金不得向银行账户或向非本发卡机构开立的网络支付账户转移。

6. 预付卡的赎回

记名预付卡可在购卡 3 个月后办理赎回，赎回时，持卡人应当出示预付卡及持卡人和购卡人的有效身份证件；由他人代理赎回的，应当同时出示代理人和被代理人的有效身份证件。单位购买的记名预付卡，只能由单位办理赎回。

7. 预付卡的发卡机构

预付卡发卡机构必须是经中国人民银行核准，取得支付业务许可证的支付机构。支付机构要严格按照核准的业务类型和业务覆盖范围从事预付卡业务。发卡机构要采取有效措施加强对购卡人和持卡人信息的保护，确保信息安全，防止信息泄露和滥用，未经购卡人和持卡人同意，不得用于与购卡人和持卡人的预付卡业务无关的目的。发卡机构要严格发票管理，按照《中华人民共和国发票管理办法》有关规定开具发票。发卡人要加强预付卡资金管理，维护持卡人合法权益，发卡机构接受的、客户用于未来支付需要的预付卡资金，不属于发卡机构的自有财产，发卡机构不得挪用、挤占。发卡机构必须在商业银行开立备付金专用存款账户存放预付资金，并与银行签订存管协议，接受银行对备付金使用情况的监督。中国人民银行负责对发卡机构的预付卡备付金专用存款账户的开立和使用进行监管。

第四节　票据

一、票据的概念和功能

（一）票据的含义和种类

票据的概念有广义和狭义之分。广义上的票据包括各种有价证券和凭证，如股票、国库券、企业债券、发票、提单等。狭义上的票据仅指《中华人民共和国票据法》（以下简称《票据法》）上规定的票据，包括汇票、银行本票和支票，是指由出票人签发的、约定自己或者委托付款人在见票时或指定的日期向收款人或持票人无条件支付一定金额的有价证券。

（二）票据当事人

票据当事人，是指在票据法律关系中，享有票据权利、承担票据义务的主体。票据当事人分为基本当事人和非基本当事人。

1. 基本当事人

票据基本当事人，是指在票据作成和交付时就已经存在的当事人，包括出票人、付款人和收款人三种。汇票和支票的基本当事人有出票人、付款人与收款人；本票的基本当事人有出票人与收款人。

（1）出票人，是指依法定方式签发票据并将票据交付给收款人的人。银行汇票的出票人为银行；商业汇票的出票人为银行以外的企业和其他组织；银行本票的出票人为出票银行；支票的出票人为在银行开立支票存款账户的企业、其他组织和个人。

（2）收款人，是指票据正面记载的到期后有权收取票据所载金额的人。

（3）付款人，是指由出票人委托付款或自行承担付款责任的人。商业承兑汇票的付款人是合同中应给付款项的一方当事人，也是该汇票的承兑人；银行承兑汇票的付款人是承兑银行；支票的付款人是出票人的开户银行；本票的付款人是出票人。

2. 非基本当事人

非基本当事人，是指在票据作成并交付后，通过一定的票据行为加入票据关系而享有一定权利、承担一定义务的当事人，包括承兑人、背书人、被背书人、保证人等。

（1）承兑人，是指接受汇票出票人的付款委托，同意承担支付票款义务的人，它是汇票的主债务人。

（2）背书人与被背书人。背书人，是指在转让票据时，在票据背面或粘单上签字或盖章，并将该票据交付给受让人的票据收款人或持有人。被背书人，是指被记名受让票据或接受票据转让的人。背书后，被背书人成为票据新的持有人，享有票据的所有权利。

（3）保证人，是指为票据债务提供担保的人，由票据债务人以外的第三人担当。保证人在被保证人不能履行票据付款责任时，以自己的金钱履行票据付款义务，然后取得持票人的权利，再向票据债务人追索。

（三）票据的功能

1. 支付功能

支付功能即票据可以充当支付工具，代替现金使用。对于当事人来讲，用票据支付可以消除现金携带的不便，克服点钞的麻烦，节省计算现金的时间。

2. 汇兑功能

汇兑功能即票据可以代替货币在不同地方之间运送，方便异地之间的支付。如果异地之间使用货币，需要运送或携带，不仅费事费力，而且也不安全，大额货币的运送更是如此。如果只拿着一张票据到异地支付，相对而言既安全又方便。

3. 信用功能

信用功能即票据当事人可以凭借自己的信誉，将未来才能获得的金钱作为现在的金钱来使用。例如，甲企业购买乙企业货物，甲企业暂时款项不足，便凭借自己的信誉签发了一张以“乙企业”为收款人、以自己的开户银行为付款人，约定3个月后付款的票据给乙企业。此时，甲企业实际上是将3个月后才能筹足的款项用于现在使用。

4. 结算功能

结算功能即债务抵销功能。简单的结算是互有债务的双方当事人各签发一张本票，待两张本票都到到期日即可以相互抵销债务。若有差额，由一方以现金支付。

5. 融资功能

融资功能即融通资金或调度资金。票据的融资功能是通过票据的贴现、转贴现和再贴现实现的。

二、票据权利与责任

（一）票据权利的概念和分类

票据权利，是指票据持票人向票据债务人请求支付票据金额的权利，包括付款请求权和追索权。

付款请求权，是指持票人向汇票的承兑人、本票的出票人、支票的付款人出示票据要求付款的权利，是第一顺序权利。行使付款请求权的持票人可以是票据记载的收款人或最后被背书人；担负付款请求权付款义务的主要是主债务人。

票据追索权，是指票据当事人行使付款请求权遭到拒绝或有其他法定原因存在时，向其前手请求偿还票据金额及其他法定费用的权利，是第二顺序权利。行使追索权的当事人除票据记载的收款人和最后被背书人外，还可能是代为清偿票据债务的保证人、背书人。

（二）票据权利的取得

（1）签发、取得和转让票据，应当遵守诚实信用的原则，具有真实的交易关系和债权债务关系。票据的取得，必须给付对价，即应当给付票据双方当事人认可的相应的对价。

（2）取得票据享有票据权利的情形：①依法接受出票人签发的票据；②依法接受背书转让的票据；③因税收、继承、赠与可以依法无偿取得的票据。

（三）票据权利丧失及补救

票据丧失，是指票据因灭失、遗失、被盗等原因而使票据权利人脱离其对票据的占有。票据一旦丧失，票据的债权人如不采取措施补救就不能阻止债务人向拾获者履行义务，从而造成正当票据权利人经济上的损失。因此，需要进行票据丧失的补救。票据丧失后，可以采取挂失止付、公示催告、普通诉讼三种形式进行补救。

1. 挂失止付

挂失止付是指失票人将丧失票据的情况通知付款人或代理付款人，由接受通知的付款人或代理付款人审查后暂停支付的一种方式。只有确定付款人或代理付款人的票据丧失时，才可以进行挂失止付，具体包括已承兑的商业汇票、支票、填明“现金”字样的银行汇票和银行本票四种。挂失止付并不是票据丧失后采取的必经措施，而只是一种暂时的预防措施，最终还要通过申请公示催告或提起普通诉讼来补救票据权利。失票人应当在通知挂失止付后三日内，也可以在票据丧失后，依法向人民法院申请公示催告，或者向人民法院提起诉讼。

2. 公示催告

公示催告是指在票据丧失后由失票人向人民法院提出申请，请求人民法院以公告方式通知不确定的利害关系人限期申报权利，逾期未申报者，则权利失效，而由法院通过除权判决宣告所丧失的票据无效的制度或程序。申请公示催告的主体必须是可以背书转让的票据的最后持票人。

失票人应当在通知挂失止付后的3日内，也可以在票据丧失后，依法向票据支付地人民法院申请公示催告。人民法院决定受理公示催告申请，应当同时通知付款人及代理付款人停止支付，并自立案之日起3日内发出公告，催促利害关系人申报权利。付款人或者代理付款人收到人民法院发出的止付通知，应当立即停止支付，直至公示催告程序终结。非经发出止付通知的人民法院许可，擅自解付的，不得免除票据责任。

人民法院决定受理公示催告申请后发布的公告应当在全国性的报刊上登载。公示催告的期间，国内票据自公告发布之日起60日，涉外票据可根据具体情况适当延长，但最长不得超过90日。在公示催告期间，转让票据权利的行为无效。

3. 普通诉讼

普通诉讼是指以丧失票据的人为原告，以承兑人或出票人为被告，请求人民法院判决其向失票人付款的诉讼活动。如果与票据上的权利有利害关系的人是明确的，无须公示催告，可按一般的票据纠纷向法院提起诉讼。失票人向人民法院提起诉讼的，除向人民法院说明曾经持有票据及丧失票据的情形外，还应当提供担保。担保的数额相当于票据载明的金额。

（四）票据责任

票据责任是指票据债务人向持票人支付票据金额的责任。实务中，票据债务人承担票据义务一般有以下情况：①汇票承兑人因承兑而应承担付款义务；②本票出票人因出票而承担自己付款的义务；③支票付款人在与出票人有资金关系时承担付款义务；④汇票、本票、支票的背书人，汇票、支票的出票人、保证人，在票据不获承兑或不获付款时承担付款清偿义务。

三、票据行为

票据行为，是指票据当事人以发生票据债务为目的的、以在票据上签名或盖章为权利义务成立要件的法律行为，包括出票、背书、承兑和保证。

1. 出票

出票是指出票人签发票据并将其交付给收款人的票据行为。出票包括两个行为：一是出票人依照《票据法》的规定作成票据，即在原始票据上记载法定事项并签章；二是交付票据，即将作成的票据交付给他人占有。这两者缺一不可。

2. 背书

背书是指在票据背面或者粘单上记载有关事项并签章的票据行为。以背书转让的票据，背书应当连续。背书连续，是指在票据转让中，转让票据的背书人与受让票据的被背书人在票据上的签章依次前后衔接，即第一次背书的背书人为票据的收款人；第二次背书的背书人为第一次背书的被背书人，依次类推。

3. 承兑

承兑仅适用于商业汇票，是指汇票付款人承诺在汇票到期日支付汇票金额并签章的行为。

4. 保证

保证是指票据债务人以外的人，为担保特定债务人履行票据债务而在票据上记载有关事项并签章的行为。保证人对合法取得票据的持票人所享有的票据权利承担保证责任。被保证的票据，保证人应当与被保证人对持票人承担连带责任。

保证人为两人以上的，保证人之间承担连带责任。票据到期后得不到付款的，持票人有权向保证人请求付款，保证人应当足额付款。保证人清偿票据债务后，可以行使持票人对被保证人及其前手的追索权。

四、票据追索权

票据追索权是指持票人在汇票到期不获付款或期前不获承兑或者有其他法定原因时，对于其前手（背书人、出票人以及其他债务人）可以请求偿还汇票金额、利息及费用的权利。

票据追索适用于两种情形，分别为到期后追索和到期前追索。到期后追索是指票据到期被拒绝付款的，持票人对背书人、出票人以及票据的其他债务人行使的追索。到期前追索，是指票据到期日前，持票人对下列情形之一行使的追索：①汇票被拒绝承兑的；②承兑人或者付款人死亡的、逃匿的；③承兑人或者付款人被依法宣告破产或者因违法被责令终止业务活动的。

五、银行汇票

（一）银行汇票的概念和使用范围

银行汇票是出票银行签发的，由其在见票时按照实际结算金额无条件支付给收款人或者持票人的票据。出票银行为银行汇票的付款人。银行汇票可以用于转账，填明“现金”字样的银行汇票也可以用于支取现金。单位和个人的各种款项结算，均可使用银行汇票。如图 3-2 所示。

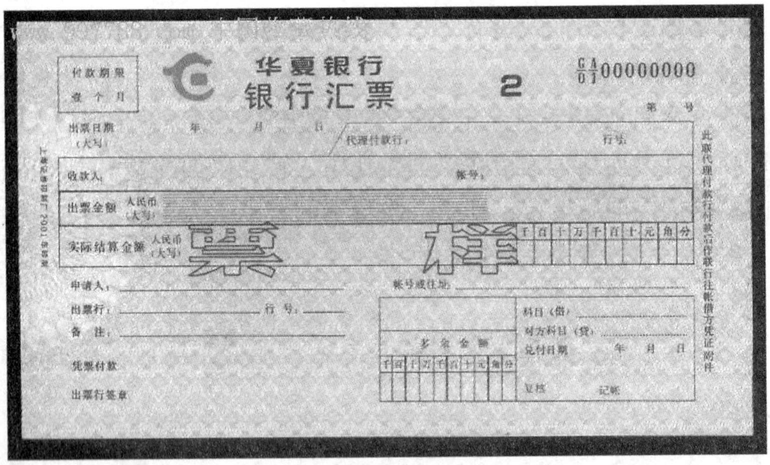
付款期限 壹个月
华夏银行
银行汇票 2
GA 01 00000000
第 号
出票日期（大写） 年 月 日
代理付款行： 行号：
收款人： 帐号：
出票金额 人民币（大写）
实际结算金额 人民币（大写） 票样
千 百 十 万 千 百 十 元 角 分
申请人： 帐号或住址：
出票行： 行号：
备 注：
凭票付款
出票行签章
多余金额
千 百 十 万 千 百 十 元 角 分
科目（借）
对方科目（贷）
兑付日期 年 月 日
复核 记账
此联代理付款行付款后作联行往帐借方凭证附件

图 3-2 银行汇票

（二）银行汇票的出票

1. 申请

申请人使用银行汇票，应向出票银行填写“银行汇票申请书”，填明收款人名称、汇票金额、申请人名称、申请日期等事项并签章，签章应为其预留银行的签章。

2. 签发并交付

出票银行受理银行汇票申请书，收妥款项后签发银行汇票，并将银行汇票和解讫通知一并交给申请人。签发银行汇票必须记载下列事项：表明“银行汇票”的字样；无条件支付的承诺；出票金额；付款人名称；收款人名称；出票日期；出票人签章。欠缺记载上列事项之一的，银行汇票无效。

（三）填写实际结算金额

收款人受理申请人交付的银行汇票时，应在出票金额以内，根据实际需要的款项办理结算，并将实际结算金额和多余金额准确、清晰地填入银行汇票和解讫通知的有关栏内。银行汇票的实际结算金额低于出票金额的，其多余金额由出票银行退交申请人。

（四）银行汇票提示付款

银行汇票的提示付款期限为自出票日起 1 个月。收款人可以将银行汇票背书转让给被背书人。持票人超过提示付款期限提示付款的，代理付款人不予受理。持票人向银行提示付款时，必须同时提交银行汇票和解讫通知，缺少任何一联，银行不予受理。

在银行开立存款账户的持票人向开户银行提示付款时，应在银行汇票背面“持票人向银行提示付款签章”处签章，该签章须与预留银行签章相同，并将银行汇票和解讫通知、进账单送交开户银行。未在银行开立存款账户的个人持票人，可以向任何一家银行机构提示付款。提示付款时，应在汇票背面“持票人向银行提示付款签章”处签章，并填明本人身份证件名称、号码及发证机关，由其本人向银行提交身份证件及其复印件。

（五）银行汇票退款和丧失

申请人因银行汇票超过付款提示期限或其他原因要求退款时，应将银行汇票和解讫通知同时提交到出票银行。申请人为单位的，应出具该单位的证明；申请人为个人的，应出具本人的身份证件。申请人缺少解讫通知要求退款的，出票银行应于银行汇票提示付款期满 1 个月后办理。

银行汇票丧失，失票人可以凭人民法院出具的其享有票据权利的证明，向出票银行请求付款或退款。

六、商业汇票

（一）商业汇票的概念、种类和适用范围

商业汇票是出票人签发的，委托付款人在指定日期无条件支付确定的金额给收款人或者持票人的票据。商业汇票分为商业承兑汇票（如图 3-3 所示）和银行承兑汇票。商业承兑汇票由银行以外的付款人承兑，银行承兑汇票由银行承兑。商业汇票的付款人为承兑人。

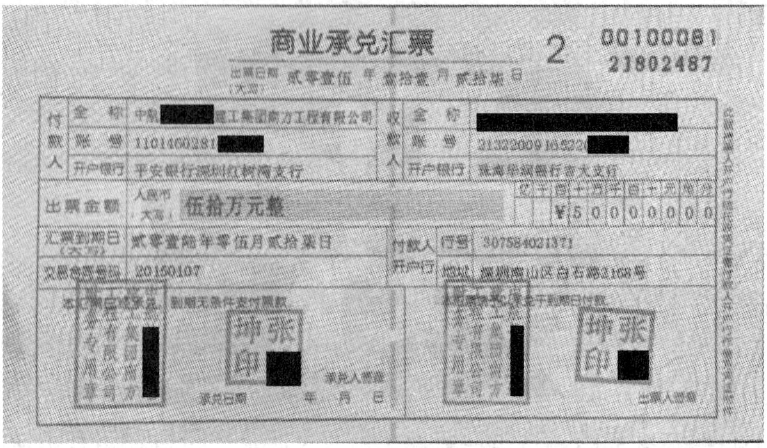

商业承兑汇票　2　00100081 21802487

出票日期（大写）贰零壹伍 年 壹拾壹 月 贰拾柒 日

付款人	全称	中航[redacted]建工集团南方工程有限公司	收款人	全称	[redacted]
	账号	1101460281[redacted]		账号	2132200916522[redacted]
	开户银行	平安银行深圳红树湾支行		开户银行	珠海华润银行吉大支行
出票金额	人民币（大写）	伍拾万元整			¥500000000
汇票到期日（大写）	贰零壹陆年零伍月贰拾柒日		付款人开户行	行号	307584021371
交易合同号码	20150107			地址	深圳南山区白石路2168号

本汇票已经承兑，到期无条件支付票款。承兑人签章　承兑日期　年　月　日

本汇票请予以承兑于到期日付款。出票人签章

图 3-3　商业承兑汇票

（二）商业汇票的出票

商业承兑汇票的出票人，为在银行开立存款账户的法人以及其他组织，并与付款人具有真实的委托付款关系，具有支付汇票金额的可靠资金来源。银行承兑汇票的出票人必须是在承兑银行开立存款账户的法人以及其他组织，并与承兑银行具有真实的委托付款关系，资信状况良好，具有支付汇票金额的可靠资金来源。

（三）商业汇票承兑

商业汇票可以在出票时向付款人提示承兑后使用，也可以在出票后先使用再向付款人提示承兑。提示承兑，是指持票人向付款人出示汇票，并要求付款人承诺付款的行为。定日付款或者出票后定期付款的商业汇票，持票人应当在汇票到期日前向付款人提示承兑。见票后定期付款的汇票，持票人应当自出票日起 1 个月内向付款人提示承兑。汇票未按照规定期限提示承兑的，持票人丧失对其前手的追索权。

商业汇票的付款人接到出票人或持票人向其提示承兑的汇票时，应当向出票人或持票人签发收到汇票的回单，记明汇票提示承兑日期并签章。付款人应当自收到提示承兑的汇票之日起 3 日内承兑或者拒绝承兑。付款人拒绝承兑的，必须出具拒绝承兑的证明。付款人承兑汇票后，应当承担到期付款的责任。

（四）办理商业汇票的程序

1. 办理商业承兑汇票的程序

（1）签发汇票并将承兑后的汇票交收款人。商业承兑汇票可以由付款人签发并承兑，也可以由收款人签发交由付款人承兑。签发商业承兑汇票必须记载下列事项：表明“商业承兑汇票”的字样；无条件支付的委托；确定的金额；付款人名称；收款人名称；出票日期；出票人签章。“出票人签章”为该单位的财务专用章或者公章，加其法定代表人或其授权的代理人的签名或者盖章。

（2）提示付款。商业汇票的提示付款期限，为自汇票到期日起 10 日内。持票人应在提示付款期限内通过开户银行委托收款或直接向付款人提示付款。持票人未按规定期限提示付款的，在做出说明后，承兑人或者付款人仍应当继续对持票人承担付款责任。

（3）持票人开户银行向付款人开户银行发出委托收款的商业承兑汇票。

（4）付款人开户银行将商业承兑汇票留存，并及时通知付款人。

（5）付款人收到开户银行的付款通知，应在当日通知银行付款。付款人在接到通知日的次日起 3 日内（遇法定休假日顺延，下同）未通知银行付款的，视同付款人承诺付款。付款人提前收到由其承兑的商业汇票，应通知开户银行于汇票到期日付款。付款人存在合法抗辩事由拒绝支付的，应自接到通知日的次日起 3 日内，作成拒绝付款证明送交开户银行，银行将拒绝付款证明和商业承兑汇票邮寄给持票人开户银行转交持票人。

（6）付款人开户银行将票款划给持票人开户银行。

（7）持票人开户银行应于汇票到期日将票款划给持票人。

2. 办理银行承兑汇票的程序

（1）出票并申请承兑。银行承兑汇票应由在承兑银行开立存款账户的存款人签发。银行承兑汇票必须记载的事项除表明“银行承兑汇票”的字样外，其他与商业承兑汇票相同。

（2）承兑。银行承兑汇票的出票人或持票人向银行提示承兑时，银行信贷部门负责按照有关规定和审批程序，对出票人的资格、资信、购销合同和汇票记载的内容进行认真审查，必要时可由出票人提供担保。符合规定和承兑条件的，与出票人签订承兑协议。银行承兑汇票的承兑银行，应按票面金额向出票人收取万分之五（或 0.5‰）的手续费。银行承兑汇票如图 3-4 所示。

（3）出票人将银行承兑后的商业汇票交付收款人。

（4）提示付款（程序同商业承兑汇票）。

（5）持票人开户银行向付款人开户银行发出委托收款的银行承兑汇票。

（6）付款人开户银行将银行承兑汇票留存，并及时通知出票人交存票款，出票人应于汇票到期前将票款足额交存其开户银行。银行承兑汇票的出票人于汇票到期日未能足额交存票款时，承兑银行除凭票向持票人无条件付款外，对出票人尚未支付的汇票金额按照每天万分之五（或 0.5‰）计收利息。

（7）承兑银行应在汇票到期日或到期日后的见票当日支付票款，将票款划给持票人开户银行。银行承兑汇票的承兑银行存在合法抗辩事由拒绝支付的，应自接到银行承兑汇票的次日起 3 日内，作成拒绝付款证明，连同银行承兑汇票邮寄给持票人开户银行转交持票人。

（8）持票人开户银行将票款划给持票人。

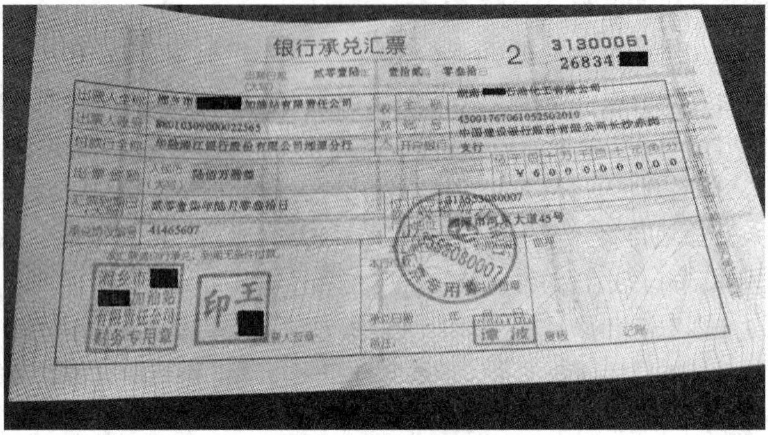

图 3-4　银行承兑汇票

（四）商业汇票贴现

1. 贴现的概念

贴现是指持票人在票据未到期前为获得现金向银行贴付一定利息而发生的票据转让行为。通过贴现，贴现银行获得票据的所有权。贴现按照交易方式分为买断式和回购式。

2. 贴现的基本规定

（1）贴现条件。商业汇票的持票人向银行办理贴现必须具备下列条件：①是在银行开立存款账户的企业法人以及其他组织；②与出票人或者直接前手之间具有真实的商品交易关系；③提供与其直接前手之间进行商品交易的发票和商品发运单据复印件。

（2）贴现利息的计算。贴现的期限从其贴现之日起至汇票到期日止。实付贴现金额按票面金额扣除贴现日至汇票到期前 1 日的利息计算。承兑人在异地的，贴现的期限以及贴现利息的计算应另加 3 天的划款日期。

（3）贴现的收款。贴现到期，贴现银行应向付款人收取票款。不获付款的，贴现银行应向其前手追索票款。贴现银行追索票款时可从贴现申请人的存款账户直接收取票款。

七、银行本票

（一）银行本票的概念和适用范围

银行本票是银行机构签发的，承诺自己在见票时无条件支付确定的金额给收款人或者持票人的票据。银行本票可以用于转账，注明“现金”字样的银行本票可以用于支取现金。单位和个人在同一票据交换区域需要支付各种款项，均可以使用银行本票。

（二）办理银行本票的程序

（1）申请签发本票。申请人使用银行本票，应向银行填写银行本票申请书。

（2）出票。出票银行受理银行本票申请书，收妥款项签发银行本票交给申请人。签发银行本票必须记载下列事项：表明“银行本票”的字样；无条件支付的承诺；确定的金额；收款人名称；出票日期；出票人签章。

出票银行必须具有支付本票金额的可靠资金来源，并保证支付。出票银行在银行本票上签章后交给申请人。

（3）交付收款人或背书转让。申请人应将银行本票交付给本票上记明的收款人。收款人可以将银行本票背书转让给被背书人。

（4）提示付款。银行本票的提示付款期限自出票日起最长不得超过2个月。持票人超过提示付款期限不获付款的，在票据权利时效内向出票银行做出说明，并提供本人身份证件或单位证明，可持银行本票向出票银行请求付款。

在银行开立存款账户的持票人向开户银行提示付款时，应在银行本票背面“持票人向银行提示付款签章”处签章，签章须与预留银行签章相同，并将银行本票、进账单送交开户银行。银行审查无误后办理转账。

未在银行开立存款账户的个人持票人，凭注明“现金”字样的银行本票向出票银行支取现金的，应在银行本票背面签章，记载本人身份证件名称、号码及发证机关，并交验本人身份证件及其复印件。

（5）银行本票见票即付。本票的出票人在持票人提示见票时，必须承担付款的责任。

（6）代理付款银行与出票银行之间进行资金清算。

（三）银行本票退款和丧失

申请人因银行本票超过提示付款期限或其他原因要求退款时，应将银行本票提交到出票银行，申请人为单位的，应出具该单位的证明；申请人为个人的，应出具本人的身份证件。

银行本票丧失，失票人可以凭人民法院出具的其享有票据权利的证明，向出票银行请求付款或退款。

四、支票

（一）支票的概念、种类和适用范围

1. 概念

支票，是指出票人签发的、委托办理支票存款业务的银行在见票时无条件支付确定的金额给收款人或者持票人的票据。支票的基本当事人包括出票人、付款人和收款人。出票人即存款人，是在批准办理支票业务的银行机构开立可以使用支票的存款账户的单位和个人；付款人是出票人的开户银行；持票人是票面上填明的收款人，也可以是经背书转让的被背书人。

2. 种类

支票分为现金支票（如图3-5所示）、转账支票和普通支票三种。支票上印有“现金”字样的为现金支票，现金支票只能用于支取现金。支票上印有“转账”字样的为转账支票，转账支票只能用于转账。支票上未印有“现金”或“转账”字样的为普通支票，普通支票可以用于支取现金，也可以用于转账。在普通支票左上角划两条平行线的，为划线支票，划线支票只能用于转账，不得支取现金（见表 3-1）。

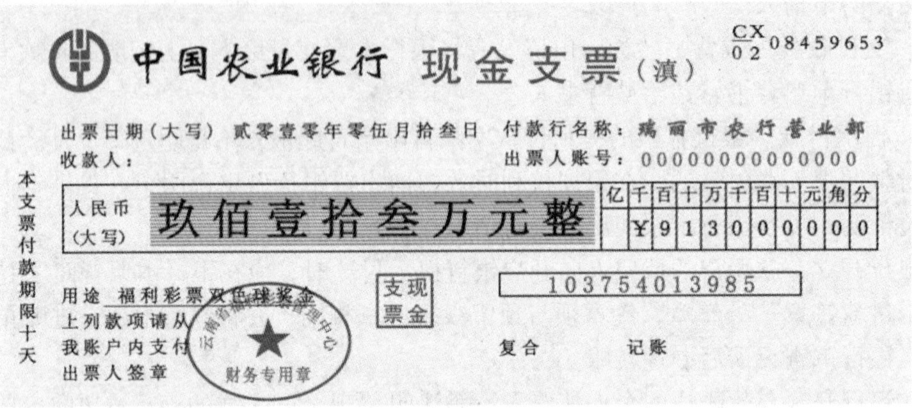

图 3-5 现金支票

表 3-1 支票的种类及各自的特点

种类	特点	备注
现金支票	印有“现金”字样，只能用于支取现金	
转账支票	印有“转账”字样，只能用于转账	
普通支票	未印有“现金”“转账”字样，既可用于支取现金，也可用于转账	左上角划两条平行线的为划线支票，划线支票只能用于转账，不能支取现金

3. 适用范围

单位和个人在同一票据交换区域的各种款项结算，均可以使用支票。

（二）办理支票的程序

（1）出票。签发支票必须记载下列事项：表明“支票”的字样；无条件支付的委托；确定的金额；付款人名称；出票日期；出票人签章。支票的金额、收款人名称，可以由出票人授权补记，未补记前不得背书转让和提示付款。出票人可以在支票上记载自己为收款人。支票的出票人签发支票的金额不得超过付款时其在付款人处实有的存款金额。

支票上的出票人签章，出票人为单位的，为与该单位在银行预留签章一致的财务专用章或者公章，加其法定代表人或者其授权的代理人的签名或者盖章；出票人为个人的，为与该个人在银行预留签章一致的签名或者盖章。支票出票人的预留银行签章是银行审核支票付款的依据。出票人不得签发与其预留银行签章不符的支票。

（2）提示付款。支票的提示付款期限自出票日起 10 日。持票人可以委托开户银行收款（借记支票）或直接向付款人提示付款（贷记支票）。用于支取现金的支票仅限于收款人向付款人提示付款。

持票人委托开户银行收款时，应作委托收款背书，在支票背面“背书人签章”栏签章、记载“委托收款”字样、背书日期，在被背书人栏记载开户银行名称，并将支票和填制的进账单送交开户银行。持票人持用于转账的支票向付款人提示付款时，应在支票背面“背书人签章”栏签章，并将支票和填制的进账单送交出票人开户银行。收款人持用于支取现金的支票向付款人提示付款时，应在支票背面“收款人签章”处签章，持票人为个人的，还需交验本人身份证件，并在支票背面注明证件名称、号码及发证机关。

出票人必须按照签发的支票金额承担保证向持票人付款的责任。出票人在付款人处的存款足以支付支票金额时，付款人应当在见票当日足额付款。如出票人在付款人处的存款不足以支付支票金额时，则属于签发空头支票行为，应承担法律责任。

（3）出票人开户银行（付款人）与持票人开户银行之间清算资金。

（4）持票人收妥票款。持票人开户银行将票款收入到持票人存款账户。

第五节　网上支付

网上支付是电子支付的一种形式，它是指电子交易的当事人，包括消费者、厂商、和金融机构，使用电子支付手段通过网络进行的货币或资金流转。网上支付的主要方式有网上银行和第三方支付。

一、网上银行

（一）网上银行的概念

网上银行有两个层次的含义：一个是机构概念，指通过信息网络开办业务的银行；另一个是业务概念，指银行通过信息网络提供的金融服务，包括传统银行业务和因信息技术应用带来的新兴业务。在日常生活和工作中，我们提及网上银行，多数情况下指的是第二层概念，即网上银行服务的意思。

简单地说，网上银行就是银行在互联网上设立虚拟银行柜台，使传统的银行服务不再通过物理的银行分支机构来实现，而是借助于网络与信息技术手段在互联网上实现，因此网上银行也称网络银行。网上银行又被称为“3A银行”，因为它不受时间、空间限制，能够在任何时间（Anytime）、任何地点（Anywhere）、以任何方式（Anyway）为客户提供金融服务。

（二）网上银行的分类

按照不同的标准，网上银行可以分为不同的类型。

（1）按主要服务对象分为企业网上银行和个人网上银行。企业网上银行主要适用于企事业单位，企事业单位可以通过企业网络银行适时了解财务运作情况，及时调度资金，轻松处理大批量的网络支付和工资发放业务，并可以处理信用证相关业务。个人网上银行主要适用于个人与家庭，个人可以通过个人网络银行实现实时查询、转账、网络支付和汇款功能。

（2）按经营组织分为分支型网上银行和纯网上银行。分支型网上银行是指现有的传统银行利用互联网作为新的服务手段，建立银行站点，提供在线服务而设立的网上银行。纯网上银行本身就是一家银行，是专门为提供在线银行服务而成立的，因而也被称为只有一个站点的银行。

（3）按业务种类分为零售银行和批发银行。

（三）网上银行的主要功能

目前，网上银行利用 Internet 和 HTML 技术，能够为客户提供综合、统一、安全、实时的银行服务，包括提供对私、对公的全方位银行业务，还可以为客户提供跨国的支付与清算等其他贸易和非贸易的银行业务服务。

企业网上银行子系统目前能够支持所有的对公企业客户，能够为客户提供网上账务信息服务、资金划拨、网上 B2B 支付和批量支付等服务，使集团公司总部能对其分支机构的财务活动进行实时监控，随时获得其账户的动态情况，同时还能为客户提供 B2B 网上支付。其主要业务功能包括：

（1）账户信息查询。其能够为企业客户提供账户信息的网上在线查询、网上下载和电子邮件发送账务信息等服务，包括账户的昨日余额、当前余额、当日明细和历史明细等。

（2）支付指令。支付指令业务能够为客户提供集团、企业内部各分支机构之间的账务往来，同时也能提供集团、企业之间的账务往来，并且支持集团、企业向他行账户进行付款。

（3）B2B（Business to Business）网上支付。B2B，商业机构之间的商业往来活动，指的是企业与企业之间进行的电子商务活动。B2B 网上支付能够为客户提供网上 B2B 支付平台。

（4）批量支付。其能够为企业客户提供批量付款（包括同城、异地及跨行转账业务）、代发工资、一付多收等批量支付功能。企业客户负责按银行要求的格式生成数据文件，通过安全通道传送给银行，银行负责系统安全及业务处理，并将处理结果反馈给客户。

个人网上银行子系统主要提供银行卡、本外币活期一本通客户账务管理、信息管理、网上支付等功能，是网上银行对个人客户服务的窗口。其具体业务功能包括：

（1）账户信息查询。系统为客户提供信息查询功能，能够查询银行卡的人民币余额和活期一本通的不同币种的钞、汇余额；提供银行卡在一定时间段内的历史明细数据查询；

下载包含银行卡、活期一本通一定时间段内的历史明细数据的文本文件；查询使用信用卡进行网上支付后的支付记录。

（2）人民币转账业务。系统能够提供个人客户本人的或与他人的银行卡之间的卡卡转账服务。系统在转账功能上严格控制了单笔转账最大限额和当日转账最大限额，使客户的资金安全有一定的保障。

（3）银证转账业务。银行卡客户在网上能够进行银证转账，可以实现银转证、证转银、查询证券资金余额等功能。

（4）外汇买卖业务。客户通过网上银行系统能够进行外汇买卖，主要可以实现外汇即时买卖、外汇委托买卖、查询委托明细、查询外汇买卖历史明细、撤销委托等功能。

（5）账户管理业务。系统提供客户对本人网上银行各种权限功能、客户信息的管理以及账户的挂失。

（6）B2C（Business to Customer）网上支付。B2C，商业机构对消费者的电子商务，指的是企业与消费者之间进行的在线式零售商业活动（包括网上购物和网上拍卖等）。个人客户在申请开通网上支付功能后，能够使用本人的银行卡进行网上购物后的电子支付。通过账户管理功能，客户还能够随时选择使用哪一张银行卡来进行网上支付。

（四）网上银行主要业务流程

1. 客户开户流程

客户开通网上银行有两种方式：一是客户前往银行柜台办理；二是客户先网上自助申请，后到柜台签约。使用网上交易的用户申请证书的流程如下：

（1）客户使用浏览器登录网银中心的“申请服务器”（数据库），填写开户申请表，提交申请。

（2）网银中心将开户申请信息通过内部网以邮件形式发送到签约柜台。

（3）客户持有效身份证件和账户凭证到签约柜台办理签约手续，签约柜台核实客户有效证件及账户凭证的真实性，同时参照网银中心传来的客户开户申请，核实客户的签约账户申请信息。之后，签约柜台将核实的客户信息通过电子邮件或传真等方式返回给网银中心。

（4）网银中心根据签约柜台核实后的邮件（传真件），进行申请的初审和复审。并录入复审后的申请客户信息，为其生成证书申请，通过内部网以邮件方式发送到CA中心。

（5）CA（Certifacate Authority）中心为客户申请签发证书，并将证书放置到客户可以访问的目录服务器上。然后通知网银中心，网银中心通过邮件通知客户从指定地址下载CA证书。

（5）客户下载并安装证书后，即可进入网上银行系统，进行网上交易。

2. 网上银行的交易流程

网上银行的具体交易流程如下：

（1）网上银行客户使用浏览器通过 Internet 网连接到网银中心，并发出网上交易请求。

（2）网银中心接收、审核客户的交易请求，经过通信格式转换，发给相应成员行的业务主机。

（3）成员行业务主机完成交易处理，并返回处理结果给网银中心。

（4）网银中心对交易结果进行再处理后，返回相应信息给客户。

二、第三方支付

（一）第三方支付的概念

从狭义上讲，第三方支付是指具备一定实力和信誉保障的非银行机构，借助通信、计算机和信息安全技术，采用与各大银行签约的方式，在用户与银行支付结算系统间建立连接的电子支付模式。在手机端进行的互联网支付，又称为移动支付。通过这个平台实现资金在不同支付机构账户或银行账户间的划拨和转移。第三方支付的特点是独立于商户和银行，为客户提供支付结算服务，具有方便快捷、安全可靠、开放创新的优势。从广义上讲，第三方支付在中国人民银行《非金融机构支付服务管理办法》中是指非金融机构作为收、付款人的支付中介所提供的网络支付、预付卡发行与受理、银行卡收单以及中国人民银行确定的其他支付服务。这一定义让第三方支付不仅仅是互联网支付，而是成为一个集线上、线下于一体，提供移动支付、电话支付、预付卡支付的综合支付服务工具。

（二）第三方支付的开户要求

非银行支付机构（以下简称“支付机构”）为个人开立支付账户的，同一个人在同一家支付机构只能开立一个Ⅲ类账户。支付机构为单位开立支付账户，应当参照《人民币银行结算账户管理办法》的相关规定，要求单位提供相关证明文件，并自主或者委托合作机构以面对面方式核实客户身份，或者以非面对面方式通过至少 3 个合法安全的外部渠道对单位基本信息进行多重交叉验证。支付机构在为单位和个人开立支付账户时，应当与单位和个人签订协议，约定支付账户与支付账户、支付账户与银行账户之间的日累计转账限额和笔数，超出限额和笔数的，不得再办理转账业务。

（三）第三方支付的种类

1. 线上支付方式

线上支付是指通过互联网实现的用户和商户、商户和商户之间在线货币支付、资金清算、查询统计等过程。网上支付完成了使用者信息传递和资金转移的过程。广义的线上支付包括直接使用网上银行进行的支付和通过第三方支付平台间接使用网上银行进行的支付。狭义的线上支付仅指通过第三方支付平台实现的互联网在线支付，包括网上支付和移动支付中的远程支付。

2. 线下支付方式

线下支付区别于网上银行等线上支付，是指通过非互联网线上的方式对购买商品或服务所产生的费用进行的资金支付行为。其中，订单的产生可能通过互联网线上完成。新兴线下支付的具体表现形式，包括POS机刷卡支付、拉卡拉等自助终端支付、电话支付、手机近端支付、电视支付等。

（四）第三方支付的行业分类及主流品牌

1. 行业分类

目前第三方支付机构主要有以下两类模式：

（1）金融型支付企业。该模式是以银联商务、快钱、易宝支付、汇付天下、拉卡拉等为典型代表的独立第三方支付模式。其不负有担保功能，仅仅为用户提供支付产品和支付系统解决方案，侧重行业需求和开拓行业应用，是立足于企业端的金融型支付企业。

（2）互联网支付企业。该模式是以支付宝、财付通等为典型代表的依托于自有的电子商务网站并提供担保功能的第三方支付模式，以在线支付为主，是立足于个人消费者端的互联网型支付企业。

2. 主流品牌

第三方支付机构是最近几年出现的新的支付清算组织，它是为银行业金融机构或其他机构及个人提供电子支付指令交换和计算的法人组织。截至2014年年底，全国共有269家支付机构获得了由中国人民银行颁发的支付业务许可证。目前，国内的第三方支付品牌，在支付市场互联网转接交易规模前三位的分别是支付宝、银联商务和财付通。

（五）第三方支付交易流程

在第三方支付模式下，支付者必须在第三方支付机构平台上开立账户，向第三方支付机构平台提供信用卡信息或账户信息，在账户中“充值”，通过支付平台将该账户中的虚拟资金划转到收款人的账户，完成支付行为。收款人可以在需要时将账户中的资金兑成实体的银行存款。第三方平台结算支付模式的资金划拨是在平台内部进行的，此时划拨的是虚拟的资金。真正的实体资金还需要通过实际支付层来完成。以B2C（商业机构对消费者的电子商务）交易为例：

第一步，客户在电子商务网站上选购商品，决定购买后，买卖双方在网上达成交易意向；

第二步，客户选择利用第三方作为交易中介，客户用信用卡将货款划到第三方账户；

第三步，第三方支付平台将客户已经付款的消息通知商家，并要求商家在规定时间内发货；

第四步，商家收到通知后按照订单发货；

第五步，客户收到货物并验证后通知第三方；

第六步，第三方将其账户上的货款划入商家账户中，交易完成。

第六节 结算纪律与法律责任

一、结算纪律

结算纪律是银行、单位和个人办理支付结算业务所应遵守的基本规定。《支付结算办法》规定，单位和个人办理支付结算，不准签发没有资金保证的票据或远期支票，套取银行信用；不准签发、取得和转让没有真实交易和债权债务的票据，套取银行和他人资金；不准无理拒绝付款，任意占用他人资金；不准违反规定开立和使用账户。

银行办理支付结算，不准以任何理由压票、任意退票、徽留挪用客户和他行资金；不准无理拒绝支付应由银行支付的票据款项；不准受理无理拒付、不扣少扣滞纳金，不准违章签发、承兑、贴现票据，套取银行资金；不准签发空头银行汇票，银行本票和办现空头汇款；不准在支付结算制度之外规定附加条件，影响汇路畅通；不准违反规定为单位和个人开立账户；不准拒绝受理、代理他行正常结算业务。

二、违反支付结算法律制度的法律责任

银行、单位和个人违反结算纪律，要分别承担相应的法律责任。根据目前的法律、法规和规章的规定，对于下列行为，应依法分别承担民事、行政和刑事责任：

（一）签发空头支票、印章与预留印鉴不符支票，未构成犯罪行为的法律责任

单位或个人签发空头支票或者签发与其预留的签章不符、使用支付密码但支付密码错误的支票，不以骗取财物为目的的，由中国人民银行处以票面金额5%但不低于1 000元的罚款；持票人有权要求出票人赔偿支票金额2%的赔偿金。屡次签发空头支票的，银行有权停止为其办理支票或全部支付结算业务。根据《中华人民共和国行政处罚法》和《票据管理实施办法》的规定，中国人民银行是空头支票的处罚主体，银行机构发现空头支票行为的，应积极向中国人民银行分支机构举报，并协助送达相应的行政处罚法律文书。

（二）无理拒付，占用他人资金行为的法律责任

商业承兑汇票的付款人对见票即付或者到期的票据，故意压票、退票、拖延支付的，按照规定处以压票、拖延支付期间内每日票据金额万分之七的罚款。银行机构违反票据承兑等结算业务规定，不予以兑现，不予收付入账，压单、压票或者违反规定退票的，由国务院银行业监督管理机构责令其改正，有违法所得的，没收违法所得，违法所得5万元以上的，并处违法所得1倍以上5倍以下罚款；没有违法所得或者违法所得不足5万元的，处5万元以上50万元以下罚款。

（三）违反账户规定行为的法律责任

（1）存款人开立、撤销银行结算账户违反规定的行为包括：①违反规定开立银行结算账户；②伪造、变造证明文件欺骗银行开立银行结算账户；③违反规定不及时撤销银行结算账户。属于非经营性存款人的，给予警告并处以 1 000 元的罚款；属于经营性存款人的，给予警告并处以 1 万元以上 3 万元以下的罚款；构成犯罪的，移交司法机关依法追究刑事责任。

（2）存款人使用银行结算账户违反规定的行为包括：①违反规定将单位款项转入个人银行结算账户；②违反规定支取现金；③利用开立银行结算账户逃废银行债务；④出租、出借银行结算账户；⑤从基本存款账户之外的银行结算账户转账存入、将销货收入存入或现金存入单位信用卡账户；⑥法定代表人或主要负责人、存款人地址以及其他开户资料的变更事项未在规定期限内通知银行。非经营性的存款人有上述第①至⑤项行为的，给予警告并处以 1 000 元罚款；经营性的存款人有上述第①至⑤项行为的，给予警告并处以 5 000 元以上 3 万元以下的罚款；存款人有上述所列第⑥项行为的，给予警告并处以 1 000 元的罚款。

（3）伪造、变造、私自印制开户许可证的存款人，属非经营性的处以 1 000 元罚款；属经营性的处以 1 万元以上 3 万元以下的罚款；构成犯罪的，移交司法机关依法追究刑事责任。

（四）票据欺诈等行为的法律责任

伪造、变造票据、托收凭证、汇款凭证、信用证，伪造信用卡等；故意使用伪造变造的票据的；签发空头支票或者故意签发与其预留的本名签名式样或者印鉴不符的支票，骗取财物的；签发无可靠资金来源的汇票、本票，骗取资金的；汇票、本票的出票人在出票时做虚假记载，骗取财物的；冒用他人的票据，或者故意使用过期或者作废的票据，骗取财物的；付款人同出票人、持票人恶意串通，实施前六项行为之一的，依法追究刑事责任。

其中，伪造、变造票据、托收凭证、汇款凭证、信用证，处 5 年以下有期徒刑或者拘役，并处或者单处 2 万元以上 20 万元以下罚金；情节严重的，处 5 年以上 10 年以下有期徒刑，并处 5 万元以上 50 万元以下罚金；情节特别严重的，处 10 年以上有期徒刑或者无期徒刑，并处 5 万元以上 50 万元以下罚金或者没收财产。单位犯上述罪行的，对单位判处罚金，并对其直接负责的主管人员和其他责任人员，依照上述规定处罚。

有下列情形之一，妨害信用卡管理的，处 3 年以下有期徒刑或者拘役，并处或者单处 1 万元以上 10 万元以下罚金；数量巨大或者有其他严重情节的，处 3 年以上 10 年以下有期徒刑，并处 2 万元以上 20 万元以下罚金：明知是伪造的信用卡而持有、运输的，或者明知是伪造的空白信用卡而持有运输，数量较大的；非法持有他人信用卡，数量较大的；使用虚假的身份证明骗领信用卡的；出售、购买、为他人提供伪造的信用卡或者以虚假的身份证明骗领信用卡的；窃取、收买或者非法提供他人信用卡信息资料的。

有下列情形之一，进行信用卡诈骗活动，数额较大的，处5年以下有期徒刑或者拘役，并处2万元以上20万元以下罚金；数额巨大或者有其他严重情节的，处5年以上10年以下有期徒刑，并处5万元以上50万元以下罚金；数额特别巨大或者有其他特别严重情节的，处10年以上有期徒刑或者无期徒刑，并处5万元以上50万元以下罚金或者没收财产：使用伪造的信用卡，或者使用以虚假的身份证明骗领的信用卡的；使用作废的信用卡的；冒用他人信用卡的；恶意透支的。

【思考题】

1. 办理支付结算有哪些基本要求？
2. 基本存款账户、一般存款账户、专用存款账户有哪些主要区别？
3. 汇票、本票和支票必须记载哪些事项？汇票、本票、支票丧失后在补救措施上有什么不同？
4. 借记卡和贷记卡有哪些区别？关于银行卡透支有哪些规定？
5. 网上银行的分类和主要功能是什么？第三方支付的交易流程是怎样实现的？
6. 汇兑、托收承付和委托收款结算方式有哪些相同点和不同点？
7. 单位和个人违规办理支付结算业务主要应承担的法律责任有哪些？

【学习参考案例】

【案例】票据的基础关系与法律关系

2014年2月10日，美美机械公司与万金公司签订了一份总价为200万元的购销合同，约定于同年6月1日交货。合同签订后，万金公司向美美公司开具了一张金额为200万元、付款期限为同年8月10日的银行承兑汇票。美美机械公司在收到汇票后办理发货事项，并将汇票向开户行工行某分行提示要求办理贴现。工行某分行在收到汇票审核后，认为票据要式有效，同意办理贴现，并将款项支付给了美美公司。

但是6月5日，万金公司发现美美公司提供的货物存在严重瑕疵，故立即电告承兑行建行某分行要求对汇票拒付。所以当工行某分行于8月10日向建行某分行要求对方付款时，被拒付，理由如万金公司电文所述。工行某分行遂对出票人美美公司进行追偿，但同样被拒付，所以只有向法院提出诉讼。

法院经过审理后认为该行承兑汇票为有效票据，故承兑行应该承担付款责任。两家公司之间的货物纠纷不能影响建行某分行作为承兑行的付款责任。最后，法院判决建行某分行向工行某分行支付票据金额200万元。

问题：法院为何做出上述判决？这对于从事相关业务的商业银行有什么警示作用？

【法理研究】

本案判决的焦点在于：票据具有“要式不要因”的性质。

“要式”指的是所有的票据都必须具备法律规定的必要项目和必要内容，同时在票据流通过程中也必须按照法律规定的形式来做出相应的票据行为。不符合要式规定的票据是无效票据。这也是本案法院判决时的基本依据之一。因为所涉及的银行承兑汇票是有效票据，所以应按照票据法的相关规定来判断。

而“不要因”指的是所有的有效票据一旦作成并交付后，当事人之间的法律关系产生，与票据之所以签发或转让的基础关系相分离。票据为什么会签发？为什么会转让？票据基础关系是否真的存在？这些都与票据流通中当事人之间的法律关系无关。本案中法院的判决也是根据票据法中“签字负责”的原则，在考虑承兑人已经在汇票上签字就必须承担付款责任为前提。即使是基础关系中当事人双方的基础合同存在缺陷，也不影响承兑人的付款责任。

基于上述法理，《中华人民共和国票据法》规定，票据债务人不得以自己与出票人或者持票人的前手之间的抗辩事由，对抗持票人。但是持票人明知存在抗辩事由而取得票据的除外。

本案的发生对于从事相关业务的商业银行而言应该好好吸取教训。商业银行作为票据的承兑人，应该熟悉并严格遵守《票据法》的抗辩权，而不能将抗辩范围随意扩大或者滥用抗辩权，否则银行将承担由此产生的一切责任。

【案例】票据的挂失与补救

甲工厂某采购人员持由该厂开户银行签发的、不能用于支取现金的银行本票，前往乙公司购置一批价值10万元的物资。由于该采购人保管不慎，在途中将其装有银行本票的提包丢失。随后，甲工厂根据该采购人员的报告，将银行本票遗失情况通知该银行本票的付款银行，要求挂失止付。但该银行对上述情况进行审查后拒绝办理挂失止付，试问：

（1）该银行拒绝挂失止付是否正确，为什么？

答：该银行拒绝挂失止付是正确的。根据《支付结算办法》的规定，填明“现金”字样的银行本票丧失，可以由失票人通知付款人或者代理付款人挂失止付，而未填明“现金”字样的银行本票丧失不得挂失止付。

（2）甲工厂在被银行拒绝挂失止付后，可以采取哪些措施维护自己的权益？

答：甲工厂可以采取公示催告的措施维护其权益，即可以向银行本票支付地的基层人民法院提出公示催告申请，请求人民法院向该银行本票的付款银行发出立即停止付款的通知，并以公告方式通知不确定的利害关系人限期申报权利，逾期未申报者，则权利失效，而由法院通过除权判决宣告所丧失的银行本票无效。

第四章　劳动合同与社会保险法律制度

【本章学习要求】

1. 掌握劳动合同的订立。
2. 掌握劳动合同的解除和终止。
3. 掌握基本养老保险、基本医疗保险。
4. 熟悉劳动合同的主要内容。
5. 熟悉劳动合同的履行和变更。
6. 熟悉集体合同与劳务派遣。
7. 熟悉劳动争议的解决。
8. 熟悉工伤保险、失业保险。
9. 了解劳动关系与劳动合同。
10. 了解违反劳动合同法律制度的法律责任。
11. 了解社会保险的概念、社会保险费征缴与管理。
12. 了解违反社会保险法律制度的法律责任。

【案例导入】

甲公司与苏某签订劳动合同，约定合同有效期限 1 年，月工资 2 000 元，试用期 3 个月，试用期工资为月工资的 60%。当地最低工资标准为 1 500 元/月。

问题：

1. 甲公司与苏某约定的试用期期限是否合法？如果违法，最多可以约定试用期的期限为多长？

2. 试用期支付的工资是否符合标准？为什么 ？

第一节　劳动合同法律制度

一、劳动关系与劳动合同

（一）劳动关系与劳动合同的概念

劳动关系是指劳动者与用人单位（包括企业、个体经济组织等）依法签订劳动合同而在劳动者与用人单位之间产生的法律关系。劳动者接受用人单位的管理，从事用人单位安排的工作，成为用人单位的成员，从用人单位领取劳动报酬和受劳动法保护。

劳动合同是劳动者和用人单位之间依法确立劳动关系，明确双方权利义务的书面协议。

与一般的民事合同不同，劳动合同有其自身独有的特征：

（1）劳动合同的主体具有特定性。劳动合同主体的一方是劳动者，另一方是用人单位。

（2）劳动合同的内容具有较强的法定性。劳动合同涉及财产和人身关系，劳动者在签订劳动合同后，就会隶属于用人单位，受到用人单位的管理。为了保护处于弱势的劳动者的权益，法律规定了较多的强制性规范，当事人签订劳动合同不得违反强制性规定，否则无效。

（3）劳动者在签订和履行劳动合同时的地位发生了变化。劳动者与用人单位在签订劳动合同时，遵循平等、自愿、协商一致的原则，双方法律地位是平等的。一旦双方签订了劳动合同，在履行劳动合同的过程中，用人单位和劳动者就具有了支配与被支配、管理与服从的从属关系。

（二）劳动合同法的适用范围

（1）根据《中华人民共和国劳动合同法》（以下简称《劳动合同法》）的有关规定，中华人民共和国境内的企业、个体经济组织、民办非企业单位、依法成立的会计师事务所及律师事务所等合伙组织和基金会等组织（以下简称“用人单位”）与劳动者建立劳动关系，订立、履行、变更、解除或者终止劳动合同，适用劳动合同法。

（2）国家机关、事业单位、社会团体和与其建立劳动关系的劳动者，订立、履行、变更、解除或者终止劳动合同，依照《劳动合同法》执行。

（3）地方各级人民政府及县级以上人民政府有关部门为安置就业困难人员提供的给予岗位补贴和社会保险补贴的公益性岗位，其劳动合同不适用《劳动合同法》有关无固定期限劳动合同的规定以及支付经济补偿的规定。

二、劳动合同的订立

（一）劳动合同订立的概念和原则

劳动合同的订立是指劳动者和用人单位经过相互选择与平等协商，就劳动合同的各项条款协商一致，并以书面形式明确规定双方权利、义务及责任，从而确立劳动关系的法律行为。

订立劳动合同，应当遵循合法、公平、平等自愿、协商一致、诚实信用的原则。

（二）劳动合同订立的主体

1. 劳动合同订立主体的资格要求

（1）劳动者需有劳动权利能力和行为能力

用人单位不得招用未满十六周岁的未成年人。文艺、体育和特种工艺单位招用未满十六周岁的未成年人，必须依照国家有关规定，履行审批手续，并保障其接受义务教育的权利。

劳动者就业，不因民族、种族、性别、宗教信仰不同而受歧视。妇女享有与男子平等的就业权利。在录用职工时，除国家规定的不适合妇女的工种或者岗位外，不得以性别为由拒绝录用妇女或者提高对妇女的录用标准。

（2）用人单位有用人权利能力和行为能力。

用人单位设立的分支机构，依法取得营业执照或者登记证书的，可以作为用人单位与劳动者订立劳动合同；未依法取得营业执照或者登记证书的，受用人单位委托可以与劳动者订立劳动合同。

2. 劳动合同订立主体的义务

（1）用人单位的义务和责任。

用人单位招用劳动者时，应当如实告知劳动者工作内容、工作条件、工作地点、职业危害、安全生产状况、劳动报酬，以及劳动者要求了解的其他情况。

用人单位招用劳动者，不得扣押劳动者的居民身份证和其他证件，不得要求劳动者提供担保或者以其他名义向劳动者收取财物。

用人单位扣押劳动者居民身份证等证件的，由劳动行政部门责令限期退还劳动者本人，并依照有关法律规定给予处罚。用人单位以担保或者其他名义向劳动者收取财物的，由劳动行政部门责令限期退还劳动者本人，并以每人500元以上2 000元以下的标准对用人单位处以罚款；给劳动者造成损害的，应当承担赔偿责任。

（2）劳动者的义务。

用人单位有权了解劳动者与劳动合同直接相关的基本情况，劳动者应当如实说明。

（三）劳动关系建立的时间

用人单位自用工之日起即与劳动者建立劳动关系。用人单位与劳动者在用工前订立劳动合同的，劳动关系自用工之日起建立。

（四）劳动合同订立的形式

1. 书面形式

建立劳动关系，应当订立书面劳动合同。对于已建立劳动关系，未同时订立书面劳动合同的，应当自用工之日起1个月内订立书面劳动合同。

实践中，有的用人单位和劳动者虽已建立劳动关系，但却迟迟未能订立书面劳动合同，不利于劳动关系的法律保护。为解决这一问题，劳动合同法区分不同情况进行了较为严格的规范。

（1）自用工之日起1个月内，经用人单位书面通知后，劳动者不与用人单位订立书面劳动合同的，用人单位应当书面通知劳动者终止劳动关系，无须向劳动者支付经济补偿，但是应当依法向劳动者支付其实际工作时间的劳动报酬。

（2）用人单位向用工之日起超过1个月不满1年未与劳动者订立书面劳动合同的，应当向劳动者每月支付2倍的工资，并与劳动者补订书面劳动合同；劳动者不与用人单位订立书面劳动合同的，用人单位应当书面通知劳动者终止劳动关系，并支付经济补偿。

用人单位向劳动者每月支付2倍工资的起算时间为用工之日起满1个月的次日，截止时间为补订书面劳动合同的前1日。

（3）用人单位自用工之日起满1年未与劳动者订立书面劳动合同的，自用工之日起满1个月的次日至满1年的前1日应当向劳动者每月支付2倍的工资补偿，并视为自用工之日起满1年的当日已经与劳动者订立无固定期限劳动合同，应当立即与劳动者补订书面劳动合同。

（4）用人单位违反劳动合同法规定不与劳动者订立无固定期限劳动合同的，自应当订立无固定期限劳动合同之日起向劳动者每月支付2倍的工资。

2. 口头形式

非全日制用工双方当事人可以订立口头协议。

非全日制用工，是指以小时计酬为主，劳动者在同一用人单位一般平均每日工作时间不超过4小时，每周工作时间累计不超过24小时的用工形式。

非全日制用工双方当事人不得约定试用期。非全日制用工双方当事人任何一方都可以随时通知对方终止用工。终止用工，用人单位不向劳动者支付经济补偿。

用人单位可以按小时、日或周为单位结算工资，但非全日制用工劳动者劳动报酬结算支付周期最长不得超过15日。

（五）劳动合同的效力

1. 劳动合同的生效

劳动合同由用人单位与劳动者协商一致，并经用人单位与劳动者在劳动合同文本上签字或者盖章生效。劳动合同文本由用人单位和劳动者各执一份。

劳动合同依法订立即生效，具有法律约束力。除非当事人对劳动合同生效有特殊约定。

2. 无效劳动合同

无效劳动合同是指劳动合同虽然已经订立，但因违反了平等自愿、协商一致、诚实信用、公平等原则和法律、行政法规的强制性规定而使其全部或者部分条款归于无效的劳动合同。

下列劳动合同无效或者部分无效：

（1）以欺诈、胁迫的手段或者乘人之危，使对方在违背真实意思的情况下订立或者变更劳动合同的；

（2）用人单位免除自己的法定责任、排除劳动者权利的；

（3）违反法律、行政法规强制性规定的。

对劳动合同的无效或者部分无效有争议的，由劳动争议仲裁机构或者人民法院确认。

3. 无效劳动合同的法律后果

无效劳动合同，从订立时起就没有法律约束力。劳动合同部分无效，不影响其他部分效力的，其他部分仍然有效。

劳动合同被确认无效，劳动者已付出劳动的，用人单位应当向劳动者支付劳动报酬。劳动报酬的数额，参照本单位相同或者相近岗位劳动者的劳动报酬确定。

劳动合同被确认无效，给对方造成损害的，有过错的一方应当承担赔偿责任。

三、劳动合同的主要内容

（一）劳动合同必备条款

劳动合同必备条款是指劳动合同必须具备的内容。根据《劳动合同法》的规定，劳动合同应当具备以下条款：

1. 用人单位的名称、住所和法定代表人或者主要负责人

用人单位的名称是指用人单位注册登记时所登记的名称，是代表用人单位的符号。用人单位的住所是用人单位发生法律关系的中心区域。劳动合同文本中要标明用人单位的具体地址。用人单位有两个以上办事机构的，以主要办事机构所在地为住所。具有法人资格的用人单位，要注明单位的法定代表人；不具有法人资格的用人单位，必须在劳动合同中写明该单位的主要负责人。

2. 劳动者的姓名、住址和居民身份证或者其他有效身份证件号码

劳动者的姓名以户籍登记，也即身份证上所载为准。劳动者的住址，以其户籍所在的居住地为住址，其经常居住地与户籍所在地不一致的，以经常居住地为住址。

3. 劳动合同期限

劳动合同分为固定期限劳动合同、无固定期限劳动合同或以完成一定工作任务为期限

的劳动合同。

（1）固定期限劳动合同，是指用人单位与劳动者约定合同终止时间的劳动合同。

（2）无固定期限劳动合同，是指用人单位与劳动者约定无确定终止时间的劳动合同。无固定期限劳动合同是一种长期合同，但是如果出现法律规定或合同约定的解除或终止条件时，劳动者和用人单位也可以解除或终止无固定期限劳动合同。

（3）以完成一定工作任务为期限的劳动合同，是指用人单位与劳动者约定以某项工作的完成为合同期限的劳动合同。一般在以下几种情况下，用人单位与劳动者可以签订以完成一定工作任务为期限的劳动合同：①以完成单项工作任务为期限的劳动合同；②以项目承包方式完成承包任务的劳动合同；③因季节原因用工的劳动合同；④其他双方约定的以完成一定工作任务为期限的劳动合同。

有下列情形之一，劳动者提出或者同意续订、订立劳动合同的，除劳动者提出订立固定期限劳动合同外，应当订立无固定期限劳动合同：

（1）劳动者在该用人单位连续工作满 10 年的；

（2）用人单位初次实行劳动合同制度或者国有企业改制重新订立劳动合同时，劳动者在该用人单位连续工作满 10 年且距法定退休年龄不足 10 年的；

（3）连续订立两次固定期限劳动合同，且劳动者没有下述情形，续订劳动合同的：

①严重违反用人单位的规章制度的；

②严重失职，营私舞弊，给用人单位造成重大损害的；

③劳动者同时与其他用人单位建立劳动关系，对完成本单位的工作任务造成严重影响，或者经用人单位提出，拒不改正的；

④以欺诈、胁迫的手段或者乘人之危，使用人单位在违背真实意思的情况下订立或者变更劳动合同，致使劳动合同无效的；

⑤被依法追究刑事责任的；

⑥劳动者患病或者非因工负伤，在规定的医疗期满后不能从事原工作，也不能从事用人单位另行安排的工作的；

⑦劳动者不能胜任工作，经过培训或者调整工作岗位，仍不能胜任工作的。

另外，用人单位自用工之日起满 1 年不与劳动者订立书面劳动合同的，视为用人单位自用工之日起满 1 年的当日已经与劳动者订立无固定期限劳动合同。

连续工作满 10 年的起始时间，应当自用人单位用工之日起计算，包括《劳动合同法》施行前的工作年限。劳动者非因本人原因从原用人单位被安排到新用人单位工作的，劳动者在原用人单位的工作年限合并计算为新用人单位的工作年限。原用人单位已经向劳动者支付经济补偿的，新用人单位在依法解除、终止劳动合同计算支付经济补偿的工作年限时，不再计算劳动者在原用人单位的工作年限。

但连续订立固定期限劳动合同的次数，应当自《劳动合同法》2008 年 1 月 1 日施行后续订固定期限劳动合同时开始计算。

地方各级人民政府及县级以上地方人民政府有关部门为安置就业困难人员提供的给予岗位补贴和社会保险补贴的公益性岗位，其劳动合同不适用《劳动合同法》有关无固定期限劳动合同的规定以及支付经济补偿的规定。

4. 工作内容和工作地点

工作内容包括劳动者从事劳动的工种、岗位和劳动定额、产品质量标准的要求等，这是劳动者判断自己是否胜任该工作、是否愿意从事该工作的关键信息。

工作地点是指劳动者可能从事工作的具体地理位置。劳动者为用人单位提供劳动是在工作地点，劳动者生活是在居住地点，这两个地方的距离，决定着劳动者上下班所需时间，进而影响劳动者的生活，关系到劳动者的切身利益，这也是劳动者判断是否订立劳动合同必不可少的信息，是用人单位必须告知劳动者的内容。

5. 工作时间和休息休假

（1）工作时间是指劳动者在一昼夜或一周内从事生产或工作的时间，也就是劳动者每天应工作的时数或每周应工作的天数。

①我国目前实行的工时标准主要有标准工时制、不定时工时制和综合计算工时制三种类型。

②我国实行劳动者每日工作 8 小时、每周工作 40 小时的标准工时制度。

③有些企业因工作性质和生产特点不能实行标准工时制度，应保证劳动者每天工作时间不超过 8 小时，每周工作时间不超过 40 小时，每周至少休息一天。

④用人单位由于生产经营需要，经与工会和劳动者协商后可以延长工作时间，一般每日不得超过 1 小时；因特殊原因需要延长工作时间的，在保障劳动者身体健康的条件下延长工作时间，每日不得超过 3 小时，每月不得超过 36 小时。

⑤有下列情形之一的，延长工作时间不受上述规定的限制：发生自然灾害、事故或者因其他原因，威胁劳动者生命健康和财产安全，需要紧急处理的；生产设备、交通运输路线、公共设施发生故障，影响生产和公众利益，必须及时抢修的。

（2）休息休假

休息休假是指劳动者在任职期间，在国家规定的法定工作时间以外，不从事生产和工作而自行支配的休息时间和法定节假日。

《职工带薪年休假条例》规定机关、团体、企业、事业单位、民办非企业单位、有雇工的个体工商户等单位的职工连续工作 1 年以上的，享受带薪年休假（以下简称年休假）。职工在年休假期间享受与正常工作期间相同的工资收入。职工累计工作已满 1 年不满 10 年的，年休假 5 天；已满 10 年不满 20 年的，年休假 10 天；已满 20 年的，年休假 15 天。国家法定休假日、休息日不计入年休假的假期。单位应根据生产、工作的具体情况，并考虑职工本人意愿，统筹安排职工年休假。年休假在 1 个年度内可以集中安排，也可以分段安排，一般不跨年度安排。单位因生产、工作特点确有必要跨年度安排职工年休假的，可以跨1个年度安排。

但当职工有下列情形之一时，不享受当年的年休假：①职工依法享受寒暑假，其休假天数多于年休假天数的；②职工请事假累计20天以上且单位按照规定不扣工资的；③累计工作满1年不满10年的职工，请病假累计2个月以上的；④累计工作满10年不满20年的职工，请病假累计3个月以上的；⑤累计工作满20年以上的职工，请病假累计4个月以上的。

职工新进用人单位且符合享受带薪年休假条件的，当年度年休假天数按照在本单位剩余日历天数折算确定，折算后不足1整天的部分不享受年休假。

6. 劳动报酬

（1）劳动报酬与支付。

劳动报酬是指用人单位根据劳动者劳动的数量和质量，以货币形式支付给劳动者的工资。工资应当以法定货币支付，不得以实物及有价证券替代货币支付。工资必须在用人单位与劳动者约定的日期支付。如遇节假日或休息日，则应提前在最近的工作日支付。工资至少每月支付一次，实行周、日、小时工资制的可按周、日、小时支付工资。对完成一次性临时劳动或者某项具体工作的劳动者，用人单位应按照有关协议或者合同规定在其完成劳动任务后即支付工资。

加班工资支付：①用人单位依法安排劳动者在日标准工作时间以外延长工作时间的，按照不低于劳动合同规定的劳动者本人小时工资标准的150%支付劳动者工资；②用人单位依法安排劳动者在休息日工作，不能安排补休的，按照不低于劳动合同规定的劳动者本人日或小时工资标准的200%支付劳动者工资；③用人单位依法安排劳动者在法定休假日工作的，按照不低于劳动合同规定的劳动者本人日或小时工资标准的300%支付劳动者工资。

用人单位应当依法支付劳动者在法定休假日和婚丧假期间以及依法参加社会活动期间的工资。在部分公民放假的节日期间（妇女节、青年节），对参加社会活动或者单位组织庆祝活动和照常工作的职工，单位应支付工资报酬，但不支付加班工资。如果该节日恰逢星期六、星期日，单位安排职工加班工作，则应当依法支付休息日的加班工资（200%）。

实行计件工资的劳动者，在完成计件定额任务后，由用人单位安排延长工作时间的，根据上述原则，分别按照不低于其本人法定工作时间计件单价的150%、200%、300%支付其工资。

用人单位安排加班不支付加班费的，由劳动行政部门责令限期支付加班费；逾期不支付的，责令用人单位按应付金额50%以上100%以下的标准向劳动者加付赔偿金。

经劳动行政部门批准实行综合计算工时工作制的，其综合计算工作时间超过法定标准工作时间的部分，视为延长工作时间，按上述规定支付劳动者延长工作时间的工资。

实行不定时工时制度的劳动者，不执行上述规定。

（2）最低工资制度。

国家实行最低工资保障制度。最低工资的具体标准由各省、自治区、直辖市人民政府规定，报国务院备案。

最低工资不包括延长工作时间的工资报酬，以货币形式支付的住房和用人单位支付的伙食补贴，中班、夜班、高温、低温、井下、有毒、有害等特殊工作环境和劳动条件下的津贴，国家法律、法规、规章规定的社会保险福利待遇。

劳动合同履行地与用人单位注册地不一致的，有关劳动者的最低工资标准，按照劳动合同履行地的有关规定执行；用人单位注册地的有关标准高于劳动合同履行地的有关标准，且用人单位与劳动者约定按照用人单位注册地的有关规定执行的，从其约定。

因劳动者本人原因给用人单位造成经济损失的，用人单位可按照劳动合同的约定要求其赔偿经济损失。经济损失的赔偿，可从劳动者本人的工资中扣除。但每月扣除的部分不得超过劳动者当月工资的20%。若扣除后的剩余工资部分低于当地月最低工资标准，则按最低工资标准支付。

用人单位低于当地最低工资标准支付劳动者工资的，由劳动行政部门责令限期支付其差额部分；逾期不支付的，责令用人单位按应付金额50%以上100%以下的标准向劳动者加付赔偿金。

7. 社会保险

社会保险包括基本养老保险、基本医疗保险、失业保险、工伤保险等。参加社会保险、缴纳社会保险费是用人单位与劳动者的法定义务，双方都必须履行。具体内容在本章第二节介绍。

8. 劳动保护、劳动条件和职业危害防护

劳动保护是指用人单位保护劳动者在工作过程中不受伤害的具体措施。劳动条件是指用人单位为劳动者提供正常工作所必需的条件，包括劳动场所和劳动工具。职业危害防护是用人单位对工作过程中可能产生的影响劳动者身体健康的危害的防护措施。劳动保护、劳动条件和职业危害防护，是劳动合同中保护劳动者身体健康和安全的重要条款。

9. 法律、法规规定应当纳入劳动合同的其他事项

用人单位提供的劳动合同文本未载明劳动合同法规定的劳动合同必备条款或者用人单位未将劳动合同文本交付劳动者的，由劳动行政部门责令改正；给劳动者造成损害的，应当承担赔偿责任。

（二）劳动合同约定条款

劳动合同除前款规定的必备条款外，用人单位与劳动者可以约定试用期、培训、保守秘密、补充保险和福利待遇等其他事项。但约定事项不能违反法律、行政法规的强制性规定，否则该约定无效。

1. 试用期

试用期是指用人单位和劳动者双方为了相互了解、确定对方是否符合自己的招聘条件或求职意愿而约定的考察期间。试用期属于劳动合同的约定条款，双方可以约定也可以不约定试用期。

（1）试用期期限。

劳动合同期限3个月以上不满1年的，试用期不得超过1个月；劳动合同期限1年以上不满3年的，试用期不得超过2个月；3年以上固定期限和无固定期限的劳动合同，试用期不得超过6个月。以完成一定工作任务为期限的劳动合同或者劳动合同期限不满3个月的，不得约定试用期。（1年以上包括1年，3年以下不包括3年，3年以上包括3年。）

试用期包含在劳动合同期限内。劳动合同仅约定试用期的，试用期不成立，该期限为劳动合同期限。

同一用人单位与同一劳动者只能约定一次试用期。以完成一定工作任务为期限的劳动合同或者劳动合同期限不满3个月的或者非全日制用工，不得约定试用期。

（2）试用期工资。

劳动者在试用期的工资不得低于本单位相同岗位最低档工资或者劳动合同约定工资的80%，并不得低于用人单位所在地的最低工资标准。（劳动合同约定工资，是指该劳动者与用人单位订立的劳动合同中约定的劳动者试用期满后的工资。）

2. 服务期

用人单位为劳动者提供专项培训费用，对其进行专业技术培训的，可以与该劳动者订立协议，约定服务期。服务期内不影响劳动者正常的工资调整机制。劳动合同期满，但服务期未到期，劳动合同顺延至服务期满。双方另有约定的，从其约定。

（1）劳动者违反服务期的违约责任。

劳动者违反服务期约定提前终止劳动合同的，应当按照约定向用人单位支付违约金。违约金的数额不得超过用人单位提供的培训费用。对已经履行部分服务期限的，用人单位要求劳动者支付的违约金不得超过服务期尚未履行部分所应分摊的培训费用。

如果劳动者因下列违纪等重大过错行为而被用人单位解除劳动关系的，用人单位仍有权要求其支付违约金：

①劳动者严重违反用人单位的规章制度的；

②劳动者严重失职，营私舞弊，给用人单位造成重大损害的；

③劳动者同时与其他用人单位建立劳动关系，对完成本单位的工作任务造成严重影响，或者经用人单位提出，拒不改正的；

④劳动者以欺诈、胁迫的手段或者乘人之危，使用人单位在违背真实意思的情况下订立或者变更劳动合同的；

⑤劳动者被依法追究刑事责任的。

（2）劳动者解除劳动合同不属于违反服务期约定的情形。

在特定情形下，劳动者可以在服务期内依照法律规定解除劳动合同，用人单位不得要求劳动者支付违约金：

①用人单位未按照劳动合同约定提供劳动保护或者劳动条件的；

②用人单位未及时足额支付劳动报酬的；

③用人单位未依法为劳动者缴纳社会保险费的；

④用人单位的规章制度违反法律、法规的规定，损害劳动者权益的；

⑤用人单位以欺诈、胁迫的手段或者乘人之危，使劳动者在违背真实意思的情况下订立或者变更劳动合同的；

⑥用人单位在劳动合同中免除自己的法定责任、排除劳动者权利的；

⑦用人单位违反法律、行政法规强制性规定的；

⑧法律、行政法规规定劳动者可以解除劳动合同的其他情形。（用人单位以暴力、威胁或者非法限制人身自由的手段强迫劳动者劳动的，或者用人单位违章指挥、强令冒险作业危及劳动者人身安全的，劳动者可以立即解除劳动合同，不需事先告知用人单位。）

3. 保守商业秘密和竞业限制

用人单位与劳动者可以在劳动合同中约定保守用人单位的商业秘密和与知识产权相关的保密事项。

对负有保密义务的劳动者，用人单位可以在劳动合同或者保密协议中与劳动者约定竞业限制条款，并约定在解除或者终止劳动合同后，在竞业限制期限内按月给予劳动者经济补偿。劳动者违反竞业限制约定的，应当按照约定向用人单位支付违约金。

竞业限制又称竞业禁止，是对与权利人有特定关系的义务人的特定竞争行为的禁止，在用人单位和劳动者劳动关系解除和终止后，限制劳动者一定时期的择业权，对因此约定给劳动者造成的损害，用人单位必须给予劳动者相应的经济补偿。

竞业限制的人员限于用人单位的高级管理人员、高级技术人员和其他负有保密义务的人员。竞业限制的范围、地域、期限由用人单位与劳动者约定，竞业限制的约定不得违反法律、法规的规定。在解除或者终止劳动合同后，竞业限制人员到与本单位生产或者经营同类产品、从事同类业务的有竞争关系的其他用人单位工作，或者自己开业生产或者经营同类产品，从事同类业务的竞业限制期限，不得超过 2 年。

竞业限制的司法解释：

①当事人在劳动合同或者保密协定中约定了竞业限制，但未约定解除或者终止劳动合同后给予劳动者经济补偿，劳动者履行了竞业限制义务，要求用人单位按照劳动者在劳动合同解除或者终止前 12 个月平均工资的 30% 按月支付经济补偿的，人民法院应予支持。前述规定的月平均工资的 30%低于劳动合同履行地最低工资标准的，按照劳动合同履行地最低工资标准支付。

②当事人在劳动合同或者保密协议中约定了竞业限制和经济补偿，当事人解除劳动合同时，除另有约定外，用人单位要求劳动者履行竞业限制义务，或者劳动者履行了竞业限制义务后要求用人单位支付经济补偿的，人民法院应予支持。

③当事人在劳动合同或者保密协议中约定了竞业限制和经济补偿，劳动合同解除或终止后，因用人单位的原因导致3个月未支付经济补偿，劳动者请求解除竞业限制约定的，人民法院应予支持。

④在竞业限制期限内，用人单位请求解除竞业限制协议时，人民法院应予支持。在解除竞业限制协议时，劳动者请求用人单位额外支付劳动者3个月的竞业限制经济补偿的，人民法院应予支持。

⑤在劳动者违反竞业限制约定，向用人单位支付违约金后，用人单位要求劳动者按照约定继续履行竞业限制义务时，人民法院应予支持。

四、劳动合同的履行和变更

（一）劳动合同的履行

劳动合同的履行是指劳动合同生效后，双方当事人按照劳动合同的约定，完成各自承担的义务和实现各自享受的权利，使双方当事人订立合同的目的得以实现的法律行为。

1. 用人单位与劳动者应当按照劳动合同的约定，全面履行各自的义务

（1）用人单位应当按照劳动合同约定和国家规定，向劳动者及时足额支付劳动报酬。

用人单位拖欠或者未足额支付劳动报酬时，劳动者可以采取以下途径：

其一，向劳动行政部门投诉，由劳动行政部门责令用人单位限期支付；逾期不支付的，责令用人单位按应付金额50%以上100%以下的标准向劳动者加付赔偿金；

其二，向企业劳动争议调解委员会或者基层人民调解组织或者乡镇、街道设立的具有劳动争议调解职能的组织申请调解；

其三，向劳动争议仲裁委员会申请仲裁；

其四，依法向当地人民法院申请支付令，人民法院应当依法发出支付令。

（2）用人单位应当严格执行劳动定额标准，不得强迫或者变相强迫劳动者加班。用人单位安排加班的，应当按照国家有关规定向劳动者支付加班费。

（3）劳动者拒绝用人单位管理人员违章指挥、强令冒险作业的，不视为违反劳动合同。劳动者对危害生命安全和身体健康的劳动条件，有权对用人单位提出批评、检举和控告。

（4）用人单位变更名称、法定代表人、主要负责人或者投资人等事项，不影响劳动合同的履行。

（5）用人单位发生合并或者分立等情况，原劳动合同继续有效，劳动合同由承继其权利和义务的用人单位继续履行。

2. 用人单位应当依法建立和完善劳动规章制度，保障劳动者享有劳动权利、履行劳动义务

劳动规章制度是用人单位制定的用于组织劳动过程和进行劳动管理的规则和制度的总称。其主要是对劳动报酬、工作时间、休息休假、劳动安全卫生、保险福利、职工培训、劳动纪律以及劳动定额管理等直接涉及劳动者切身利益事项进行的规定。

合法有效的劳动规章制度是劳动合同的组成部分，对用人单位和劳动者均具有法律约束力。用人单位在制定、修改或者决定直接涉及劳动者切身利益的规章制度和重大事项时，应当经职工代表大会或者全体职工讨论，提出方案和意见，与工会或者职工代表平等协商确定。在规章制度和重大事项决定实施过程中，工会或者职工认为不适当的，有权向用人单位提出，通过协商予以修改完善。

用人单位应当将直接涉及劳动者切身利益的规章制度和重大事项决定公示，或者告知劳动者。如果用人单位的规章制度未经公示或者未对劳动者告知，该规章制度对劳动者不生效。公示或告知可以采用张贴通告、员工手册送达、会议精神传达等方式。

用人单位直接涉及劳动者切身利益的规章制度违反法律、法规规定的，由劳动行政部门责令改正，给予警告；给劳动者造成损害的，应当承担赔偿责任。

（二）劳动合同的变更

劳动合同的变更是指在劳动合同开始履行但尚未履行完毕之前，因订立劳动合同的主客观条件发生了变化，当事人依照法律规定的条件和程序，对原合同中的某些条款进行修改、补充的法律行为。

变更劳动合同应符合下列要求：

（1）用人单位与劳动者协商一致，可以变更劳动合同约定的内容。

（2）变更劳动合同应当采用书面形式，变更后的劳动合同文本由用人单位和劳动者各执一份。

（3）变更劳动合同未采用书面形式，但已经实际履行了口头变更的劳动合同超过 1 个月，且变更后的劳动合同的内容不违反法律、行政法规、国家政策以及公序良俗，当事人以未采用书面形式为由主张劳动合同变更无效的，人民法院不予支持。

五、劳动合同的解除和终止

（一）劳动合同的解除

劳动合同解除是指在劳动合同订立后，劳动合同期限届满之前，因双方协商提前结束劳动关系，或因出现法定的情形，一方单方通知对方结束劳动关系的法律行为。

劳动合同解除分为协商解除和法定解除两种情况。

1. 协商解除

协商解除，又称合意解除、意定解除，是指劳动合同订立后，双方当事人因某种原

因，在完全自愿的基础上协商一致，提前终止劳动合同，结束劳动关系。

在协商解除中，当事人双方具有平等的解除合同请求权，劳动者或用人单位都可主动向对方提出终止劳动合同关系的请求；合同必须经双方协商一致，达成协议，才可解除，任何一方不能强加自己的意志于对方当事人。协商解除不受合同终止条件的约束。

由用人单位提出解除劳动合同而与劳动者协商一致的，必须依法向劳动者支付经济补偿。由劳动者主动辞职而与用人单位协商一致解除劳动合同的，用人单位无须向劳动者支付经济补偿。

2. 法定解除

法定解除是指在出现国家法律、法规或劳动合同规定的可以解除劳动合同的情形时，不需当事人协商一致，一方当事人即可决定解除劳动合同，劳动合同效力可以自然终止或由单方提前终止。在这种情况下，主动解除劳动合同的一方一般负有主动通知对方的义务。

法定解除又可分为用人单位的单方解除和劳动者的单方解除。

（1）劳动者可单方面解除劳动合同的情形。

其一，劳动者提前通知解除劳动合同的情形：

①劳动者提前 30 天以书面形式通知用人单位解除劳动合同；

②劳动者在试用期内提前 3 天通知用人单位解除劳动合同。

在这两种情形下，劳动者不能获得经济补偿。如果劳动者没有履行通知程序，则属于违法解除，因此对用人单位造成损失的，劳动者应对用人单位的损失承担赔偿责任。

其二，劳动者可随时通知解除劳动合同的情形：

①用人单位未按照劳动合同约定提供劳动保护或者劳动条件的；

②用人单位未及时足额支付劳动报酬的；

③用人单位未依法为劳动者缴纳社会保险费的；

④用人单位的规章制度违反法律、法规的规定、损害劳动者权益的；

⑤用人单位以欺诈、胁迫的手段或者乘人之危，使劳动者在违背真实意思的情况下订立或者变更劳动合同的；

⑥用人单位在劳动合同中免除自己的法定责任、排除劳动者权益的；

⑦用人单位违反法律、行政法规强制性规定的；

⑧法律、行政法规规定劳动者可以解除劳动合同的其他情形。

用人单位有上述情形的，劳动者可随时通知用人单位解除劳动合同。用人单位需向劳动者支付经济补偿。

其三，劳动者不需事先告知用人单位即可解除劳动合同的情形：

①用人单位以暴力、威胁或者非法限制人身自由的手段强迫劳动者劳动的；

②用人单位违章指挥、强令冒险作业危及劳动者人身安全的。

用人单位有上述两种情形的，劳动者可立即解除劳动合同，不需事先告知用人单位，用人单位需向劳动者支付经济补偿。

（2）用人单位可单方面解除劳动合同的情形。

其一，因劳动者的过错解除劳动合同的情形：

①劳动者在试用期间被证明不符合录用条件的；

②劳动者严重违反用人单位的规章制度的；

③劳动者严重失职，营私舞弊，给用人单位造成重大损害的；

④劳动者同时与其他用人单位建立劳动关系，对完成本单位的工作任务造成严重影响，或者经用人单位提出，拒不改正的；

⑤劳动者以欺诈、胁迫的手段或者乘人之危，使用人单位在违背真实意思的情况下订立或者变更劳动合同的；

⑥劳动者被依法追究刑事责任的。

在上述情形下，用人单位可随时通知劳动者解除劳动关系，不需向劳动者支付经济补偿。

其二，无过失性辞退的情形：

无过失性辞退，是指由于劳动者非过失性原因或客观情况的需要而导致劳动合同无法履行时，用人单位可以在提前通知劳动者或者额外支付劳动者一个月工资后，单方解除劳动合同。

①劳动者患病或者非因工负伤，在规定的医疗期满后不能从事原工作，也不能从事由用人单位另行安排的工作的；

②劳动者不能胜任工作，经过培训或者调整工作岗位，仍不能胜任工作的；

③劳动合同订立时所依据的客观情况发生重大变化，致使劳动合同无法履行，经用人单位与劳动者协商，未能就变更劳动合同内容达成协议的。

在上述情形下，用人单位提前 30 天以书面形式通知劳动者本人或者额外支付劳动者 1 个月工资后，可以解除劳动合同。用人单位选择额外支付劳动者 1 个月工资解除劳动合同的，其额外支付的工资应当按照该劳动者上 1 个月的工资标准确定。用人单位还应当向劳动者支付经济补偿。

其三，经济性裁员的情形：

经济性裁员是指用人单位由于经营不善等经济性原因，解雇多个劳动者。根据《劳动合同法》的规定，用人单位有下列情形之一，需要裁减 20 人以上或者裁减不足 20 人但占企业职工总数的 10%以上的，用人单位提前 30 天向工会或者全体职工说明情况，听取工会或者职工意见后，裁减人员方案经向劳动行政部门报告，可以裁员。

①依照企业破产法规定进行重整的；

②生产经营发生严重困难的；

③企业转产、重大技术革新或者经营方式调整，经变更劳动合同后，仍需裁减人员；

④其他因劳动合同订立时所依据的客观经济情况发生重大变化，致使劳动合同无法履行的。

在上述情形下解除劳动合同，用人单位应当向劳动者支付经济补偿。

裁减人员时，应当优先留用下列人员：

①与本单位订立较长期限的固定期限劳动合同的；

②与本单位订立无固定期限劳动合同的；

③家庭无其他就业人员，有需要扶养的老人或者未成年人的。

用人单位裁减人员后，在6个月内重新招用人员的，应当通知被裁减的人员，并在同等条件下优先招用被裁减的人员。

用人单位单方解除劳动合同，应当事先将理由通知工会。用人单位违反法律、行政法规规定或者劳动合同约定的，工会有权要求用人单位纠正。用人单位应当研究工会的意见，并将处理结果书面通知工会。

（二）劳动合同的终止

1. 劳动合同终止的含义

劳动合同终止是指劳动合同订立后，因出现某种法定的事实，导致用人单位与劳动者之间形成的劳动关系自动归于消灭，或导致双方劳动关系的继续履行成为不可能而不得不消灭的情形。劳动合同终止一般不涉及用人单位与劳动者的意思表示，只要法定事实出现，一般情况下，都会导致双方劳动关系的消灭。

2. 劳动合同终止的情形

根据劳动合同法的规定，有下列情形之一的，劳动合同终止：

（1）劳动合同期满的；

（2）劳动者开始依法享受基本养老保险待遇的；

（3）劳动者达到法定退休年龄的；

（4）劳动者死亡，或者被人民法院宣告死亡或者宣告失踪的；

（5）用人单位被依法宣告破产的；

（6）用人单位被吊销营业执照、责令关闭、撤销或者用人单位决定提前解散的；

（7）法律、行政法规规定的其他情形。

用人单位与劳动者不得约定上述情形之外的其他劳动合同终止条件，即使约定也无效。

3. 用人单位既不得解除也不得终止劳动合同的情形

（1）从事接触职业病危害作业的劳动者未进行离岗前职业健康检查，或者疑似职业病病人在诊断或者在医学观察期间的；

（2）在本单位患职业病或者因工负伤并被确认丧失或者部分丧失劳动能力的；

（3）患病或者负伤，在规定的医疗期内的；

（4）女职工在孕期、产期、哺乳期的；

（5）在本单位连续工作满 15 年，且距法定退休年龄不足 5 年的；

（6）法律、行政法规规定的其他情形。

（三）劳动合同解除和终止的经济补偿

1. 经济补偿的含义

经济补偿是按照劳动合同法规定，在劳动者无过错的情况下，用人单位与劳动者解除或者终止劳动合同而依法应给予劳动者的经济上的补助，也称经济补偿金。

经济补偿金与违约金、赔偿金不同。

经济补偿金是法定的，主要是针对劳动关系的解除和终止，如果劳动者无过错，用人单位则应给予劳动者一定数额的经济上的补偿。

违约金是约定的，是指劳动者违反了服务期和竞业禁止的约定而向用人单位支付的违约补偿。劳动合同法禁止用人单位对劳动合同服务期和竞业禁止之外的其他事项与劳动者约定违约责任。

赔偿金是指用人单位和劳动者由于自己的过错给对方造成损害时所应承担的不利的法律后果。有关赔偿金的法律规定，具体参见关于违反劳动合同法的法律责任的具体规定。

经济补偿金的支付主体只能是用人单位，而违约金的支付主体只能是劳动者，赔偿金的支付主体可能是用人单位，也可能是劳动者。依照法律的规定，支付了赔偿金的，不再支付经济补偿。

2. 用人单位应当向劳动者支付经济补偿的情形

（1）由用人单位提出解除劳动合同并与劳动者协商一致而解除劳动合同的；

（2）劳动者符合随时通知解除和不需事先通知即可解除劳动合同规定情形而解除劳动合同的；

（3）用人单位符合提前 30 日以书面形式通知劳动者本人或者额外支付劳动者 1 个月工资后，可以解除劳动合同规定情形而解除劳动合同的；

（4）用人单位符合可裁减人员规定而解除劳动合同的；

（5）除用人单位维持或者提高劳动合同约定条件续订劳动合同，劳动者不同意续订的情形外，劳动合同期满终止固定期限劳动合同的；

（6）以完成一定工作任务为期限的劳动合同因任务完成而终止的；

（7）用人单位被依法宣告破产终止劳动合同的；

（8）用人单位被吊销营业执照、责令关闭、撤销或者用人单位决定提前解散而终止劳动合同的；

（9）法律、行政法规规定的其他情形。

3. 经济补偿的支付标准

经济补偿，根据劳动者在用人单位的工作年限和工资标准来计算具体金额，并以货币形式支付给劳动者。

经济补偿金的计算公式为：

经济补偿金＝劳动合同解除或终止前劳动者在本单位的工作年限×每工作一年应得的经济补偿

或者简写为：

经济补偿金＝工作年限×月工资

（1）关于补偿年限的计算标准。

经济补偿按劳动者在本单位工作的年限，每满 1 年支付 1 个月工资的标准向劳动者支付。6 个月以上不满 1 年的，按 1 年计算，不满 6 个月的，向劳动者支付半个月工资标准的经济补偿。

劳动者非因本人原因从原用人单位被安排到新用人单位工作的，劳动者在原用人单位的工作年限合并计入新用人单位的工作年限。原用人单位已经向劳动者支付经济补偿的，新用人单位在依法解除、终止劳动合同计算支付经济补偿的工作年限时，不再计算劳动者在原用人单位的工作年限。

（2）关于补偿基数的计算标准。

①月工资的计算标准。

月工资是指劳动者在劳动合同解除或者终止前 12 个月的平均工资。月工资按照劳动者应得工资计算，包括计时工资或者计件工资以及奖金、津贴和补贴等货币性收入。

劳动者工作不满 12 个月的，按照实际工作的月数计算平均工资。

②劳动者在劳动合同解除或者终止前 12 个月的平均工资低于当地最低工资标准的，按照当地最低工资标准计算。即：

经济补偿金＝工作年限×月最低工资标准

③劳动者月工资高于用人单位所在直辖市、设区的市级人民政府公布的本地区上年度职工月平均工资 3 倍的，向其支付经济补偿的标准按职工月平均工资 3 倍的数额支付，向其支付经济补偿的年限最高不超过 12 年。即：

经济补偿金＝工作年限（最高不超过 12 年）×当地上年度职工月平均工资 3 倍

（3）关于补偿年限和基数的特殊计算。

经济补偿的计发办法分两段计算：2008 年 1 月 1 日前的，按当地的有关规定执行；2008 年 1 月 1 日以后的，按新法执行。两段补偿合并计算。

（四）劳动合同解除和终止的法律后果及双方义务

（1）劳动合同解除和终止后，用人单位和劳动者双方不再履行劳动合同，劳动关系消灭。

（2）用人单位有出具解除或者终止劳动合同证明的义务。

①出具的时间。在依法解除或者终止劳动合同的同时。

②出具的内容。用人单位出具的解除、终止劳动合同的证明，应当写明劳动合同期限、解除或者终止劳动合同的日期、工作岗位、在本单位的工作年限。

③法律责任。《劳动合同法》第八十九条规定，用人单位违反本法规定未向劳动者出具解除或者终止劳动合同的书面证明，由劳动行政部门责令改正；给劳动者造成损失的，应当承担赔偿责任。

（3）用人单位有在15日内为劳动者办理档案和社会保险的义务。

劳动者依法解除或者终止劳动合同，用人单位扣押劳动者档案或者其他物品的，由劳动行政部门责令限期退还劳动者本人，并以每人500元以上2 000元以下的标准处以罚款，给劳动者造成损害的，应当承担赔偿责任。

（4）劳动者有按照双方约定遵循诚实信用的原则办理工作交接的义务。

（5）用人单位有在办理交接手续时向劳动者支付经济补偿的义务。

解除或者终止劳动合同，用人单位未依照劳动合同法的规定向劳动者支付经济补偿的，由劳动行政部门责令限期支付经济补偿，逾期不支付的，责令用人单位按应付金额50%以上100%以下的标准向劳动者加付赔偿金。

（6）用人单位有对已经解除或者终止的劳动合同的文本至少保存2年备查的义务。

（7）用人单位违反规定解除或者终止劳动合同，劳动者要求继续履行劳动合同的，用人单位应当继续履行；劳动者不要求继续履行劳动合同或者劳动合同已经不能继续履行的，用人单位应当依照《劳动合同法》规定的经济补偿标准的2倍向劳动者支付赔偿金。用人单位支付了赔偿金的，不再支付经济补偿。赔偿金的计算年限自用工之日起计算。

（8）劳动者违反劳动合同法规定解除劳动合同，给用人单位造成损失的应当承担赔偿责任。

六、集体合同与劳务派遣

（一）集体合同

1. 集体合同的概念

集体合同是工会或职工代表代表全体职工与用人单位通过平等协商，就劳动报酬、工作时间、休息休假、劳动安全卫生、保险福利等事项协商一致后签订的书面协议。

2. 行业性集体合同与区域性集体合同

在县级以下区域内，建筑业、采矿业、餐饮服务业等行业可以由工会与企业方面代表订立行业性集体合同，或者订立区域性集体合同。

3. 专项集体合同

企业职工一方也可以与用人单位就劳动安全卫生、女职工权益保护、工资调整机制等订立专项集体合同。

4. 集体合同的订立

集体合同的内容由用人单位和职工各自派出集体协商代表通过集体协商（会议）的方式协商确定。集体协商双方的代表人数应该对等，每方至少 3 人，并各确定 1 名首席代表。

经双方协商代表协商一致的集体合同草案或专项集体合同草案应当提交职工代表大会或全体职工讨论。职工代表大会或全体职工讨论集体合同草案，应当有 2/3 以上职工代表或者职工出席，且需经全体职工代表半数以上或者全体职工半数以上同意，方获通过。集体合同草案或专项集体合同草案经职工代表大会或者职工大会通过后，有集体协商双方首席代表签字。

集体合同订立后，应当报送劳动行政部门；劳动行政部门自收到集体合同文本之日起 15 日内未提出异议的，集体合同即行生效。

集体合同中劳动报酬和劳动条件等标准不得低于当地人民政府的最低标准；用人单位与劳动者订立的劳动合同中劳动报酬和劳动条件等标准不得低于集体合同规定的标准。

5. 用人单位违反集体合同时救济的途径

用人单位违反集体合同，侵犯职工劳动权益的，工会可以依法要求用人单位承担责任；因履行集体合同发生争议，经协商解决不成的，工会可以依法申请仲裁、提起诉讼。

（二）劳务派遣

1. 劳务派遣的概念和特征

劳务派遣是指由劳务派遣单位与劳动者订立劳动合同，与用工单位订立劳务派遣协议，将被派遣者派往用工单位给付劳务。劳动合同关系存在于劳务派遣单位与被派遣劳动者之间，但劳动力给付的事实则发生于被派遣员工与用工单位之间，也即劳动力的雇佣与劳动力的使用分离，被派遣劳动者不与用工单位签订劳动合同、发生劳动关系，而是与派遣单位存在劳动关系。这是劳务派遣最显著的特征。

2. 劳务排遣的适用

（1）劳动合同用工是我国企业的基本用工形式，劳务派遣用工是补充形式，只能在临时性（存续时间“不超过 6 个月”）、辅助性（为主营业务岗位提供服务的非主营业务岗位）或者替代性（用工单位劳动者因脱产学习、休假等原因无法工作的一定期限内）的工作岗位上实施。

（2）用人单位不得设立劳务派遣单位向本单位或者所属单位排遣劳动者；用工单位不得将被排遣劳动者再排遣到其他用人单位。

（3）劳务排遣单位不得以非全日制用工形式招用被排遣劳动者。

（4）用工单位使用的被派遣劳动者数量不得超过其用工总量（订立劳动合同的人数+派遣用工的人数）的 10%。

3. 劳务派遣单位（用人单位）的主要义务

（1）劳务派遣单位与被派遣劳动者订立的劳动合同，除应当载明劳动合同的必备条款外，还应当载明被派遣劳动者的用工单位以及派遣期限、工作岗位等情况。

（2）劳务派遣单位应当与被派遣劳动者订立 2 年以上固定期限劳动合同。

（3）劳务派遣单位应当按月向劳动者支付报酬；被派遣劳动者在无工作期间，劳务派遣单位应当按照其所在地人民政府规定的最低工资标准，向其按月支付报酬。

（4）劳务派遣单位应当将劳务派遣协议的内容告知被派遣劳动者，不得克扣用工单位按劳务派遣协议支付给派遣劳动者的劳动报酬。

（5）劳务派遣单位不得向被派遣劳动者收取费用。

4. 用工单位的主要义务

（1）用工单位应当根据工作岗位的实际需要与劳务派遣单位确立派遣期限，不得将连续用工期限分割订立数个短期劳务派遣协议。

（2）用工单位不得向被派遣劳动者收取费用。

5. 劳动者的其他重要权利

（1）被派遣劳动者享有与用工单位的劳动者同工同酬的权利。

（2）被派遣劳动者有权在劳务排遣单位或者用工单位依法参加或者组织工会，维护自身的合法权益。

七、劳动争议的解决

（一）劳动争议及解决方法

1. 劳动争议的概念及适用范围

劳动争议是指劳动者与所在单位之间因订立、履行、变更、解除或者终止劳动合同发生争议。包括：

（1）因确认劳动关系发生的争议；

（2）因订立、履行、变更、解除和终止劳动合同发生的争议；

（3）因除名、辞退和辞职、离职发生的争议；

（4）因工作时间、休息休假、社会保险、福利、培训以及劳动保护发生的争议；

（5）因劳动报酬、工伤医疗费、经济补偿或者赔偿金等发生的争议；

（6）法律、法规规定的其他劳动争议。

2. 劳动争议的解决原则和方法

解决劳动争议，应当根据事实，遵循合法、公正、及时、着重调解的原则，依法保护当事人的合法权益。

发生劳动争议，当事人对自己提出的主张，有责任提供证据。与争议事项有关的证据属于用人单位掌握管理的，用人单位应当提供；用人单位不提供的，应当承担不利后果。

在法律没有具体规定，按照上述原则也无法确定举证责任承担时，仲裁庭可以根据公平原则和诚实信用原则，综合当事人的举证能力等因素确定举证责任的承担。

劳动争议的解决方法有协商（和解）、调解、仲裁和诉讼。用人单位与劳动者发生劳动争议，劳动者可以与用人单位协商，也可以请工会或者第三方共同与用人单位协商，达成和解协议；当事人不愿协商、协商不成或者达成和解协议后不履行的，可以向调解组织申请调解；不愿调解、调解不成或者达成调解协议后不履行的，可以向劳动争议仲裁委员会申请仲裁；对仲裁裁决不服的，可以依法向人民法院提起诉讼或者申请撤销仲裁裁决。

在调解、仲裁和诉讼三者中，调解不是必经程序，但劳动仲裁是劳动诉讼的法定必经程序。

（二）劳动调解

1. 劳动争议调解组织

可受理劳动争议的调解组织有：

（1）企业劳动争议调解委员会；

（2）依法设立的基层人民调解组织；

（3）在乡镇、街道设立的具有劳动争议调解职能的组织。

2. 劳动调解程序

（1）当事人申请劳动争议调解可以书面申请，也可以口头申请。口头申请的，调解组织应当当场记录申请人的基本情况、申请调解的争议事项、理由和时间。

（2）调解劳动争议，应当充分听取双方当事人对事实和理由的陈述，耐心疏导，帮助其达成协议。

（3）经调解达成协议的，应当制作调解协议书。调解协议书由双方当事人签名或者盖章，经调解员签名并加盖调解组织印章后生效，对双方当事人具有约束力，当事人应当履行。达成调解协议后，一方当事人在协议约定期限内不履行调解协议的，另一方当事人可以依法申请仲裁。因支付拖欠劳动报酬、工伤医疗费、经济补偿或者赔偿金事项达成调解协议，用人单位在协议约定期限内不履行的，劳动者可以持调解协议书依法向人民法院申请支付令。人民法院应当依法发出支付令。

（4）自劳动争议调解组织收到调解申请之日起 15 日内未达成调解协议的，当事人可以依法申请仲裁。

（三）劳动仲裁

劳动仲裁是指由劳动争议仲裁委员会对当事人申请仲裁的劳动争议居中公断与裁决。在我国，劳动仲裁是劳动争议当事人向人民法院提起诉讼的必经程序。劳动争议仲裁不收费。劳动争议仲裁委员会的经费由财政予以保障。

1. 劳动仲裁参加人、劳动仲裁机构和劳动仲裁管辖

（1）劳动仲裁参加人。

①当事人。发生劳动争议的劳动者和用人单位为劳动争设仲裁案件的双方当事人。

劳务派遣单位或者用工单位与劳动者发生劳动争议的，劳务派遣单位和用工单位为共同当事人。

劳动者与个人承包经营者发生争议，依法向仲裁委员会申请仲裁的，应当将发包的组织和个人承包经营者作为共同当事人。

发生争议的用人单位被吊销营业执照，责令关闭、撤销以及用人电位决定提前解散、歇业，不能承担相关责任的，依法将其出资人、开办单位或主管部门作为共同当事人。

②当事人代表。发生争议的劳动者一方在 10 人以上，并有共同请求的，劳动者可以推举 3~5 名代表人参加仲裁活动。

因履行集体合同发生的劳动争议，经协商解决不成的工会可以依法申请仲裁；尚未建立工会的由上级工会指导劳动者推举产生的代表依法申请仲裁。

代表人参加仲裁的行为对其所代表的当事人发生效力，但代表人变更、放弃仲裁请求或者承认对方当事人的仲裁请求，进行和解，必须经被代表的当事人同意。

③第三人。与劳动争议案件的处理结果有利害关系的第三人，可以申请参加仲裁活动或者由劳动争议仲裁委员会通知其参加仲裁活动。

④代理人。当事人可以委托代理人参加仲裁活动。委托他人参加仲裁活动，应当向劳动争议仲裁委员会提交有委托人签名或者盖章的委托书，委托书立当载明委托事项和权限。

丧失或者部分丧失民事行为能力的劳动者，由其法定代理人代为参加仲裁活动；无法定代理人的，由劳动争议仲裁委员会为其指定代理人。劳动者死亡的，由其近亲属或者代理人参加仲裁活动。

（2）劳动仲裁机构。

劳动仲裁机构是劳动争议仲裁委员会。劳动争议仲裁委员会不按行政区划层层设立。

（3）劳动仲裁管辖。

劳动争议仲裁委员会负责管辖本区域内发生的劳动争议。劳动争议由劳动合同履行地或者用人单位所在地的劳动争议仲裁委员会管辖。双方当事人分别向劳动合同履行地和用人单位所在地的劳动争议仲裁委员会申请仲裁的，由劳动合同履行地的劳动争议仲裁委员会管辖。

有多个劳动合同履行地的，由最先受理的仲裁委员会管辖。劳动合同履行地不明确的，由用人单位所在地的仲裁委员会管辖。案件受理后，劳动合同履行地和用人单位所在地发生变化的，不改变争议仲裁的管辖。

2. 申请和受理

（1）申请仲裁时效。

①劳动争议申请仲裁的时效期间为 1 年。仲裁时效期间从当事人知道或者应当知道其

权利被侵害之日起计算。劳动关系存续期间因拖欠劳动报酬发生争议的，劳动者申请仲裁不受 1 年仲裁时效期间的限制；但是，劳动关系终止的，应当自劳动关系终止之日起 1 年内提出。

②仲裁时效的中断。劳动仲裁时效，因当事人一方向对方当事人主张权利（一方当事人通过协商、申请调解等方式向对方当事人主张权利的）；或者向有关部门请求权利救济（一方当事人通过向有关部门投诉，向仲裁委员会申请仲裁，向人民法院起诉或者申请支付令等方式请求权利救济的）；或者对方当事人同意履行义务而中断。从中断时起，仲裁时效期间重新计算。

③仲裁时效的中止。因不可抗力或者有其他正当理由（无民事行为能力或者限制民事行为能力劳动者的法定代理人未确定等），当事人不能在仲裁时效期间申请仲裁的，仲裁时效中止。从中止时效的原因消除之日起，仲裁时效期间继续计算。

（2）仲裁申请。

申请人申请仲裁应当提交书面仲裁申请，并按照被申请人人数提交副本。书写仲裁申请确有困难的，可以口头申请，由劳动争议仲裁委员会记入笔录，经申请人签名、盖章或捺印确认。

仲裁申请书应当载明下列事项：

①劳动者的姓名、性别、年龄、职业、工作单位和住所，用人单位的名称、住所和法定代表人或者主要负责人的姓名、职务；

②仲裁请求和所根据的事实、理由；

③证据和证据来源、证人姓名和住所。

（3）仲裁受理。

劳动争议仲裁委员会收到仲裁申请之日起 5 日内，认为符合受理条件的，应当受理，并向申请人出具受理通知书；认为不符合受理条件的，向申请人出具不予受理通知书。

对劳动争议仲裁委员会不予受理或者逾期未做出决定的，申请人可以就该劳动争议事项向人民法院提起诉讼。

劳动争议仲裁委员会受理仲裁申请后，应当在 5 日内将仲裁申请书副本送达被申请人。被申请人收到仲裁申请书副本后，应当在 10 日内向劳动争议仲裁委员会提交答辩书。劳动争议仲裁委员会收到答辩书后，应当在 5 日内将答辩书副本送达申请人。被申请人未提交答辩书的，不影响仲裁程序的进行。

3. 开庭和裁决

（1）基本制度。

一是先行调解。仲裁庭在作出裁决前，应当先行调解。调解达成协议的，仲裁庭应当制作调解书。调解书经双方当事人签收后，发生法律效力。

二是公开仲裁。劳动争议仲裁公开进行，但当事人协议不公开进行或者涉及国家秘密、商业秘密和个人隐私的，经相关当事人书面申请，仲裁委员会应当不公开审理。

三是仲裁庭制。劳动争议仲裁委员会裁决劳动争议案件实行仲裁庭制。仲裁庭由 3 名仲裁员组成，设首席仲裁员。简单劳动争议案件可以由 1 名仲裁员独任仲裁。

四是回避。仲裁员有下列情形之一的，应当回避，当事人也有权以口头或者书面方式提出回避申请：①是本案当事人或者当事人、代理人的近亲属的；②与本案有利害关系的；③与本案当事人、代理人有其他关系，可能影响公正裁决的；④私自会见当事人、代理人，或者接受当事人、代理人请客送礼的。

（2）开庭程序。

劳动争议仲裁委员会应当在受理仲裁申请之日起 5 日内将仲裁庭的组成情况书面通知当事人。仲裁庭应当在开庭前 5 日前，将开庭日期、地点书面通知双方当事人。当事人有正当理由的，可以在开庭 3 日前请求延期开庭。是否延期，由劳动争议仲裁委员会决定。

申请人收到书面通知，无正当理由拒不到庭或者未经仲裁庭同意中途退庭的，可以按撤回仲裁申请处理；申请人重新申请仲裁的，仲裁委员会不予受理。被申请人收到书面通知，无正当理由拒不到庭或者未经仲裁庭同意中途退庭的，仲裁庭可以继续开庭审理，并缺席裁决。

开庭审理时，仲裁员应当听取申请人的陈述和被申请人的答辩，主持庭审调查、质证和辩论，征询当事人最后意见，并进行调解。

仲裁庭裁决劳动争议案件，应当自仲裁委员会受理仲裁申请之日起 45 日内结束。案情复杂需要延期的，经仲裁委员会主任批准，可以延期并书面通知当事人，但是延长期限不得超过 15 日。逾期未做出仲裁裁决的，当事人可以就该劳动争议事项向人民法院提起诉讼。

上述规定中的“3 日”“5 日”“10 日”指工作日，“15 日”“45 日”指自然日。

（3）裁决。

裁决应当按照多数仲裁员的意见做出，少数仲裁员的不同意见应当记入笔录。仲裁庭不能形成多数意见时，裁决应当按照首席仲裁员的意见做出。裁决书应当载明仲裁请求、争议事实、裁决理由、裁决结果和裁决日期。裁决书由仲裁员签名，加盖劳动争议仲裁委员会印章。对裁决持不同意见的仲裁员，可以签名，也可以不签名。

仲裁庭裁决劳动争议案件时，其中一部分事实已经清楚，可以就该部分先行裁决。

下列劳动争议，除法律另有规定的以外，仲裁裁决为终局裁决，裁决书自做出之日起发生法律效力：

①追索劳动报酬、工伤医疗费、经济补偿或者赔偿金，不超过当地月最低工资标准 12 个月金额的争议；（如果仲裁裁决涉及数项，对单项裁决数额不超过当地最低工资标准 12 个月金额的事项，应当适用终局裁决。）

②因执行国家的劳动标准在工作时间、休息休假、社会保险等方面发生的争议。

仲裁庭裁决案件时，裁决内容同时涉及终局裁决和非终局裁决的，应当分别制作裁决书，并告知当事人相应的救济权利。

用人单位有证据证明上述仲裁裁决有下列情形之一的，可以自收到仲裁裁决书之日起30日内向劳动争议仲裁委员会所在地的中级人民法院申请撤销裁决：

①适用法律、法规确有错误的；

②劳动争议仲裁委员会无管辖权的；

③违反法定程序的；

④裁决所根据的证据是伪造的；

⑤对方当事人隐瞒了足以影响公正裁决的证据的；

⑥仲裁员在仲裁该案时有索贿受贿、徇私舞弊、枉法裁决行为的。

人民法院经组成合议庭审查核实裁决有上述规定情形之一的，应当裁定撤销。

当事人对上述终局裁决情形之外的其他劳动争议案件的仲裁裁决不服的，可以自收到仲裁裁决书之日起15日内提起诉讼；期满不起诉的，裁决书发生法律效力。

4. 执行

（1）仲裁庭对追索劳动报酬、工伤医疗费、经济补偿或者赔偿金的案件，根据当事人的申请，可以裁决先予执行，移送人民法院执行。仲裁庭裁决先予执行的，应当符合下列条件：

①当事人之间权利义务关系明确；

②不先予执行将严重影响申请人的生活。

劳动者申请先予执行的，可以不提供担保。

（2）当事人对发生法律效力的调解书、裁决书，应当依照规定的期限履行。一方当事人逾期不履行的，另一方当事人可以依照《民事诉讼法》的有关规定向人民法院申请执行。受理申请的人民法院应当依法执行。

（四）劳动诉讼

1. 劳动诉讼申请范围

（1）对劳动争议仲裁委员会不予受理或者逾期未做出决定的，申请人可以就该劳动争议事项向人民法院提起诉讼。

（2）劳动者对劳动争议的终局裁决不服的，可以自收到仲裁裁决书之日起15日内向人民法院提起诉讼。

（3）当事人对终局裁决情形之外的其他劳动争议案件的仲裁裁决不服的，可以自收到仲裁裁决书之日起15日内提起诉讼。

（4）终局裁决被人民法院裁定撤销的，当事人可以自收到裁定书之日起15日内就该劳动争议事项向人民法院提起诉讼。

2. 劳动诉讼程序

劳动诉讼依照《民事诉讼法》的规定执行。

八、违反劳动合同法的法律责任

（一）用人单位违反《劳动合同法》的法律责任

1. 用人单位制定规章制度违法的法律责任

（1）用人单位制定的直接涉及劳动者切身利益的规章制度违反法律、法规规定的，由劳动行政部门责令改正，给予警告；给劳动者造成损害的，应当承担赔偿责任。

（2）用人单位违反《劳动合同法》有关建立职工名册规定的，由劳动行政部门责令限期改正；逾期不改正的，由劳动行政部门处2 000元以上2万元以下的罚款。

2. 用人单位订立劳动合同违法的法律责任

（1）用人单位提供的劳动合同文本未载明本法规定的劳动合同必备条款或者用人单位未将劳动合同文本交付劳动者的，由劳动行政部门责令改正；给劳动者造成损害的，应当承担赔偿责任。

（2）用人单位自用工之日起超过1个月不满一年未与劳动者订立书面劳动合同的，应当向劳动者每月支付2倍的工资。

（3）用人单位违反本法规定不与劳动者订立无固定期限劳动合同的，自应当订立无固定期限劳动合同之日起向劳动者每月支付2倍的工资。

（4）用人单位违反本法规定与劳动者约定试用期的，由劳动行政部门责令改正；违法约定的试用期已经履行的，由用人单位以劳动者试用期满月工资为标准，按已经履行的超过法定试用期的期间向劳动者支付赔偿金。

（5）用人单位违反本法规定扣押劳动者居民身份证等证件的，由劳动行政部门责令限期退还劳动者本人，并依照有关法律规定给予处罚。

（6）用人单位违反本法规定以担保或者其他名义向劳动者收取财物的，由劳动行政部门责令限期退还劳动者本人，并以每人500元以上2 000元以下的标准处以罚款；给劳动者造成损害的，应当承担赔偿责任。

（7）劳动合同依照法律规定被确认无效，给劳动者造成损害的，用人单位应当承担赔偿责任。

3. 用人单位履行劳动合同违法的法律责任

（1）用人单位有下列情形之一的，依法给予行政处罚；构成犯罪的，依法追究刑事责任；给劳动者造成损害的，应当承担赔偿责任：

①以暴力、威胁或者非法限制人身自由的手段强迫劳动的；

②违章指挥或者强令冒险作业危及劳动者人身安全的；

③侮辱、体罚、殴打、非法搜查或者拘禁劳动者的；

④劳动条件恶劣、环境污染严重，给劳动者身心健康造成严重损害的。

（2）用人单位有下列情形之一的，由劳动行政部门责令限期支付劳动报酬、加班费；劳动报酬低于当地最低工资标准的，应当支付其差额部分；逾期不支付的，责令用人单位按应付金额 50%以上 100%以下的标准向劳动者加付赔偿金：

①未按照劳动合同的约定或者国家规定及时足额支付劳动者劳动报酬的；

②低于当地最低工资标准支付劳动者工资的；

③安排加班不支付加班费的。

（3）用人单位依照本法的规定应当向劳动者每月支付 2 倍的工资或者应当向劳动者支付赔偿金而未支付的，劳动行政部门应当责令用人单位支付。

4. 用人单位违法解除和终止劳动合同的法律责任

（1）用人单位违反本法规定解除或者终止劳动合同的，应当依照《劳动合同法》规定的经济补偿标准的 2 倍向劳动者支付赔偿金。

（2）用人单位解除或者终止劳动合同，未依照《劳动合同法》规定向劳动者支付经济补偿的，由劳动行政部门责令限期支付经济补偿；逾期不支付的，责令用人单位按应付金额 50%以上 100%以下的标准向劳动者加付赔偿金。

（3）用人单位违反本法规定未向劳动者出具解除或者终止劳动合同的书面证明，由劳动行政部门责令改正；给劳动者造成损害的，应当承担赔偿责任。

（4）劳动者依法解除或者终止劳动合同，用人单位扣押劳动者档案或者其他物品的，由劳动行政部门责令限期退还劳动者本人，并以每人 500 元以上 2 000 元以下的标准处以罚款；给劳动者造成损害的，应当承担赔偿责任。

5. 其他法律责任

（1）用人单位招用与其他用人单位尚未解除或者终止劳动合同的劳动者，给其他用人单位造成损失的，应当承担连带赔偿责任。

（2）劳务派遣单位、用工单位违反《劳动合同法》有关劳务派遣规定的，由劳动行政部门责令限期改正；逾期不改正的，以每位 5 000 元以上 1 万元以下的标准处以罚款，对劳务派遣单位，吊销其劳务排遣业务经营许可证。用工单位给被派遣劳务者造成损害的，劳务派遣单位和用工单位承担连带赔偿责任。

（3）对不具备合法经营资格的用人单位的违法犯罪行为，依法追究法律责任；劳动者已经付出劳动的，该单位或者其出资人应当依照劳动合同法的有关规定向劳动者支付劳动报酬、经济补偿、赔偿金；给劳动者造成损害的，应当承担赔偿责任。

（4）个人承包经营违反劳动合同法规定招用劳动者，给劳动者造成损害的，发包的组织与个人承包经营者承担连带赔偿责任。

（二）*劳动者违反劳动合同法的法律责任*

（1）劳动合同被确认无效，给用人单位造成损失的，有过错的劳动者应当承担赔偿责任。

（2）劳动者违反劳动合同法规定解除劳动合同，给用人单位造成损失的，应当承担赔偿责任。

（3）劳动者违反劳动合同中约定的保密义务或者竞业限制，劳动者应当按照劳动合同的约定，向用人单位支付违约金；给用人单位造成损失的，应当承担赔偿责任。

（4）劳动者违反培训协议，未满服务期解除或者终止劳动合同的，或者因劳动者严重违纪，用人单位与劳动者解除约定服务期的劳动合同的，劳动者应当按照劳动合同的约定，向用人单位支付违约金。

【学习参考案例】

【案情简介】

2006年1月，黄女士进入上海某婚庆公司工作，双方签订劳动合同，黄女士担任公司仓库管理员。其中，2007年度约定月工资为1 800元，2008—2009年约定月工资为1 000元。2008年6月3日，黄女士向公司提出辞职，理由为公司在用工方面不规范、其自身利益受到侵害。同月13日，双方劳动关系解除。其间，黄女士向劳动争议仲裁委员会申请仲裁，要求公司支付2008年年休假工资688.5元，2008年8月，仲裁委员会裁决对此不予支持。黄女士不服仲裁裁决，向南汇区法院提起诉讼。

在法庭上，黄女士认为，因公司未按相关条例安排其年休假，现要求法院判令公司支付2008年应休未休年休假的工资报酬。

公司方称，2008年，黄女士在公司未做满整年，不应该享受年休假，故不同意支付黄女士年休假工资，要求法院驳回黄女士的这一诉讼请求。

【审理判析】

法院审理后认为，根据相关规定，黄女士在公司工作已满1年未满10年，2008年其年休假应为5天。黄女士在公司工作至2008年6月13日，根据工作时间折算，黄女士2008年应休未休年休假为2.26天。现公司未能提供证据证明已安排过黄女士年休假，因此，作为公司方应支付黄女士未休年休假的工资报酬。

据此，上海市南汇区人民法院于2008年11月一审判决上海某婚庆公司支付黄女士2008年未休年休假工资561.10元。该案是上海首例辞职女工要求用人单位支付年休假工资案。

【法理研究】

本案是自2008年1月1日《职工带薪年休假条例》施行以来，上海首例辞职员工要求用人单位支付年休假工资案。本案中，公司认为只有在员工做满整年的前提下才能享有年休假的说法欠妥，因为根据《企业职工带薪年休假实施办法》的规定，在解除或者终止合同时，当年度未安排员工休满应休年假的，应当根据员工已工作的时间折算未休年假的工资报酬，因此，南汇区法院做出如上判决没有任何问题。

第二节　社会保险法律制度

【案例导入】

王某尚处在试用期内，某日在上班途中受到交通事故伤害，住院治疗 2 个月。

问题：

1. 王某是否能被认定为工伤？为什么？

2. 住院期间的工资，单位是否需要支付？支付多少？

一、社会保险概述

社会保险，是指国家依法建立的，由国家、用人单位和个人共同筹集资金、建立基金，使个人在年老（退休）、患病、工伤（因工伤残或者患职业病）、失业、生育等情况下获得物质帮助和补偿的一种社会保障制度。这种保障是依靠国家立法强制实行的社会化保险。所谓社会化保险，一是指资金来源的社会化，社会保险基金中既有用人单位和个人缴纳的保险费，也有国家财政给予的补助；二是指管理的社会化，国家设置专门机构，实行统一规划和管理，统一承担保险金的发放等。

目前我国的社会保险项目主要有基本养老保险、基本医疗保险、工伤保险、失业保险和生育保险。2019 年 3 月 6 日，国务院办公厅印发了《关于全面推进生育保险和职工基本医疗保险合并实施的意见》（国办发〔2019〕10 号），全面推进生育保险和职工医疗保险合并实施。各省（自治区、直辖市）要加强工作部署，督促指导各统筹地区加快落实，2019 年年底前实现两项保险合并实施。

二、基本养老保险

（一）基本养老保险的含义

基本养老保险制度，是指缴费达到法定期限并且个人达到法定退休年龄后，国家和社会提供物质帮助以保证因年老而退出劳动领域者稳定、可靠的生活来源的社会保障制度。基本养老保险是社会保险体系中最重要、实施最广泛的一项制度。

（二）基本养老保险的覆盖范围

1. 基本养老保险制度组成

根据《中华人民共和国社会保险法》（以下简称《社会保险法》）的规定，基本养老保险制度由三个部分组成：职工基本养老保险制度、新型农村社会养老保险制度（简称“新农保”）、城镇居民社会养老保险制度（简称“城居保”）。省、自治区、直辖市人民政府根据实际情况，可以将城镇居民社会养老保险和新型农村社会养老保险合并实施。国务院于 2014 年 2 月 21 日发布了《关于建立统一的城乡居民基本养老保险制度的意见》，决定将新农保和城居保两项制度合并实施，在全国范围内建立统一的城乡居民基本养老保险制度。年满 16 周岁（不含在校学生），非国家机关和事业单位工作人员及不属于职工基本养老保险制度覆盖范围的城乡居民，可以在户籍地参加城乡居民养老保险。本章除特殊说明外，基本养老保险均指职工基本养老保险。

2. 职工基本养老保险

职工基本养老保险费的征缴范围：国有企业、城镇集体企业、外商投资企业、城镇私营企业和其他城镇企业及其职工、实行企业化管理的事业单位及其职工。这是基本养老保险的主体部分，由用人单位和职工共同缴纳。

无雇工的个体工商户、未在用人单位参加基本养老保险的非全日制从业人员以及其他灵活就业人员可以参加基本养老保险，由个人缴纳基本养老保险费。

公务员和参照公务员管理的工作人员养老保险的办法由国务院规定。

（三）职工基本养老保险基金的组成和来源

基本养老保险基金由用人单位和个人缴费以及政府补贴等组成。基本养老保险实行社会统筹与个人账户相结合。基本养老金由统筹养老金和个人账户养老金组成。

养老保险社会统筹，是指统收养老保险缴费和统支养老金，确保收支平衡的公共财务系统。用人单位应当按照国家规定的本单位职工工资总额的比例缴纳基本养老保险费，记入基本养老保险统筹基金。国有企业、事业单位职工参加基本养老保险前，视同缴费年限期间应当缴纳的基本养老保险费由政府承担，基本养老保险基金出现支付不足时，政府给予补贴。

职工按照国家规定的本人工资的比例缴纳基本养老保险费，记入个人账户。个人账户不得提前支取，记账利率不得低于银行定期存款利率，免征利息税。参加职工基本养老保险的个人死亡后，其个人账户中的余额可以全部依法继承。

个人跨统筹地区就业的，其基本养老保险关系随本人转移，缴费年限累计计算。个人达到法定退休年龄时，基本养老金分段计算、统一支付。

无雇工的个体工商户、未在用人单位参加基本养老保险的非全日制从业人员以及其他灵活就业人员参加基本养老保险的，应当按照国家规定缴纳基本养老保险费，分别记入基本养老保险统筹基金和个人账户。

（四）职工基本养老保险费的缴纳与计算

1. 单位缴费

按照现行政策，自 2019 年 5 月 1 日起，降低城镇职工基本养老保险（包括企业和机关事业单位基本养老保险）单位缴费比例。各省、自治区、直辖市及新疆生产建设兵团养老保险单位缴费比例高于 16%的，可降至 16%。

2. 个人缴费

根据现行政策，职工个人按照本人缴费工资的8%缴费，记入个人账户。缴费工资，也称缴费工资基数，一般为职工本人上一年度月平均工资（有条件的地区也可以本人上月工资收入为个人缴费工资基数）。月平均工资按照国家统计局规定列入工资总额统计的项目计算，包括工资、奖金、津贴、补贴等收入，不包括用人单位承担或者支付给员工的社会保险费、劳动保护费、福利费、用人单位与员工解除劳动关系时支付的一次性补偿以及计划生育费用等其他不属于工资的费用。新招职工（包括研究生、大学生、大中专毕业生等）以起薪当月工资收入作为缴费工资基数；从第二年起，按上一年实发工资的月平均工资作为缴费工资基数。

即：个人养老账户月存储额=本人月缴费工资×8%

本人月平均工资低于当地职工月平均工资60%的，按当地职工月平均工资的60%作为缴费基数。本人月平均工资高于当地职工月工资300%的，按当地职工月平均工资的300%作为缴费基数，超过部分不计入缴费工资基数，也不计入计发养老金的基数。

个人缴费不计征个人所得税，在计算个人所得税的应税收入时，应当扣除个人缴纳的养老保险费。

城镇个体工商户和灵活就业人员的缴费基数根据本地全口径城镇单位就业人员平均工资核定社保个人缴费基数上下限，允许缴费人在60%至300%选择适当的缴费基数。缴费比例为20%，其中8%记入个人账户。

（五）职工基本养老保险享受条件与待遇

1. 职工基本养老保险享受条件

（1）年龄条件：达到法定退休年龄。

目前国家实行的法定的企业职工退休年龄是：男年满60周岁，女工人年满50周岁，女干部年满55周岁；从事井下高温、高空、特别繁重体力劳动或其他有害身体健康工作的，退休年龄男年满55周岁，女年满45周岁；因病或非因工致残，由医院证明并经劳动鉴定委员会确认完全丧失劳动能力的，退休年龄为男年满50周岁，女年满45周岁。

（2）缴费条件：累计缴费满15年。

参加基本养老保险的个人，达到法定退休年龄时累计缴费满15年的，按月领取基本养老金。

2. 职工基本养老保险待遇

（1）支付职工基本养老金。

对符合基本养老保险享受条件的人员国家按月支付基本养老金。基本养老金由统筹养老金和个人账户养老金组成。

（2）丧葬补助金和遗属抚恤金。

参加基本养老保险的个人，因病或者非因工死亡的，其遗属可以领取丧葬补助金和抚恤金，所需资金从基本养老保险基金中支付。

但如果个人死亡同时符合领取基本养老保险丧葬补助金、工伤保险丧葬补助金和失业保险丧葬补助金条件的，其遗属只能选择领取其中的一项。

（3）病残津贴。

参加基本养老保险的个人，在未达到法定退休年龄时因病或者非因工致残完全丧失劳动能力的，可以领取病残津贴，所需资金从基本养老保险基金中支付。

三、基本医疗保险

（一）基本医疗保险的含义

基本医疗保险制度，是指按照国家规定缴纳一定比例的医疗保险费，参保人因患病和意外伤害而就医诊疗，由医疗保险基金支付其一定医疗费用的社会保险制度。

（二）基本医疗保险的覆盖范围

1. 职工基本医疗保险

职工应当参加职工基本医疗保险，由用人单位和职工按照国家规定共同缴纳基本医疗保险费。职工基本医疗保险费的征缴范围：国有企业、城镇集体企业、外商投资企业、城镇私营企业和其他城镇企业及其职工，国家机关及其工作人员，事业单位及其职工，民办非企业单位及其职工，社会团体及其专职人员。

无雇工的个体工商户、未在用人单位参加基本医疗保险的非全日制从业人员以及其他灵活就业人员可以参加职工基本医疗保险，由个人按照国家规定缴纳基本医疗保险费。

2. 城乡居民基本医疗保险制度

城乡居民基本医疗保险制度整合了城镇居民基本医疗保险和新型农村合作医疗两项制度。城乡居民基本医疗保险制度覆盖范围包括现有城镇居民基本医疗保险制度和新型农村合作医疗所有应参保（合）人员，即覆盖除职工基本医疗保险应参保人员以外的其他所有城乡居民，统一保障待遇。

（三）职工基本医疗保险费的缴纳

根据《国务院关于建立城镇职工基本医疗保险制度的决定》，基本医疗保险也像基本养老保险一样采用“统账结合”模式，即分别设立社会统筹基金和个人账户基金。

1. 单位缴费

统筹地区统一确定适合当地经济发展水平的基本医疗保险单位缴费率，一般为职工工资总额的6%左右。用人单位缴纳的基本医疗保险费分为两个部分，一部分用于建立统筹基金，一部分划入个人账户。

2. 基本医疗保险个人账户的资金来源

（1）个人缴费部分

统筹地区统一确定适合当地职工负担水平的基本医疗保险个人缴费率，一般为本人工资收入的 2%。

（2）用人单位强制性缴费的划入部分

统筹地区根据个人医疗账户的支付范围和职工年龄等因素确定用人单位所缴医疗保险费划入个人医疗账户的具体比例，一般为 30%左右。

3. 基本医疗保险关系转移接续制度

个人跨统筹地区就业的，其基本医疗保险关系随本人转移，缴费年限累计计算。

4. 退休人员基本医疗保险费的缴纳

参加职工基本医疗保险的个人，达到法定退休年龄时累计缴费达到国家规定年限的，退休后不再缴纳基本医疗保险费，按照国家规定享受基本医疗保险待遇；未达到国家规定缴费年限的，可以缴费至国家规定年限。目前对最低缴费年限没有全国统一的规定，由各统筹地区根据本地情况确定。

（四）职工基本医疗费用的结算

参保人员符合基本医疗保险药品目录、诊疗项目、医疗服务设施标准以及急诊、抢救的医疗费用，按照国家规定从基本医疗保险基金中支付。参保人员医疗费用中应当由基本医疗保险基金支付的部分，由社会保险经办机构与医疗机构、药品经营单位直接结算。

目前各地对职工基本医疗保险费用结算的方式并不一致。要享受基本医疗保险待遇一般要符合以下条件：①参保人员必须到基本医疗保险的定点医疗机构就医、购药或定点零售药店购买药品。②参保人员在看病就医过程中所发生的医疗费用必须符合基本医疗保险药品目录、诊疗项目、医疗服务设施标准的范围和给付标准。

参保人员符合基本医疗保险支付范围的医疗费用中，在社会医疗统筹基金起付标准以上与最高支付限额以下的费用部分，由社会医疗统筹基金按一定比例支付。

起付标准，又称起付线，一般为当地职工年平均工资的 10%左右。最高支付限额，又称封顶线，一般为当地职工年平均工资的 6 倍左右。支付比例一般为 90%。

参保人员符合基本医疗保险支付范围的医疗费用中，在社会医疗统筹基金起付标准以下的费用部分由个人账户资金支付或个人自付；统筹基金起付线以上至封顶线以下的费用部分，个人也要承担一定比例的费用，一般为 10%，可由个人账户支付也可自付。参保人员在封顶线以上的医疗费用部分，可以通过单位补充医疗保险或参加商业保险等途径解决。

（五）基本医疗保险基金不支付的医疗费用

下列医疗费用不纳入基本医疗保险基金支付范围：

（1）应当从工伤保险基金中支付的；

（2）应当由第三人负担的；

（3）应当由公共卫生负担的；

（4）在境外就医的。

医疗费用应当由第三人负担，第三人不支付或者无法确定第三人的，由基本医疗保险基金先行支付，然后向第三人追偿。

（六）医疗期

医疗期是指企业职工因患病或非因工负伤停止工作，治病休息，但不得解除劳动合同的期限。

1. 医疗期期间

企业职工因患病或非因工负伤，需要停止工作，进行医疗时，根据本人实际参加工作年限和在本单位工作年限，给予3个月到24个月的医疗期。

（1）实际工作年限10年以下的，在本单位工作年限5年以下的为3个月，5年以上的为6个月。

（2）实际工作年限10年以上的，在本单位工作年限5年以下的为6个月；5年以上10年以下的为9个月；10年以上15年以下的为12个月；15年以上20年以下的为18个月；20年以上的为24个月。

2. 医疗期的计算方法

医疗期3个月的按6个月内累计病休时间计算；6个月的按12个月内累计病休时间计算；9个月的按15个月内累计病休时间计算；12个月的按18个月内累计病休时间计算；18个月的按24个月内累计病休时间计算；24个月的按30个月内累计病休时间计算。即医疗期的计算从病休第一天开始，累计计算。例如，1名应享受3个月医疗期的职工，如果从2008年3月15日起第一次病休，则该职工医疗期应在3月15日—9月14日6个月内的时间段确定。假设到7月20日，该职工已累计病休3个月，即视为医疗期满。若该职工在7月21日—9月14日再次病休，就无法享受医疗期待遇。

病休期间，公休、假日和法定节日包括在内。对某些患特殊疾病（如癌症、精神病、瘫痪等）的职工，在24个月内尚不能痊愈的，经企业和劳动主管部门批准，可以适当延长医疗期。

3. 医疗期内的待遇

企业职工在医疗期内，其病假工资、疾病救济费和医疗待遇按照有关规定执行。病假工资或疾病救济费可以低于当地最低工资标准支付，但最低不能低于最低工资标准的80%。医疗期内不得解除劳动合同。如医疗期内遇合同期满，则合同必须续延至医疗期满，职工在此期间仍然享受医疗期内待遇。对医疗期满尚未痊愈者，或者医疗期满后，不能从事原工作，也不能从事用人单位另行安排的工作，被解除劳动合同的，用人单位需按经济补偿规定给予其经济补偿。

四、工伤保险

（一）工伤保险的含义

工伤保险，是指劳动者在职业工作中或规定的特殊情况下遭遇意外伤害或职业病，导致暂时或永久丧失劳动能力以及死亡时，劳动者或其遗属能够从国家和社会获得物质帮助的社会保险制度。

（二）工伤保险费的缴纳和工伤保险基金

1. 工伤保险费的缴纳

职工应当参加工伤保险，由用人单位缴纳工伤保险费，职工则不需要缴纳。

中华人民共和国境内的企业、事业单位、社会团体、民办非企业单位、基金会、律师事务所、会计师事务所等组织和有雇工的个体工商户（以下简称“用人单位”）应当依照工伤保险条例的规定参加工伤保险，为本单位全部职工或者雇工（以下简称“职工”）缴纳工伤保险费。中华人民共和国境内的企业、事业单位、社会团体、民办非企业单位、基金会、律师事务所、会计师事务所等组织的职工和个体工商户的雇工，均有依照规定享受工伤保险待遇的权利。

用人单位应当按照本单位职工工资总额，根据社会保险经办机构确定的费率按时足额缴纳工伤保险费。用人单位缴纳工伤保险费的数额为本单位职工工资总额乘以单位缴费费率之积。工资总额，是指用人单位直接支付给本单位全部职工的劳动报酬总额。

对难以按照工资总额缴纳工伤保险费的行业，其缴纳工伤保险费的具体方式，由国务院社会保险行政部门规定。例如，建筑施工企业可以建筑施工项目为单位，按照项目工程总造价的一定比例，计算缴纳工伤保险费。商贸、餐饮、住宿、美容美发、洗浴以及文体娱乐等小型服务业企业以及有雇工的个体工商户，可以按照营业面积的大小核定应参保人数，按照所在统筹地区上一年度职工月平均工资的一定比例和相应的费率，计算缴纳工伤保险费；也可以按照营业额的一定比例计算缴纳工伤保险费。小型矿山企业可以按照总产量、吨矿工资含量和相应的费率计算缴纳工伤保险费。

2. 工伤保险基金

工伤保险基金由用人单位缴纳的工伤保险费、工伤保险基金的利息和依法纳入工伤保险基金的其他资金构成。

工伤保险基金存入社会保障基金财政专户，用于《工伤保险条例》规定的工伤保险待遇，劳动能力鉴定，工伤预防的宣传、培训等费用，以及法律、法规规定的用于工伤保险的其他费用的支付。

任何单位或者个人不得将工伤保险基金用于投资运营、兴建或者改建办公场所、发放奖金，或者挪作其他用途。

（三）工伤认定与劳动能力鉴定

1. 工伤认定

（1）应当认定工伤的情形

职工有下列情形之一的，应当认定为工伤：

①在工作时间和工作场所内，因工作原因受到事故伤害的；

②工作时间前后在工作场所内，从事与工作有关的预备性或收尾性工作受到事故伤害的；

③在工作时间和工作场所内，因履行工作职责受到暴力等意外伤害的；

④患职业病的；

⑤因工外出期间，由于工作原因受到伤害或者发生事故下落不明的；

⑥在上下班途中，受到非本人主要责任的交通事故或者城市轨道交通、客运轮渡、火车事故伤害的；

⑦法律、行政法规规定应当认定为工伤的其他情形。

（2）视同工伤的情形

职工有下列情形之一的，视同工伤：

①在工作时间和工作岗位突发疾病死亡或者在48小时内经抢救无效死亡的；

②在抢险救灾等维护国家利益、公共利益活动中受到伤害的；

③原在军队服役，因战、因公负伤致残，已取得革命伤残军人证，到用人单位后旧伤复发的。

（3）不认定为工伤的情形

职工因下列情形之一导致本人在工作中伤亡的，不认定为工伤：

①故意犯罪；

②醉酒或者吸毒；

③自残或者自杀；

④法律行政法规规定的其他情形。

2. 劳动能力鉴定

劳动能力鉴定是指劳动功能障碍程度和生活自理障碍程度的等级鉴定。

劳动功能障碍分为十个伤残等级，最重的为一级，最轻的为十级。生活自理障碍分为三个等级：生活完全不能自理、生活大部分不能自理和生活部分不能自理。劳动能力鉴定标准由国务院社会保险行政部门会同国务院卫生行政部门等部门制定。

自劳动能力鉴定结论做出之日起1年后，工伤职工或者其近亲属、所在单位或者经办机构认为伤残情况发生变化的，可以申请劳动能力复查鉴定。

（四）工伤保险待遇

职工因工作原因受到事故伤害或者患职业病且经工伤认定的，享受工伤保险待遇；其中经劳动能力鉴定丧失劳动能力的，享受伤残待遇。

1. 工伤医疗待遇

职工因工作遭受事故伤害或者患职业病进行治疗，可享受的工伤医疗待遇包括：

（1）治疗工伤的医疗费用（诊疗费、药费、住院费）。职工治疗工伤应当在签订服务协议的医疗机构就医，情况紧急时可以先到就近的医疗机构急救。治疗工伤所需费用符合工伤保险诊疗项目目录、工伤保险药品目录、工伤保险住院服务标准的，从工伤保险基金支付。

（2）住院伙食补助费及交通食宿费。职工住院治疗工伤的伙食补助费，以及经医疗机构出具证明，报经办机构同意，工伤职工到统筹地区以外就医所需的交通、食宿费用按标准从工伤保险基金支付。

（3）康复性治疗费。工伤职工到签订服务协议的医疗机构进行工伤康复的费用，符合规定的，从工伤保险基金支付。

（4）辅助器具装配费。工伤职工因日常生活或者就业需要，经劳动能力鉴定委员会确认，可以安装假肢、矫形器、假眼、假牙和配置轮椅等辅助器具，所需费用按照国家规定的标准从工伤保险基金支付。

（5）停工留薪期工资福利待遇。职工因工作遭受事故伤害或者患职业病需要暂停工作接受工伤医疗的，在停工留薪期内，原工资福利待遇不变，由所在单位按月支付。另外，生活不能自理的工伤职工在停工留薪期需要护理的，由所在单位负责。

停工留薪期一般不超过12个月。伤情严重或者情况特殊，经设区的市级劳动能力鉴定委员会确认，可以适当延长，但延长不得超过12个月。

工伤职工评定伤残等级后，停止享受停工留薪期待遇，按照规定享受伤残待遇。工伤职工在停工留薪期满后仍需治疗的，继续享受工伤医疗待遇。但工伤职工治疗非工伤引发的疾病，不享受工伤医疗待遇，按照基本医疗保险办法处理。

3. 伤残待遇

经劳动能力鉴定委员会鉴定，评定伤残等级的工伤职工，享受伤残待遇。包括：

（1）生活护理费。工伤职工已经评定伤残等级并经劳动能力鉴定委员会确认需要生活护理的，从工伤保险基金按月支付生活护理费。

（2）一次性伤残补助金。职工因工致残被鉴定为一级至十级伤残的，从工伤保险基金按伤残等级支付一次性伤残补助金。

（3）伤残津贴。职工因工致残被鉴定为一级至四级伤残的，保留劳动关系，退出工作岗位，从工伤保险基金按月支付伤残津贴，伤残津贴实际金额低于当地最低工资标准的，由工伤保险基金补足差额。职工因工致残被鉴定为五级、六级伤残的，保留与用人单位的劳动关系，由用人单位安排适当工作。难以安排工作的，由用人单位按月发给伤残津贴。伤残津贴实际金额低于当地最低工资标准的，由工伤保险基金补足差额。

（4）一次性工伤医疗补助金和一次性伤残就业补助金。五级、六级伤残，经工伤职工本人提出，可以与用人单位解除或者终止劳动关系；七级至十级伤残，劳动、聘用合同期满终止，或者职工本人提出解除劳动、聘用合同的，由工伤保险基金支付一次性工伤医疗补助金，由用人单位支付一次性伤残就业补助金。一次性工伤医疗补助金和一次性伤残就业补助金的具体标准由省、自治区、直辖市人民政府规定。

3. 工亡待遇

职工因工死亡，或者伤残职工在停工留薪期内因工伤导致死亡的，其近亲属可从工伤保险基金领取丧葬补助金、供养亲属抚恤金和一次性工亡补助金。

（1）丧葬补助金，为6个月的统筹地区上年度职工月平均工资。

（2）供养亲属抚恤金，按照职工本人工资的一定比例发放给由因工死亡职工生前提供主要生活来源、无劳动能力的亲属。供养亲属的具体范围由国务院社会保险行政部门规定。

（3）一次性工亡补助金，为上一年度全国城镇居民人均可支配收入的20倍。

一至四级伤残职工在停工留薪期满后死亡的，其近亲属可以享受前两项遗属待遇，不享受一次性工亡补助金待遇。

（五）工伤保险费用支付途径

（1）由工伤保险基金支付的费用：

①治疗工伤的医疗费用和康复费用；

②住院伙食补助费；

③到统筹地区以外就医的交通食宿费；

④安装配置伤残辅助器具所需费用；

⑤生活不能自理的，经劳动能力鉴定委员会确认的生活护理费；

⑥一次性伤残补助金和一至四级伤残职工按月领取的伤残津贴；

⑦终止或者解除劳动合同时，应当享受的一次性医疗补助金；

⑧因工死亡的，其遗属领取的丧葬补助金、供养亲属抚恤金和因工死亡补助金；

⑨劳动能力鉴定费。

（2）由用人单位支付的费用：

①治疗工伤期间的工资福利；

②五级、六级伤残职工按月领取的伤残津贴；

③终止或者解除劳动合同时，应当享受的一次性伤残就业补助金。

（六）特别规定

（1）工伤保险中所称的本人工资，是指工伤职工因工作遭受事故伤害或者患职业病前12个月平均月缴费工资。本人工资高于统筹地区职工平均工资300%的，按照统筹地区职工平均工资的300%计算；本人工资低于统筹地区职工平均工资60%的，按照统筹地区职工平均工资的60%计算。

（2）工伤职工有下列情形之一的，停止享受工伤保险待遇：

①丧失享受待遇条件的；

②拒不接受劳动能力鉴定的；

③拒绝治疗的。

（3）因工致残享受伤残津贴的职工达到退休年龄并办理退休手续后，停发伤残津贴，享受基本养老保险待遇。基本养老保险待遇低于伤残津贴的，由工伤保险基金补足差额。

（4）职工所在用人单位未依法缴纳工伤保险费，发生工伤事故的，由用人单位支付工伤保险待遇。用人单位不支付的，从工伤保险基金中先行支付，由用人单位偿还。用人单位不偿还的，社会保险经办机构可以追偿。

（5）由于第三人的原因造成工伤，第三人不支付工伤医疗费用或者无法确定第三人的，由工伤保险基金先行支付。工伤保险基金先行支付后，有权向第三人追偿。

（6）职工（包括非全日制从业人员）在两个或者两个以上用人单位同时就业的，各用人单位应当分别为职工缴纳工伤保险费。职工发生工伤时，由职工受到伤害时工作的单位依法承担工伤保险责任。

五、失业保险

（一）失业保险的含义

失业保险是指处于法定劳动年龄阶段的劳动者，有劳动能力和劳动愿望，但却没有劳动岗位的一种状态。失业保险是国家通过立法强制实行的，由社会集中建立基金，保障因失业而暂时中断生活来源的劳动者的基本生活，并通过职业训练、职业介绍等措施促进其重新就业的社会保险制度。

（二）失业保险费的缴纳

失业保险费的征缴范围：国有企业、城镇集体企业、外商投资企业、城镇私营企业和其他城镇企业（统称“城镇企业”）及其职工，事业单位及其职工。

社会保险法规定，职工应当参加失业保险，由用人单位和职工按照国家规定共同缴纳失业保险费。

根据《失业保险条例》的规定，城镇企业事业单位按照本单位工资总额的2%缴纳失业保险费，职工按照本人工资的1%缴纳失业保险费。根据人力资源和社会保障部、财政部于2017年2月16日发布的《关于阶段性降低失业保险费率有关问题的通知》，从2017年1月1日起，失业保险总费率为1.5%的省（区、市），可以将总费率降至1%，降低费率的期限执行至2018年4月30日。2018年4月20日，人力资源社会保障部、财政部发布了《关于继续阶段性降低社会保险费率的通知》，规定如下：自2018年5月1日起，在保持八类费率总体稳定的基础上，工伤保险基金累计结余可支付月数在18（含）至23个月的统筹地区，可以现行费率为基础下调 20%；累计结余可支付月数在 24 个月（含）以上的统筹地区，可以现行费率为基础下调 50%。降低费率的期限暂执行至 2019 年 4 月 30 日。具体方案由各省（区、市）研究确定。

职工跨统筹地区就业的，其失业保险关系随本人转移，缴费年限累计计算。

（三）失业保险待遇

1. 失业保险待遇的享受条件

（1）失业前用人单位和本人已经缴纳失业保险费满 1 年的。

（2）非因本人意愿中断就业的，包括劳动合同终止；用人单位解除劳动合同；被用人单位开除、除名和辞退；因用人单位过错由劳动者解除劳动合同；法律、法规、规章规定的其他情形。

（3）已经进行失业登记并有求职要求的。

2. 失业保险金的领取期限

用人单位应当及时为失业人员出具终止或者解除劳动关系的证明，并将失业人员的名单自终止或者解除劳动关系之日起 7 日内报受理其失业保险业务的经办机构备案。失业人员应当持本单位为其出具的终止或者解除劳动关系的证明，及时到指定的公共就业服务机构办理失业登记。失业人员应在终止或者解除劳动合同之日起 60 日内到受理其单位失业保险业务的经办机构申领失业保险金。

失业人员失业前用人单位和本人累计缴费满 1 年不足 5 年的，领取失业保险金的期限最长为 12 个月；累计缴费满 5 年不足 10 年的，领取失业保险金的期限最长为 18 个月；累计缴费 10 年以上的，领取失业保险金的期限最长为 24 个月。重新就业后，再次失业的，缴费时间重新计算，领取失业保险金的期限与前次失业应当领取而尚未领取的失业保险金的期限合并计算，最长不超过 24 个月。失业人员因当期不符合失业保险金领取条件的，原有缴费时间予以保留，重新就业并参保的，缴费时间累计计算。

3. 失业保险金的发放标准

失业保险金的标准，不得低于城市居民最低生活保障标准。一般也不高于当地最低工资标准，具体数额由省、自治区、直辖市人民政府确定。

4. 失业保险待遇

（1）领取失业保险金。

（2）领取失业保险金期间的基本医疗保险费。

失业人员在领取失业保险金期间，参加职工基本医疗保险，享受基本医疗保险待遇。失业人员应当缴纳的基本医疗保险费从失业保险基金中支付，个人不缴纳基本医疗保险费。

（3）领取失业保险金期间的死亡补助。

失业人员在领取失业保险金期间死亡的，参照当地对在职职工死亡的规定，向其遗属发给一次性丧葬补助金和抚恤金，所需资金从失业保险基金中支付。

个人死亡同时符合领取基本养老保险丧葬补助金、工伤保险丧葬补助金和失业保险丧葬补助金条件的，其遗属只能领取其中的一项。

（4）职业介绍与职业培训补贴。

失业人员在领取失业保险金期间，应当积极求职，接受职业介绍和职业培训。失业人员接受职业介绍、职业培训的补贴由失业保险基金按照规定支付。补贴的办法和标准由省、自治区、直辖市人民政府规定。

（5）国务院规定或者批准的与失业保险有关的其他费用。

（四）停止领取失业保险金及其他失业保险待遇的情形

失业人员在领取失业保险金期间有下列情形之一的，停止领取失业保险金，并同时停止享受其他失业保险待遇：

（1）重新就业的；

（2）应征服兵役的；

（3）移居境外的；

（4）享受基本养老保险待遇的；

（5）无正当理由，拒不接受当地人民政府指定的部门或者机构介绍的适当工作或者提供的培训的。

六、社会保险费征缴与管理

（一）社会保险登记

1. 用人单位的社会保险登记

根据《人力资源社会保障部办公厅关于做好企业“五证合一”社会保险登记工作的通知》，从2016年10月1日起，在工商部门登记的企业和农民专业合作社（统称“企业”）按照“五证合一、一照一码”登记制度进行社会保险登记证管理。新成立的企业在办理工商注册登记时，同步完成企业的社会保险登记。企业以外的缴费单位应当自成立之日起30日内，向当地社会保险经办机构申请办理社会保险登记。

2. 个人的社会保险登记

用人单位应当自用工之日起30日内为其职工向社会保险经办机构申请办理社会保险登记。

自愿参加社会保险的无雇工的个体工商户、未在用人单位参加社会保险的非全日制从业人员以及其他灵活就业人员，应当向社会保险经办机构申请办理社会保险登记。

（二）社会保险费缴纳

1. 用人单位缴纳义务

用人单位应当自行申报、按时足额缴纳社会保险费，非因不可抗力等法定事由不得缓缴、减免。

职工应当缴纳的社会保险费由用人单位代扣代缴，用人单位应当按月将缴纳社会保险费的明细情况告知本人。

无雇工的个体工商户、未在用人单位参加社会保险的非全日制从业人员以及其他灵活就业人员，可以直接向社会保险费征收机构缴纳社会保险费。

2. 社会保险费征收机构的权利义务

社会保险费征收机构应当依法按时足额征收社会保险费，并将缴费情况定期告知用人单位和个人。

用人单位未按规定申报应当缴纳的社会保险费数额的，按照该单位上月缴费额的110%确定应当缴纳数额；缴费单位补办申报手续后由社会保险费征收机构按照规定结算。

用人单位未按时足额缴纳社会保险费的，由社会保险费征收机构责令其限期缴纳或者补足用人单位逾期仍未缴纳或者补足社会保险费的，社会保险费征收机构可以向银行和其他金融机构查询其存款账户；并可以申请县级以上有关行政部门做出划拨社会保险费的决定，书面通知其开户银行或者其他金融机构划拨社会保险费。用人单位账户余额少于应当缴纳的社会保险费的，社会保险费征收机构可以要求该用人单位提供担保，签订延期缴费协议。用人单位未足额缴纳社会保险费且未提供担保的，社会保险费征收机构可以申请人民法院扣押，查封、拍卖其价值相当于应当缴纳社会保险费的财产以拍卖所得抵缴社会保险费。

（二）社会保险基金管理运营

社会保险基金按照社会保险险种分别建账，分账核算，执行国家统一的会计制度。社会保险基金专款专用，任何组织和个人不得侵占或者挪用。

社会保险基金存入财政专户，按照统筹层次设立预算，通过预算实现收支平衡。社会保险基金预算按照社会保险项目分别编制。县级以上人民政府在社会保险基金出现支付不足时，给予补贴。社会保险经办机构应当定期向社会公布参加社会保险情况以及社会保险基金的收入、支出、结余和收益情况。

社会保险基金在保证安全的前提下，按照国务院规定投资运营实现保值增值，不得违规投资运营，不得用于平衡其他政府预算，不得用于兴建、改建办公场所和支付人员经费、运行费用、管理费用，或者违反法律、行政法规规定挪作其他用途。

七、违反社会保险法的法律责任

（一）用人单位违反社会保险法的法律责任

（1）用人单位不办理社会保险登记的，由社会保险行政部门责令限期改正，逾期不改正的，对用人单位处应缴社会保险费数额1倍以上3倍以下的罚款，对其直接负责的主管人员和其他直接责任人员处500元以上3 000元以下的罚款。

（2）用人单位未按时足额缴纳社会保险费的，由社会保险费征收机构责令限期缴纳或者补足，并自欠缴之日起，按日加收0.05%的滞纳金；逾期仍不缴纳的，由有关行政部门处欠缴数额1倍以上3倍以下的罚款。

（3）用人单位拒不出具终止或者解除劳动关系证明的，由劳动行政部门责令改正；给劳动者造成损害的，应当承担赔偿责任。

（二）骗保行为的法律责任

（1）以欺诈、伪造证明材料或者其他手段骗取社会保险待遇的，由社会保险行政部门责令退回骗取的社会保险金，处骗取金额2倍以上5倍以下的罚款。

（2）社会保险经办机构以及医疗机构、药品经营单位等社会保险服务机构以欺诈、伪造证明材料或者其他手段骗取社会保险基金支出的，由社会保险行政部门责令退回骗取的社会保险金，处骗取金额2倍以上5倍以下的罚款；属于社会保险服务机构的，解除服务协议；直接负责的主管人员和其他直接责任人员有执业资格的，依法吊销其执业资格。

（三）社会保险经办机构、社会保险费征收机构、社会保险服务机构等机构的法律责任

（1）社会保险经办机构及其工作人员有下列行为之一的，由社会保险行政部门责令改正；给社会保险基金、用人单位或者个人造成损失的，依法承担赔偿责任；对直接负责的主管人员和其他直接责任人员依法给予处分：①未履行社会保险法定职责的；②未将社会保险基金存入财政专户的；③克扣或者拒不按时支付社会保险待遇的；④丢失或者篡改缴费记录、享受社会保险待遇记录等社会保险数据、个人权益记录的；⑤有违反社会保险法律、法规的其他行为的。

（2）社会保险费征收机构擅自更改社会保险费缴费基数、费率，导致少收或者多收社会保险费的，由有关行政部门责令其追缴应当缴纳的社会保险费或者退还不应当缴纳的社会保险费，对直接负责的主管人员和其他直接责任人员依法给予处分。

（3）违反社会保险法规定，隐匿、转移、侵占、挪用社会保险基金或者违规投资运营的，由社会保险行政部门、财政部门、审计机关责令追回；有违法所得的，没收违法所得；对直接负责的主管人员和其他直接责任人员依法给予处分。

（4）社会保险行政部门和其他有关行政部门、社会保险经办机构、社会保险费征收机构及其工作人员泄露用人单位和个人信息的，对直接负责的主管人员和其他直接责任人员依法给予处分；给用人单位或者个人造成损失的，应当承担赔偿责任。

（5）国家工作人员在社会保险管理、监督工作中滥用职权、玩忽职守、徇私舞弊的，依法给予处分。

（6）违反社会保险法规定，构成犯罪的，依法追究刑事责任。

【思考题】

1. 小乔为锅炉工，午休时在宿舍喝了几瓶酒，导致在工作中因醉酒操作失误，锅炉爆炸将其右腿炸伤。小乔能否被认定为工伤？为什么？

2. 什么样的失业人员可以从失业保险基金中领取失业保险金？

3. 2020 年 1 月 10 日，小王入职时，公司告知他有 3 个月的试用期，但是没有与小王签订书面的劳动合同。2020 年 3 月 15 日，公司通知小王，由于他在试用期表现不佳，所以公司决定辞退他。但小王觉得很委屈，因为他自认在试用期工作努力表现良好。在这种情况下，小王应该怎么办？

4. 公司派王某到美国接受为期 6 个月的专业技术培训，培训费用为 3.6 万元，公司和王某签订一个服务期协议：王某接受培训后必须为公司服务 3 年，否则，要向公司支付违约金。如果王某培训后工作满 2 年后想解除劳动合同。那么王某应该支付多少违约金？

5. 2017 年 7 月 1 日，张某大学毕业后到甲公司工作，双方签订了为期 3 年的劳动合同。2020 年 5 月 20 日，张某患病住院。住院期间，甲公司停发张某全部工资，并以不能适应工作为由，解除与张某的劳动合同。分析甲公司的做法是否符合法律规定，张某应享有哪些权益？

【学习参考案例】

吴某在定点医院做外科手术，共发生医疗费用 18 万元，其中在规定医疗目录内的费用为 15 万元，目录以外费用 3 万元。若当地职工月平均工资为 2 000 元。分析计算哪些费用可以从统筹账户中报销，哪些费用需要由吴某自理。

【解析】

1. 医疗报销起付标准（起付线）为 2 000 ×12 × 10% =2 400（元）；

2. 最高支付限额（封顶线）为 2 000×12×6=144 000（元）；

即吴某医疗费用中在 2 400 元以上、144 000 元以下部分可以从统筹账户予以报销。

3. 报销比例为 90%。吴某可以报销的费用为（144 000–2 400）× 90% = 127 440（元）；

4. 由吴某本人负担的部分为 180 000–127 440=52 560（元）

其中：①起付线以下部分：2 400 元；

②起付线以上、封顶线以下自费部分：（144 000–2 400）×10% = 14 160（元）；

③目录内封顶线以上部分：150 000–144 000=6 000（元）；

④目录外部分：180 000–150 000=30 000（元）。

第五章　公司法律制度

【本章学习要求】

1. 掌握有限责任公司的设立、组织机构、股权转让。
2. 掌握股份有限公司的设立、组织机构。
3. 掌握公司董事、监事、高级管理人员的资格和义务。
4. 掌握公司股票和公司债券的发行和转让。
5. 掌握公司财务、会计的基本要求和公司利润分配。
6. 熟悉一人有限责任公司和国有独资公司的特别规定。
7. 熟悉上市公司组织机构的特别规定。
8. 熟悉公司的合并、分立、增资、减资以及公司的解散与清算。
9. 熟悉股东诉讼。
10. 了解公司的种类及公司法人财产权。
11. 了解违反公司法的法律责任。

【案例导入】“真功夫”股东纠纷

1990年6月18日，17岁的潘宇海开始创业，在东莞市长安镇107国道边上开办“168甜品屋”，经营甜品及快餐生意，由于经营有方及对美食的天赋，小店在当地很快就有了名气，经营规模不断扩大。

1994年，由于潘宇海的姐姐潘敏峰与姐夫蔡达标在经营五金店倒闭后一直没有正式职业，为帮助处于困境中的姐姐和姐夫，潘宇海拿出“168甜品屋”（后改为“蒸品店”）50%的股份给蔡达标、潘敏峰夫妇，让其一道参与经营。潘宇海负责全面管理，蔡达标负责前厅待客，潘敏峰负责财务和采购。

经过几年的潜心研究，潘宇海于1997年提出蒸柜的整体设计思路，并委托大学教授进行电路设计，最终成功研制出电脑程控一体化蒸柜，一举解决了中餐标准化的历史性难题，使中式快餐连锁化成为可能。在此基础上，“168蒸品店”改组为“东莞市双种子饮食有限公司”，开始在东莞市快速扩张，潘宇海任双种子公司董事长、总经理、法定代表人至今。

2003年，双种子公司与叶茂中营销策划机构合作，对公司品牌和全国性经营战略重新定位策划，“真功夫”品牌正式确立，并于2004年开出第一家真功夫餐厅，定位于“蒸”文化，开始全国大发展。当时潘宇海占双种子股权50%，蔡达标、潘敏峰夫妇占50%，大家商定潘宇海负责企业内部管理，蔡达标负责外勤事务的分工，潘敏峰负责资金管理。

2006年，真功夫品牌在实施走向全国的战略中需要资金，遂开始与风险投资机构接洽，并从只注重企业经营向注重宣传包装转换，为公司进行股份制改造和上市做准备。从这一时期开始，负责外勤的蔡达标作为企业的形象代言人代表企业不断出现在各种会议和媒体上，在为企业宣传的同时蔡达标为自己披上了很多光环，潘宇海则继续潜心于企业管理和开疆拓土，将门店从华南扩展到华东、华北，完成了全国性布点，并经营良好，很快就使企业成了本土中式快餐企业的第一品牌。

2006年6月，真功夫进入“2005年度中国快餐企业20强”，排名第六，位居本土快餐品牌第一。当年10月，真功夫当选中国快餐十佳品牌企业。

2007年，公司正式引进两家知名风投“今日资本（香港）”与“中山联动”，两家风险投资基金各占股3%，之后公司进行了重组。为使公司上市不受影响，按照风投的要求，公司改组采用“装资产不装股权”的方式，即将原双种子公司和蒸品店的所有资产及其180余家门店装入新成立的“中外合资经营真功夫餐饮管理有限公司”（现公司），原双种子公司保留并作为合资公司的持股公司。一直负责主外的蔡达标以方便对外交际为由，要求出任第一届合资公司董事长，由于合资公司只是过渡性安排，公司已制订3~4年的上市计划，合资公司须提前改制为股份制公司，创始人潘宇海等股东当时没有反对，但从此为股东纠纷埋下祸根。

2007年，真功夫重组完成后股权结构为：潘宇海与蔡达标分别持股41.74%，双种子公司持股10.52%；两家风投“中山联动”与“今日资本”各持股3%。双种子公司一直由潘宇海主持工作并担任法定代表人从未变更过（潘宇海与蔡达标各持有双种子公司50%股份）。从个人持股情况看，潘宇海与蔡达标股份相同，但从实际控制的股权数量看，潘宇海直接控制52.26%股份，蔡达标只实际控制41.74%股份。

由于2006年潘宇海的姐姐潘敏峰因为实在无法忍受蔡达标糜烂的私生活与蔡达标离婚，但蔡达标以公司正在引进风投谈判中，离婚消息传出去和股权分割后风投就不会进来等为由要求潘敏峰对离婚消息保密和股权交其一人管理。

2007年真功夫成功引进风投后，对公司的经营管理要求更为规范，原来作为家族企业无所谓的关联交易和人事安排需要切断和规范，蔡达标借机提出了“去家族化”的口号，这本是好事情，各方股东都没有意见，但蔡达标却把“去家族化”作为其排挤公司其他股东和打击异己的工具。一是对于关联交易的处理，在公司新规出来后，潘宇海发现蔡家关联交易不仅没有切断，反而不断增加，遂在董事会上明确提出应当限期清理，蔡达标表面上同意并向董事会写下书面保证，但背地里却叫其兄弟姐妹们换个“马甲”做供应商。二是关于人事问题，蔡达标借“去家族化”把公司与潘关系密切的管理人员借机赶走，潘宇海认为对一些企业功臣的处理不人道，双方发生争执。

2008年上半年，潘宇海与蔡达标产生隔阂，由于合资公司董事长蔡达标停开董事会，为摆脱僵局，在另一小股东今日资本的出面调停下，潘宇海做出让步，由公司出资5 000万元独立重新创建一个新品牌（“哈大师”），董事会形成书面决议。然而，当潘宇海刚刚完成新项目后勤基地建设和开设两家门店后，在新项目还未来得及完成首期布点，蔡达标就采取了“断粮”的措施，在首期投入1 600万元后，把持了公司财务并置董事会的决议于不顾，任凭股东们如何催促也不再投入一分钱，新项目因此夭折。

2009年，潘宇海发现真功夫主要供应链全部由蔡达标的兄弟姐妹控制，而公司掌控采购大权的也是其妹蔡春媚，其时公司利润严重下滑，公司经营每况愈下，财务反映经常有大额异常资金拨付。此时，蔡达标以运营资金缺乏为由要求董事会通过同意向银行贷款的决议，潘宇海对此提出要先审计看账，然后再看是否需要申请贷款。蔡达标坚决不同意查账，董事会因此不欢而散。

2008—2009年，蔡达标以“去家族化”为名，逐步排挤潘宇海。虽然潘宇海选择了隐忍和退让，但最终还是被逼到连公司大门、公司网站都进不去的地步。潘宇海与蔡达标的矛盾由此激化。

2010年，潘宇海拿起法律武器开始维权，通过知情权诉讼开始司法审计。司法审计发现了蔡达标的违法犯罪线索，司法机关于2011年开始对蔡达标立案侦查。2011年3月17日，真功夫多名涉案高管被审查，蔡达标逃跑。同年4月蔡达标被公安机关在厦门抓获。2013年12月，蔡达标因涉嫌挪用资金、职务侵占等犯罪一案在广州市天河区人民法院迎来了一审判决。蔡达标因犯职务侵占罪，判处有期徒刑10年，并处没收财产人民币100万元；犯挪用资金罪，判处有期徒刑6年。数罪并罚，决定执行有期徒刑14年，并处没收财产人民币100万元。

2011年3月17日蔡达标潜逃后，依公司法及章程规定，公司由副董事长潘宇海主持工作，后经公司董事会选举潘宇海为公司代理董事长和董事长。在真功夫风雨飘摇之际，潘宇海回到真功夫。当时的真功夫在三年浩劫期间，蔡达标在“转移公司利润、削弱公司增值能力”的理念指导下，开店数量仅百余家，营业额同比几乎没有增长，经营接近亏损，发展陷于绝境中。潘宇海通过斩断利益输送链条、调整经营策略、提升经营理念等方法，带领公司排除一切非法干扰，潜心经营，逐渐走出困境，于危机中稳定了真功夫。真功夫的发展重新回到正常轨道。

第一节　公司法律制度概述

一、公司的概念和种类

（一）公司的概念

根据我国立法的原则规定，公司是指依法设立的，以营利为目的的，由股东投资形成的企业法人。企业是指从事商品生产、流通或者服务活动，在法律上具有一定独立地位的营利性经济组织。

从法律上讲，我国的公司具有以下四项特征：

1. 依法设立

这是指公司必须依法定条件、法定程序设立。一方面要求公司的章程、资本、组织机构、活动原则等必须合法；另一方面，要求公司设立要经过法定程序，进行工商登记。公司通常依公司法设立，但有时还必须符合其他法律规定，如商业银行法、保险法、证券法等。

2. 以营利为目的

以营利为目的，是指股东即出资者设立公司是为了盈利，即从公司经营中取得利润。因此，盈利目的不仅要求公司本身为盈利而活动，而且要求公司有盈利时应当分配给股东。某些具有盈利活动的组织，如果其利润不进行分配，而是用于社会公益等其他目的，则不属于以营利为目的的公司性质。

3. 以股东投资行为为基础设立

公司由股东的投资行为设立，股东投资行为形成的权利是股权。股权是一种独立的特殊权利，不同于所有权，也不同于经营权等物权，更不同于债权。《中华人民共和国公司法》（以下简称《公司法》）规定，公司股东依法享有受益、参与重大决策和选择管理者等权利。

4. 具有法人资格

公司是企业法人，应当符合《中华人民共和国民法典》规定的法人条件，主要是独立的法人财产和独立承担民事责任。我国《公司法》规定的有限责任公司和股份有限公司都具有法人资格，股东以其认缴的出资额或者认购的股份为限对公司承担有限责任。

（二）公司的种类

按照法律的规定或学理的标准，可以将公司分为不同的种类。

1. 以公司资本结构和股东对公司债务承担责任的方式为标准的分类

（1）有限责任公司，又称有限公司，是指股东以其认缴的出资额为限对公司承担责任，公司以其全部财产对公司的债务承担责任的公司。

（2）股份有限公司，又称股份公司，是指将公司全部资本分为等额股份，股东以其认购的股份为限对公司承担责任，公司以其全部财产对公司的债务承担责任的公司。

（3）无限公司，是指由两个以上的股东组成，全体股东对公司的债务承担无限连带责任的公司。无限公司与合伙具有基本相同的法律属性，但不同的是有些国家规定无限公司具有法人资格。

（4）两合公司，是指由负无限责任的股东和负有限责任的股东组成，无限责任股东对公司债务负无限连带责任，有限责任股东仅就其认缴的出资额为限对公司债务承担责任的公司。其中，无限责任股东是公司的经营管理者，有限责任股东则是不参与经营管理的出资者。

我国《公司法》规定的公司形式仅为有限责任公司和股份有限公司。

2. 以公司的信用基础为标准的分类

（1）资合公司，是指以资本的结合作为信用基础的公司，其典型的形式为股份有限公司。此类公司仅以资本的实力取信于人，股东个人是否有财产、能力或者信誉与公司无关。股东对公司债务以出资为限承担有限的责任，共同设立公司原则上不以相互信任为前提。

（2）人合公司，是指以股东个人的财力、能力和信誉作为信用基础的公司，其典型的形式为无限公司。人合公司的财产及责任与股东的财产及责任没有完全分离，其不以自身资本为信用基础，法律上也不规定设立公司的最低资本额，股东可以用劳务、信用和其他权利出资，企业的所有权和经营权一般也不分离。

（3）资合兼人合的公司，是指同时以公司资本和股东个人信用作为公司信用基础的公司，其典型的形式为两合公司和股份两合公司。

3. 以公司组织关系为标准的分类

（1）母公司和子公司。在不同公司之间存在控制与依附关系时，处于控制地位的是母公司，处于依附地位的则是子公司。母子公司之间虽然存在控制与被控制的组织关系，但他们都具有法人资格，在法律上是彼此独立的企业。《公司法》规定，公司可以设立子公司，子公司具有法人资格，依法独立承担民事责任。

母公司与子公司一般是由持股关系形成的。此外，公司之间还可能由于其他原因形成控制与依附关系，成为控制公司与附属公司，如表决权控制、人事关系、契约关系、信贷及其他债务关系、婚姻亲属关系等。

（2）本公司与分公司。分公司是公司依法设立的以分公司名义进行经营活动，其法律后果由本公司承受的分支机构。相对分公司而言，公司称为本公司或总公司。分公司没有独立的公司名称、章程，没有独立的财产，不具有法人资格，但可领取营业执照，进行经营活动，其民事责任由公司承担。《公司法》规定，公司可以设立分公司，分公司不具有法人资格，其民事责任由公司承担。

二、公司法的概念与性质

（一）公司法的概念

公司法是规定公司法律地位、调整公司组织关系、规范公司在设立、变更与终止过程中的组织行为的法律规范的总称。公司法的概念有广义和狭义之分。狭义的公司法，仅指专门调整公司问题的法律，如《公司法》；广义的公司法，除包括专门的《公司法》外，还包括其他有关公司的法律、法规、规章等调整公司组织关系、规范公司组织行为的法律规范，如《中华人民共和国公司登记管理条例》等。

（二）公司法的性质

公司法是组织法与行为法的结合，在调整公司组织关系的同时，也对与公司组织活动有关的行为加以调整，如公司股份的发行和转让等，其组织法性质为公司法的本质特征。公司法规定公司的法律地位，规范公司股东之间、股东与公司之间的关系，调整公司的设立、变更与终止活动，规范公司内部组织机构的设置与运作，公司与其他企业间的控制关系以及法律责任等。

《公司法》的立法宗旨是，规范公司的组织和行为，保护公司、股东和债权人的合法权益，维护社会经济秩序，促进社会主义市场经济的发展。公司从事经营活动，必须遵守法律、行政法规，遵守社会公德、商业道德，诚实守信，接受政府和社会公众的监督，承担社会责任。公司的合法权益受法律保护，不受侵犯。

第二节　有限责任公司

一、有限责任公司的设立

（一）有限责任公司设立的条件

根据《公司法》的规定，设立有限责任公司，应当具备下列条件：

1. 股东符合法定人数

《公司法》规定，有限责任公司由50个以下股东出资设立。《公司法》对有限责任公司股东人数没有规定下限，即有限责任公司股东人数可以为1个。50个以下股东，既可以是自然人，也可以是法人。

2. 有符合公司章程规定的全体股东认缴的出资额

有限责任公司的注册资本为在公司登记机关登记的全体股东认缴的出资额。法律、行政法规以及国务院决定对有限责任公司注册资本实缴、注册资本最低限额另有规定的，从其规定。《公司法》没有规定最低注册资本限额和出资期限的，一切遵守公司章程的约定。

3. 股东共同制定公司章程

章程是记载公司组织、活动基本准则的公开性法律文件。设立有限责任公司必须由股东共同依法制定公司章程。股东应当在公司章程上签名、盖章。公司章程对公司、股东、董事、监事、高级管理人员具有约束力。

根据《公司法》的规定，有限责任公司章程应当载明下列事项：①公司名称和住所；②公司经营范围；③公司注册资本；④股东的姓名或者名称；⑤股东的出资方式、出资额和出资时间；⑥公司的机构及其产生办法、职权、议事规则；⑦公司法定代表人；⑧股东会会议认为需要规定的其他事项。

4. 有公司名称，建立符合有限责任公司要求的组织机构

公司的名称是公司的标志。公司设立自己的名称时，必须符合法律、法规的规定，并应当经过公司登记管理机关进行预先核准登记。公司应当设立符合有限责任公司要求的组织机构，即股东会、董事会或者执行董事、监事会或者监事等。

5. 有公司住所

设立公司必须有住所。没有住所的公司，不得设立。公司以其主要办事机构所在地为住所。

（二）有限责任公司设立的程序

1. 制定公司章程

有限责任公司应将要设立的公司基本情况以及各方面的权利义务加以明确规定。

2. 股东缴纳出资

股东可以用货币出资，也可以用实物、知识产权、土地使用权等可以用货币估价并可以依法转让的非货币财产作价出资；但是，法律、行政法规规定不得作为出资的财产除外。对作为出资的非货币财产应当评估作价，核实财产，不得高估或者低估作价。法律、行政法规对评估作价有规定的，从其规定。有限责任公司成立后，发现作为设立公司出资的非货币财产的实际价额显著低于公司章程所定价额的，应当由交付该出资的股东补足其差额；公司设立时的其他股东承担连带责任。

股东应当按期足额缴纳公司章程中规定的各自所认缴的出资额。股东以货币出资的，应当将货币出资足额存入有限责任公司在银行开设的账户；以非货币财产出资的，应当依法办理其财产权的转移手续。这里的手续，是指过户手续，即将原来属于股东所有的财产，转移为属于公司所有的财产。如股东以房产出资的，必须到房管部门办理房屋所有权转移手续，将房屋所有权人由股东改为公司；股东以知识产权如专利权出资的，必须到专利管理机关办理权属变更手续，将专利权人由股东变为公司。股东不按照规定缴纳出资的，除应当向公司足额缴纳外，还应当向已按期足额缴纳出资的股东承担违约责任。

3. 申请设立登记

股东认足公司章程规定的出资后，由全体股东指定的代表或者共同委托的代理人向公司登记机关报送公司登记申请书、公司章程等文件，申请设立登记。公司经核准登记后，领取公司营业执照，公司营业执照签发日期为公司成立日期。

有限责任公司成立后，应当向股东签发出资证明。出资证明是确认股东出资的凭证，应当载明下列事项：①公司名称；②公司成立日期；③公司注册资本；④股东的姓名或者名称、缴纳的出资额和出资日期；⑤出资证明书的编号和核发日期。出资证明书由公司盖章。

有限责任公司应当置备股东名册。股东名册是公司为记载股东情况及其出资事项而设置的簿册，股东名册应当记载下列事项：①股东的姓名或者名称及住所；②股东的出资额；③出资证明书编号。记载于股东名册的股东，可以依股东名册主张行使股东权利。公司应当将股东的姓名或者名称向公司登记机关登记；登记事项发生变更的，应当办理变更登记。未经登记或者变更登记的，不得对抗第三人，即通过受让出资等方式成为公司股东并记载于股东名册后，如果没有在公司登记机关办理相关登记的，对公司以外的第三人，其股东资格无效。

二、有限责任公司的股东

有限责任公司的股东即公司的出资人，依法享有以下股东权益：

1. 股东知情权

《公司法》规定，股东有权查阅、复制公司章程、股东会会议记录、董事会会议决议、监事会会议决议和财务会计报告。

股东可以要求查阅公司会计账簿。股东要求查阅公司会计账簿的，应当向公司提出书面请求，说明目的。公司有合理根据认为股东查阅会计账簿有不正当目的，可能损害公司合法利益的，可以拒绝提供查阅，并应当自股东提出书面请求之日起 15 日内书面答复股东并说明理由。公司拒绝提供查阅的，股东可以请求人民法院要求公司提供查阅。

2. 股东分红权

一般情况下，股东按照实缴的出资比例分取红利；公司新增资本时，股东有权优先按照实缴的出资比例认缴出资。但是，全体股东可以约定不按照出资比例分取红利或者不按照出资比例优先认缴出资。

有限责任公司成立后，股东不得抽逃出资。当然，股东不得抽逃出资，不等于禁止股东转让股权。如果股东想要转让股权，可以按照公司法允许的方式，实现出资的收回，如股东将自己在公司的股权转让给其他股东，或者与其他股东协商并经股东会按照法律规定或者公司章程规定做出决议向股东以外的其他人转让股权等，在不减少公司注册资本的情况下，收回自己在公司的投资。

三、有限责任公司的组织机构

（一）股东会

1. 股东会的职权

有限责任公司股东会由全体股东组成。股东会是公司的权力机构，依法行使下列职权：

（1）决定公司的经营方针和投资计划；

（2）选举和更换非由职工代表担任的董事、监事，决定有关董事、监事的报酬事项；

（3）审议批准董事会的报告；

（4）审议批准监事会或者监事的报告；

（5）审议批准公司的年度财务预算方案、决算方案；

（6）审议批准公司的利润分配方案和弥补亏损方案；

（7）对公司增加或者减少注册资本做出决议；

（8）对发行公司债券作出决议；

（9）对公司合并、分立、变更公司形式、解散和清算等事项做出决议；

（10）修改公司章程；

（11）公司章程规定的其他职权。

对上述所列事项股东以书面形式一致表示同意的，可以不召开股东会会议，直接做出决定，并由全体股东在决定文件上签名、盖章。

2. 股东会的形式

股东会会议分为定期会议和临时会议。定期会议应当按照公司章程的规定按时召开。代表1/10以上表决权的股东，1/3以上的董事、监事会或者不设监事会的公司的监事提议召开临时会议的，应当召开临时会议。

3. 股东会的召开

首次股东会会议由出资最多的股东召集和主持，依法行使职权。以后的股东会会议，公司设立董事会的，由董事会召集，董事长主持；董事长不能履行职务或者不履行职务的，由副董事长主持；副董事长不能履行职务或者不履行职务的，由半数以上董事共同推举一名董事主持。公司不设董事会的，股东会会议由执行董事召集和主持。董事会或者执行董事不能履行或者不履行召集股东会会议职责的，由监事会或者不设监事会的公司的监事召集和主持；监事会或者监事不召集和主持的，代表1/10以上表决权的股东可以自行召集和主持。所谓不能履行职务，是指因生病、出差在外等客观上的原因导致其无法履行职务的情形。所谓不履行职务，是指不存在无法履行职务的客观原因，但以其他理由或者根本就没有理由而不履行职务的情形。

召开股东会会议，应当于会议召开15日前通知全体股东；但是，公司章程另有规定或者全体股东另有约定的除外。股东会应当对所议事项的决定做成会议记录，出席会议的股东应当在会议记录上签名。

4. 股东会的决议

股东会会议由股东按照出资比例行使表决权；但是，公司章程另有规定的除外。股东会的议事方式和表决程序，除《公司法》有规定的外，由公司章程规定。

股东会会议做出修改公司章程、增加或者减少注册资本的决议，以及公司合并、分立、解散或者变更公司形式的决议，必须经代表2/3以上表决权的股东通过。

（二）董事会

董事会是公司股东会的执行机构，对股东会负责。

1. 董事会的组成

有限责任公司设董事会（依法不设董事会的除外），其成员为3人至13人。两个以上的国有企业或者其他两个以上的国有投资主体投资设立的有限责任公司，其董事会成员中应当有公司职工代表；其他有限责任公司董事会成员中也可以有公司职工代表。董事会中的职工代表由公司职工通过职工代表大会、职工大会或者其他形式民主选举产生。

董事会设董事长1人，可以设副董事长。董事长、副董事长的产生办法由公司章程规定。

董事任期由公司章程规定，但每届任期不得超过3年。董事任期届满，连选可以连任。董事任期届满未及时改选，或者董事在任期内辞职导致董事会成员低于法定人数的，在改选出的董事就任前，原董事仍应当依照法律、行政法规和公司章程的规定，履行董事职务。

2. 董事会的职权

董事会对股东会负责，行使下列职权：

（1）召集股东会会议，并向股东会报告工作；

（2）执行股东会的决议；

（3）决定公司的经营计划和投资方案；

（4）制订公司的年度财务预算方案、决算方案；

（5）制订公司的利润分配方案和弥补亏损方案；

（6）制订公司增加或者减少注册资本以及发行公司债券的方案；

（7）制订公司合并、分立、变更公司形式、解散的方案；

（8）决定公司内部管理机构的设置；

（9）决定聘任或者解聘公司经理及其报酬事项，并根据经理的提名决定聘任或者解聘公司副经理、财务负责人及其报酬事项；

（10）制定公司的基本管理制度；

（11）公司章程规定的其他职权。

3. 董事会的召开

董事会会议由董事长召集和主持；董事长不能履行职务或者不履行职务的，由副董事长召集和主持；副董事长不能履行职务或者不履行职务的，由半数以上董事共同推举 1 名董事召集和主持。

4. 董事会的决议

董事会的议事方式和表决程序，除《公司法》有规定的外，由公司章程规定。董事会应当对所议事项的决定做成会议记录，出席会议的董事应当在会议记录上签名。

董事会决议的表决，实行一人一票。

5. 经理

有限责任公司可以设经理，由董事会决定聘任或者解聘。

经理对董事会负责，行使下列职权：

（1）主持公司的生产经营管理工作，组织实施董事会决议；

（2）组织实施公司年度经营计划和投资方案；

（3）拟订公司内部管理机构设置方案；

（4）拟订公司的基本管理制度；

（5）制定公司的具体规章；

（6）提请聘任或者解聘公司副经理、财务负责人；

（7）决定聘任或者解聘除应由董事会决定聘任或者解聘以外的负责管理人员；

（8）董事会授予的其他职权。

公司章程对经理职权另有规定的，从其规定。经理列席董事会会议。

6. 执行董事

有限责任公司股东人数较少或者规模较小的，可以设 1 名执行董事，不设董事会。执行董事可以兼任公司经理。执行董事的职权由公司章程规定。

（三）监事会

1. 监事会的组成

有限责任公司设立监事会，其成员不得少于 3 人。股东人数较少或者规模较小的有限责任公司，可以设 1 至 2 名监事，不设立监事会。监事会应当包括股东代表和适当比例的公司职工代表，其中职工代表的比例不得低于 1/3，具体比例由公司章程规定。监事会中的职工代表由公司职工通过职工代表大会、职工大会或者其他形式民主选举产生。

监事会设主席 1 人，由全体监事过半数选举产生。监事会主席召集和主持监事会会议；监事会主席不能履行职务或者不履行职务的，由半数以上监事共同推举 1 名监事召集和主持监事会会议。董事、高级管理人员不得兼任监事。

监事的任期每届为 3 年。监事任期届满，连选可以连任。监事任期届满未及时改选，或者监事在任期内辞职导致监事会成员低于法定人数的，在改选出的监事就任前，原监事仍应当依照法律、行政法规和公司章程的规定，履行监事职务。

2. 监事会的职权

监事会、不设监事会的公司的监事行使下列职权：

（1）检查公司财务；

（2）对董事、高级管理人员执行公司职务的行为进行监督，对违反法律、行政法规、公司章程或者股东会决议的董事、高级管理人员提出罢免的建议；

（3）当董事、高级管理人员的行为损害公司的利益时，要求董事、高级管理人员予以纠正；

（4）提议召开临时股东会会议，在董事会不履行《公司法》规定的召集和主持股东会会议职责时召集和主持股东会会议；

（5）向股东会会议提出提案；

（6）依照《公司法》的规定，对董事、高级管理人员提起诉讼；

（7）公司章程规定的其他职权。

监事可以列席董事会会议，并对董事会决议事项提出质询或者建议。监事会、不设监事会的公司的监事发现公司经营情况异常，可以进行调查；必要时，可以聘请会计师事务所等协助其工作，费用由公司承担。

监事会、不设监事会的公司的监事行使职权所必需的费用，由公司承担。

3. 监事会的决议

监事会每年度至少召开 1 次会议，监事可以提议召开临时监事会会议。监事会的议事方式和表决程序，除《公司法》有规定的外，由公司章程规定。监事会决议应当经半数以上监事通过。监事会应当对所议事项的决定做成会议记录，出席会议的监事应当在会议记录上签名。

四、一人有限责任公司的特别规定

（一）一人有限责任公司的概念

一人有限责任公司，是指只有一个自然人股东或者一个法人股东的有限责任公司。一人有限责任公司是有限责任公司的一种特殊表现形式。

一人有限责任公司与个人独资企业的区别是：

1. 法律性质不同

一人有限责任公司需要原则上满足《公司法》为股权多元化的公司设置的公司资本制度、公司财务、会计、审计制度以及公司治理制度；而个人独资企业只适用《中华人民共和国个人独资企业法》，并受该法的调整和约束。

2. 承担的民事责任能力不同

一人有限责任公司是独立的企业法人，具有完全的民事权利能力、民事行为能力和民事责任能力，是有限责任公司中的特殊类型；而个人独资企业不是独立的企业法人，不能以其财产独立承担民事责任，而是投资者以个人财产对企业债务承担无限责任。

3. 承担的税收义务不同

一人有限责任公司及其股东需要分别就其公司所得和股东股利分别缴纳企业所得税和个人所得税；而个人独资企业自身不缴纳企业所得税，只待投资者取得投资回报时缴纳个人所得税。

（二）一人有限责任公司的特别规定

《公司法》对一人有限责任公司以专门一节做出特别规定。

《公司法》规定，一人有限责任公司的设立和组织机构适用特别规定，没有特别规定的，适用有限责任公司的相关规定。这些特别规定，具体包括以下几个方面：

（1）一个自然人只能投资设立一个一人有限责任公司，该一人有限责任公司不能投资设立新的一人有限责任公司。

（2）一人有限责任公司应当在公司登记中注明自然人独资或者法人独资，并在公司营业执照中载明。一人有限责任公司章程由股东制定。

（3）一人有限责任公司不设股东会。法律规定的股东会职权由股东行使，当股东行使相应职权做出决定时，应当采用书面形式，并由股东签字后置备于公司。

（4）一人有限责任公司应当在每一会计年度终了时编制财务会计报告，并经会计师事务所审计。

（5）一人有限责任公司的股东不能证明公司财产独立于股东自己财产的，应当对公司债务承担连带责任。

五、国有独资公司的特别规定

（一）国有独资公司的概念

国有独资公司是指国家单独出资、由国务院或者地方人民政府委托本级人民政府国有资产监督管理机构履行出资人职责的有限责任公司。

国有独资公司与一般意义上的有限责任公司相比较，国有独资公司具有以下特征：

（1）公司股东的单一性。国有独资公司的股东仅有1人。

（2）单一股东的特定性。国有独资公司的股东只能是国有资产监督管理机构。

（二）国有独资公司的特别规定

《公司法》规定，国有独资公司的设立和组织机构适用特别规定，没有特别规定的，适用有限责任公司的相关规定。这些特别规定，具体包括以下几个方面：

（1）国有独资公司章程由国有资产监督管理机构制定，或者由董事会制定报国有资产监督管理机构批准。

（2）国有独资公司不设股东会，由国有资产监督管理机构行使股东会职权。国有资产监督管理机构可以授权公司董事会行使股东会的部分职权，决定公司的重大事项，但公司的合并、分立、解散、增减注册资本和发行公司债券，必须由国有资产监督管理机构决定；其中，重要的国有独资公司合并、分立、解散、申请破产的，应当由国有资产监督管理机构审核后，报本级人民政府批准。上述所称重要的国有独资公司，按照国务院的规定确定。

（3）国有独资公司设立董事会，依照法律规定的有限责任公司董事会的职权和国有资产监督管理机构的授权行使职权。董事每届任期不得超过 3 年。董事会成员中应当有公司职工代表。董事会成员由国有资产监督管理机构委派；但是，董事会成员中的职工代表由公司职工代表大会选举产生。董事会设董事长 1 人，可以设副董事长。董事长、副董事长由国有资产监督管理机构从董事会成员中指定。

（4）国有独资公司设经理，由董事会聘任或者解聘。国有独资公司经理的职权与一般有限责任公司经理的职权相同。经国有资产监督管理机构同意，董事会成员可以兼任经理。

（5）国有独资公司的董事长、副董事长、董事、高级管理人员，未经国有资产监督管理机构同意，不得在其他有限责任公司、股份有限公司或者其他经济组织兼职。

（6）国有独资公司监事会成员不得少于 5 人，其中职工代表的比例不得低于 1/3，具体比例由公司章程规定。监事会成员由国有资产监督管理机构委派；但是，监事会中的职工代表由公司职工代表大会选举产生。监事会主席由国有资产监督管理机构从监事会成员中指定。国有独资公司监事会的职权范围小于一般有限责任公司的监事会，包括：检查公司财务；对董事、高级管理人员执行公司职务的行为进行监督；对违反法律、行政法规、公司章程或者股东会决议的董事、高级管理人员提出罢免的建议；当董事、高级管理人员的行为损害公司的利益时，要求董事、高级管理人员予以纠正；以及国务院规定的其他职权。

第三节　有限责任公司的股权转让

一、有限责任公司股东转让股权

有限责任公司股东转让股权，包括股东之间转让股权、股东向股东以外的人转让股权和人民法院强制转让股东股权几种情形。

（一）股东之间转让股权

《公司法》规定，有限责任公司的股东之间可以相互转让其全部或者部分股权。

《公司法》对股东之间转让股权没有做任何限制，这是因为，股东向公司的其他股东转让股权，无论是转让全部股权还是转让部分股权，都不会有新股东的产生，其他股东已有的伙伴关系不会受到影响，因此，也就没有必要对这种转让进行限制。

（二）股东向股东以外的人转让股权

《公司法》规定，股东向股东以外的人转让股权，应当经其他股东过半数同意。股东应就其股权转让事项书面通知其他股东征求同意，其他股东自接到书面通知之日起满30日未答复的，视为同意转让。其他股东半数以上不同意转让的，不同意的股东应当购买该转让的股权；不购买的，视为同意转让。

经股东同意转让的股权，在同等条件下，其他股东有优先购买权。两个以上股东主张行使优先购买权的，协商确定各自的购买比例；协商不成的，按照转让时各自的出资比例行使优先购买权。

但是，公司章程对股权转让另有规定的，从其规定。即公司章程可以对股东之间的股权转让以及股东向股东以外的人转让股权做出与《公司法》不同的规定。一旦公司章程对股权转让做出了不同的规定，就应当依照公司章程的规定执行。

（三）人民法院强制转让股东股权

人民法院依照法律规定的强制执行程序转让股东的股权时，应当通知公司及全体股东，其他股东在同等条件下有优先购买权。其他股东自人民法院通知之日起满20日不行使优先购买权的，视为放弃优先购买权。人民法院依照法律规定的强制执行程序转让股东的股权，是指人民法院依照民事诉讼法等法律规定的执行程序，强制执行生效的法律文书时，以拍卖、变卖或者其他方式转让有限责任公司股东的股权。

（四）履行股权转让手续

有限责任公司股东转让股权后，公司应当注销原股东的出资证明书，向新股东签发出资证明书，并相应修改公司章程和股东名册中有关股东及其出资额的记载。对公司章程的该项修改不需要由股东会表决。

二、有限责任公司股东退出公司

（一）股东退出公司的法定条件

《公司法》规定，有下列情形之一的，对股东会该项决议投反对票的股东可以请求公司按照合理的价格收购其股权，退出公司：

（1）公司连续5年不向股东分配利润，而公司该5年连续盈利，并且符合公司法规定的分配利润条件的；

（2）公司合并、分立、转让主要财产的；

（3）公司章程规定的营业期限届满或者章程规定的其他解散事由出现，股东会会议通过决议修改章程使公司存续的。

根据上述规定，股东退出公司应当满足两个条件：一是具备上述三种情形之一；二是对股东会上述事项决议投了反对票，投赞成票的股东就不能以上述事项为由，要求退出公司。

（二）股东退出公司的法定程序

1. 请求公司收购其股权

股东要求退出公司时，首先应当请求公司收购其股权。股东请求公司收购其股权时，其所要求的价格不应过高，而应当是合理的价格，这样才能既满足股东的要求，保护要求退出公司的股东的权益，又不损害公司和其他股东的权益。

2. 依法向人民法院提起诉讼

股东请求公司收购其股权，应当尽量通过协商的方式解决。但如果协商不成，既有可能影响请求收购的股东的权益，又可能影响公司的生产经营活动。为此，《公司法》规定，自股东会会议决议通过之日起 60 日内，股东与公司不能达成股权收购协议的，股东可以自股东会会议决议通过之日起 90 日内向人民法院提起诉讼。

第四节　股份有限公司

一、股份有限公司的设立

（一）股份有限公司的设立方式

股份有限公司的设立，可以采取发起设立或者募集设立的方式。

发起设立，是指由发起人认购公司应发行的全部股份而设立公司。也就是说，以发起设立的方式设立股份有限公司的，在设立时其股份全部由该公司的发起人认购，而不向发起人之外的任何社会公众发行股份。因此，以发起设立方式设立的股份有限公司，在其发行新股之前，其全部股份都由发起人持有，公司的全部股东都是设立公司的发起人。

募集设立，是指由发起人认购公司应发行股份的一部分，其余股份向社会公开募集或者向特定对象募集而设立公司。也就是说，以募集设立方式设立股份有限公司的，在公司设立时，认购公司应发行股份的人不仅有发起人，而且还有发起人以外的人。因此，法律对采用募集设立方式设立公司规定了较为严格的程序，以保护广大投资者的利益，保证正常的经济秩序。

（二）股份有限公司的设立条件

《公司法》规定，设立股份有限公司，应当具备下列条件：

1. 发起人符合法定人数

发起人是指依法筹办创立股份有限公司事务的人。发起人既可以是自然人，也可以是法人；既可以是中国公民，也可以是外国公民。

设立股份有限公司，应当有 2 人以上 200 人以下为发起人，其中须有半数以上的发起人在中国境内有住所。

股份有限公司发起人承担公司筹办事务。发起人应当签订发起人协议，明确各自在公司设立过程中的权利和义务。

2. 有符合公司章程规定的全体发起人认购的股本总额或者募集的实收股本总额

股份有限公司采取发起设立方式设立的，注册资本为在公司登记机关登记的全体发起人认购的股本总额。在发起人认购的股份缴足前，不得向他人募集股份。

股份有限公司采取募集设立方式设立的，注册资本为在公司登记机关登记的实收股本总额。

法律、行政法规以及国务院的决定对股份有限公司注册资本实缴、注册资本最低限额另有规定的，从其规定。

3. 股份发行、筹办事项符合法律规定

发起人为了设立股份有限公司而发行股份时，以及在进行其他的筹办事项时，都必须符合法律规定的条件和程序，不得有所违反。如向社会公开募集股份，应当依法报国务院证券监督管理机构核准，并公告招股说明书、认股书；应当同依法设立的证券公司签订承销协议，通过证券公司承销其发行的股份；应当在法定的期限内召开创立大会，依法决定有关事项；应当在法定的期限内依法向公司登记机关申请设立登记，等等。

4. 发起人制定公司章程，采用募集方式设立的经创立大会通过

股份有限公司的章程是指记载有关公司组织和行动基本规则的文件。公司章程对公司、股东、董事、监事、高级管理人员具有约束力。设立公司必须依法制定章程。对于以发起设立方式设立的股份有限公司，由全体发起人共同制定公司章程；对于以募集设立方式设立的股份有限公司，发起人制定的公司章程，还应当经有其他认股人参加的创立大会，以出席会议的认股人所持表决权的半数以上通过，方为有效。

5. 有公司名称，建立符合股份有限公司要求的组织机构

略。

6. 有公司住所

略。

（三）股份有限公司的设立程序

1. 以发起设立方式设立股份有限公司的程序

以发起设立方式设立股份有限公司的程序为：

（1）发起人书面认足公司章程规定其认购的股份。

（2）缴纳出资。以发起设立方式设立股份有限公司的，发起人应当书面认足公司章程规定其认购的股份，并按照公司章程规定缴纳出资。以非货币财产出资的，应当依法办理其财产权的转移手续。

（3）选举董事会和监事会。发起人认足公司章程规定的出资后，应当选举董事会和监事会。

（4）申请设立登记。发起人认足公司章程规定的出资后，应当选举董事会和监事会，由董事会向公司登记机关报送公司章程以及法律、行政法规规定的其他文件，申请设立登记。

2. 以募集设立方式设立股份有限公司的程序

以募集设立方式设立股份有限公司的程序为：

（1）发起人认购股份。发起人认购的股份不得少于公司股份总数的35%；但是，法律、行政法规另有规定的，从其规定。这里应当注意的是，发起人认购的股份是指所有发起人认购股份的总额，而不是某一个发起人认购的股份。

（2）向社会公开募集股份。发起人向社会公开募集股份，必须公告招股说明书，并制作认股书。认股书由认股人填写认购股数、金额、住所，并签名、盖章。认股人按照所认购股数缴纳股款。

发起人向社会公开募集股份，应当由依法设立的证券公司承销，签订承销协议。

发起人向社会公开募集股份，应当同银行签订代收股款协议。代收股款的银行应当按照协议代收和保存股款，向缴纳股款的认股人出具收款单据。并负有向有关部门出具收款证明的义务。

（3）召开创立大会。发行股份的股款缴足后，必须经依法设立的验资机构验资并出具证明。发起人应当在股款缴足之日起30日内主持召开公司创立大会，创立大会由发起人、认股人组成。发行的股份超过招股说明书规定的截止期限尚未募足的，或者发行股份的股款缴足后，发起人在30日内未召开创立大会的，认股人可以按照所缴股款并加算银行同期存款利息，要求发起人返还。

发起人应当在创立大会召开15日前将会议日期通知各认股人或者予以公告。创立大会应有代表股份总数过半数的发起人、认股人出席，方可举行。创立大会行使下列职权：审议发起人关于公司筹办情况的报告；通过公司章程；选举董事会成员；选举监事会成员；对公司的设立费用进行审核；对发起人用于抵作股款的财产的作价进行审核；发生不可抗力或者经营条件发生重大变化直接影响公司设立的，可以做出不设立公司的决议。创立大会对上述所列事项做出决议，必须经出席会议的认股人所持表决权过半数通过。

发起人、认股人缴纳股款或者交付抵作股款的出资后，除未按期募足股份、发起人未按期召开创立大会或者创立大会决议不设立公司的情形外，不得抽回其股本。

（4）申请设立登记。董事会应于创立大会结束后30日内，向公司登记机关申请设立登记，并报送下列文件：公司登记申请书；创立大会的会议记录；公司章程；验资证明；法定代表人、董事、监事的任职文件及其身份证明；发起人的法人资格证明或者自然人身份证明；公司住所证明。以募集设立方式设立股份有限公司公开发行股票的，还应当向公司登记机关报送国务院证券监督管理机构的核准文件。公司登记机关依法核准登记后，应当发给公司营业执照。自公司营业执照签发之日起，公司即告成立。

股份有限公司成立后，发起人未按照公司章程的规定缴足出资的，应当补缴；其他发起人承担连带责任。

股份有限公司成立后，发现作为设立公司出资的非货币财产的实际价额显著低于公司章程所定价额的，应当由交付该出资的发起人补足其差额；其他发起人承担连带责任。

股份有限公司应当将公司章程、股东名册、公司债券存根、股东大会会议记录、董事会会议记录、监事会会议记录、财务会计报告置备于本公司。股东有权查阅公司章程、股东名册、公司债券存根、股东大会会议记录、董事会会议决议、监事会会议决议、财务会计报告，对公司的经营提出建议或者质询。

（四）股份有限公司发起人承担的责任

根据《公司法》的规定，股份有限公司的发起人应当承担下列责任：

（1）公司不能成立时，对设立行为所产生的债务和费用负连带责任；

（2）公司不能成立时，对认股人已缴纳的股款，负返还股款并加算银行同期存款利息的连带责任；

（3）在公司设立过程中，由于发起人的过失致使公司利益受到损害的，应当对公司承担赔偿责任。

（五）有限责任公司变更为股份有限公司

有限责任公司变更为股份有限公司时，折合的实收股本总额不得高于公司净资产额。有限责任公司变更为股份有限公司，为增加资本公开发行股份时，应当依法办理。

二、股份有限公司的组织机构

股份有限公司的组织机构由股东大会、董事会、监事会等组成。

（一）股东大会

1. 股东大会的性质和组成

股份有限公司的股东大会是公司的权力机构，依法行使职权。股东大会作为公司的权力机构，虽然对外并不直接代表公司，对内也不直接从事经营活动，但却有权决定公司的重大事项，股东大会做出的决定，公司的其他机构，如董事会、监事会都必须执行。

股份有限公司的股东大会由全体股东组成，公司的任何一个股东，无论其所持股份有多少，都是股东大会的成员。

2. 股东大会的职权

股份有限公司股东大会的职权与有限责任公司股东会的职权的规定基本相同，包括：

（1）决定公司的经营方针和投资计划；

（2）选举和更换非由职工代表担任的董事、监事，决定有关董事、监事的报酬事项；

（3）审议批准董事会的报告；

（4）审议批准监事会或者监事的报告；

（5）审议批准公司的年度财务预算方案、决算方案；

（6）审议批准公司的利润分配方案和弥补亏损方案；

（7）对公司增加或者减少注册资本做出决议；

（8）对发行公司债券做出决议；

（9）对公司合并、分立、变更公司形式、解散和清算等事项做出决议；

（10）修改公司章程；

（11）公司章程规定的其他职权。

此外，根据中国证券监督管理委员会发布的《上市公司章程指引》的规定，上市公司的股东大会还有权对公司聘用、解聘会计师事务所做出决议；审议代表公司发行在外有表决权股份总数的5%以上的股东的提案；审议法律、法规和公司章程规定应当由股东大会决定的其他事项。

3. 股东大会的形式

股份有限公司的股东大会分为股东年会和临时股东大会两种。

股东年会是指依照法律和公司章程的规定每年按时召开的股东大会。《公司法》规定，股东大会应当每年召开1次年会。

临时股东大会是指股份有限公司在出现召开临时股东大会的法定事由时，应当在法定期限2个月内召开的股东大会。《公司法》规定，有下列情形之一的，应当在2个月内召开临时股东大会：①董事人数不足《公司法》规定人数或者公司章程所定人数的2/3时；②公司未弥补的亏损达实收股本总额1/3时；③单独或者合计持有公司10%以上股份的股东请求时；④董事会认为必要时；⑤监事会提议召开时；⑥公司章程规定的其他情形。

4. 股东大会的召开

股东大会会议由董事会召集，董事长主持；董事长不能履行职务或者不履行职务的，由副董事长主持；副董事长不能履行职务或者不履行职务的，由半数以上董事共同推举一名董事主持。董事会不能履行或者不履行召集股东大会会议职责的，监事会应当及时召集和主持；监事会不召集和主持的，连续90日以上单独或者合计持有公司10%以上股份的股东可以自行召集和主持。

单独或者合计持有公司3%以上股份的股东，可以在股东大会召开10日前提出临时提案并书面提交董事会；董事会应当在收到提案后2日内通知其他股东，并将该临时提案提交股东大会审议。临时提案的内容应当属于股东大会职权范围，并有明确议题和具体决议事项。

5. 股东大会的决议

股东出席股东大会会议，所持每一股份有一表决权。股东可以委托代理人出席股东大会会议，代理人应当向公司提交股东授权委托书，并在授权范围内行使表决权。公司持有的本公司股份没有表决权。这是因为，股东大会需要对公司重大事项进行表决，而这种表决涉及股东之间权益的配置，而公司所持本公司的股份，并不涉及股东之间权益的分配，所以公司持有的本公司股份没有表决权。

股东大会做出决议，必须经出席会议的股东所持表决权过半数通过。但是，股东大会做出修改公司章程、增加或者减少注册资本的决议，以及公司合并、分立、解散或者变更公司形式的决议，必须经出席会议的股东所持表决权的2/3以上通过。

《公司法》和公司章程规定公司转让、受让重大资产或者对外提供担保等事项必须经股东大会做出决议的，董事会应当及时召集股东大会会议，由股东大会就上述事项进行表决。

股东大会选举董事、监事，可以依照公司章程的规定或者股东大会的决议，实行累积投票制。这里所称累积投票制，是指股东大会选举董事或者监事时，每一股份拥有与应选董事或者监事人数相同的表决权，股东拥有的表决权可以集中使用。如，某股东拥有100股，每股一票，选出6位董事，通常的办法是让该股东给选中的6位董事候选人的每一位投100票，总共600票。而累积投票法则可以将这600票投给一位董事候选人，或根据自己的意愿分投给选中的各候选人。

股东大会应当对所议事项的决定做成会议记录，主持人、出席会议的董事应当在会议记录上签名。会议记录应当与出席股东的签名册及代理出席的委托书一并保存。

（二）董事会、经理

1. 董事会的性质和组成

股份有限公司的董事会是股东大会的执行机构，对股东大会负责。

股份有限公司设董事会，其成员为5人至19人。董事会成员中可以有公司职工代表。董事会中的职工代表由公司职工通过职工代表大会、职工大会或者其他形式民主选举产生。

股份有限公司的董事任期由公司章程规定，但每届任期不得超过3年。董事任期届满，连选可以连任。董事任期届满未及时改选，或者董事在任期内辞职导致董事会成员低于法定人数的，在改选出的董事就任前，原董事仍应当依照法律、行政法规和公司章程的规定，履行董事职务。

2. 董事会的职权

股份有限公司董事会的职权与有限责任公司董事会的职权的规定基本相同，包括：①召集股东大会会议，并向股东大会报告工作；②执行股东大会的决议；③决定公司的经营计划和投资方案；④制订公司的年度财务预算方案、决算方案；⑤制订公司的利润分配方案和弥补亏损方案；⑥制订公司增加或者减少注册资本以及发行公司债券的方案；⑦制订公司合并、分立、变更公司形式、解散的方案；⑧决定公司内部管理机构的设置；⑨决定聘任或者解聘公司经理及其报酬事项，并根据经理的提名决定聘任或者解聘公司副经理、财务负责人及其报酬事项；⑩制定公司的基本管理制度；⑪公司章程规定的其他职权。

3. 董事会的召开

董事会设董事长 1 人，可以设副董事长。董事长和副董事长由董事会以全体董事的过半数选举产生。董事长召集和主持董事会会议，检查董事会决议的实施情况。副董事长协助董事长工作，董事长不能履行职务或者不履行职务的，由副董事长履行职务；副董事长不能履行职务或者不履行职务的，由半数以上董事共同推举 1 名董事履行职务。

董事会每年度至少召开 2 次会议，每次会议应当于会议召开 10 日前通知全体董事和监事。代表 1/10 以上表决权的股东、1/3 以上董事或者监事会，可以提议召开董事会临时会议。董事长应当自接到提议后 10 日内，召集和主持董事会会议。董事会召开临时会议，可以另定召集董事会的通知方式和通知时限。

4. 董事会的决议

董事会会议应有过半数的董事出席方可举行。董事会做出决议，必须经全体董事的过半数通过。董事会决议的表决，实行一人一票，即每个董事只能享有一票表决权。实践中，表决票往往分为赞成票、否决票和弃权票三种类型。

董事会会议，应由董事本人出席；董事因故不能出席，可以书面委托其他董事代为出席，委托书中应载明授权范围。董事会应当对会议所议事项的决定做成会议记录，出席会议的董事应当在会议记录上签名。

董事应当对董事会的决议承担责任。董事会的决议违反法律、行政法规或者公司章程、股东大会决议，致使公司遭受严重损失的，参与决议的董事对公司负赔偿责任。但经证明在表决时曾表明异议并记载于会议记录的，该董事可以免除责任。这里需要注意的是，并不是在所有的情况下，也不是所有的董事都对公司负赔偿责任。当董事在董事会会议上对某项决议表示同意或者不同意，致使董事会做出了违反法律、行政法规或者公司章程、股东大会决议的决议，给公司造成了严重损失时，该董事会应当对公司负赔偿责任，而对该决议持相反意见并记载于会议记录的董事，则不对公司负赔偿责任。

5. 经理

股份有限公司设经理，由董事会决定聘任或者解聘。股份有限公司经理的职权与有限责任公司经理的职权的规定基本相同。公司董事会可以决定由董事会成员兼任经理。

公司不得直接或者通过子公司向董事、监事、高级管理人员提供借款。公司应当定期向股东披露董事、监事、高级管理人员从公司获得报酬的情况。

（三）监事会

1. 监事会的组成

股份有限公司设监事会，其成员不得少于 3 人。监事会应当包括股东代表和适当比例的公司职工代表，其中职工代表的比例不得低于1/3，具体比例由公司章程规定。监事会中的职工代表由公司职工通过职工代表大会、职工大会或者其他形式民主选举产生。

董事、高级管理人员不得兼任监事。监事的任期每届为3年。监事任期届满，连选可以连任。监事任期届满未及时改选，或者监事在任期内辞职导致监事会成员低于法定人数的，在改选出的监事就任前，原监事仍应当依照法律、行政法规和公司章程的规定，履行监事职务。

2. 监事会的职权

股份有限公司监事会的职权与有限责任公司监事会的职权的规定基本相同，包括：①检查公司财务；②对董事、高级管理人员执行公司职务的行为进行监督，对违反法律、行政法规、公司章程或者股东大会决议的董事、高级管理人员提出罢免的建议；③当董事、高级管理人员的行为损害公司的利益时，要求董事、高级管理人员予以纠正；④提议召开临时股东大会会议，在董事会不履行《公司法》规定的召集和主持股东大会会议职责时召集和主持股东大会会议；⑤向股东大会会议提出提案；⑥依照《公司法》的规定，对董事、高级管理人员提起诉讼；⑦公司章程规定的其他职权。

监事可以列席董事会会议，并对董事会决议事项提出质询或者建议。监事会发现公司经营情况异常，可以进行调查；必要时，可以聘请会计师事务所等协助其工作，费用由公司承担。

监事会行使职权所必需的费用，由公司承担。

3. 监事会的召开

监事会设主席1人，可以设副主席。监事会主席和副主席由全体监事过半数选举产生。监事会主席召集和主持监事会会议；监事会主席不能履行职务或者不履行职务的，由监事会副主席召集和主持监事会会议；监事会副主席不能履行职务或者不履行职务的，由半数以上监事共同推举1名监事召集和主持监事会会议。

监事会每6个月至少召开1次会议。监事可以提议召开临时监事会会议。监事会的议事方式和表决程序，除《公司法》有规定的外，由公司章程规定。监事会应当对所议事项的决定做成会议记录，出席会议的监事应当在会议记录上签名。

三、上市公司组织机构的特别规定

上市公司，是指其股票在证券交易所上市交易的股份有限公司。《公司法》对上市公司组织及活动原则的特别规定，主要包括以下几个方面：

（一）增加股东大会特别决议事项

上市公司在1年内购买、出售重大资产或者担保金额超过公司资产总额30%的，应当由股东大会做出决议，并经出席会议的股东所持表决权的2/3以上通过。

（二）上市公司设立独立董事

独立董事，是指不在公司担任除董事外的其他职务，并与其受聘的上市公司及其主要股东不存在可能妨碍其进行独立客观判断的关系的董事。独立董事除了应履行董事的一般职责外，主要职责在于对控股股东及其选任的上市公司的董事、高级管理人员，以及其与公司进行的关联交易等进行监督。

中国证券监督管理委员会曾发布过《关于在上市公司建立独立董事制度的指导意见》，要求上市公司要建立独立董事制度。一般来说，独立董事由具有法律、经济、财会等方面专业知识、社会信用良好的人士担任。与公司或者控股股东、实际控制人有利害关系、可能妨碍对公司事务进行独立客观判断的，不得担任独立董事。独立董事除依法行使股份有限公司董事的职权外，还行使下列职权：对公司关联交易、聘用或者解聘会计师事务所等重大事项进行审核并发表独立意见；就上市公司董事、高级管理人员的提名、任免、报酬、考核事项以及其认为可能损害中小股东权益的事项发表独立意见。

独立董事发表的独立意见应当做成记录，并经独立董事书面签字确认。股东有权查阅独立董事发表的独立意见。

（三）上市公司设立董事会秘书

董事会秘书是指掌管董事会文件并协助董事会成员处理日常事务的人员。董事会秘书是董事会设置的服务席位，既不能代表董事会，也不能代表董事长。上市公司董事会秘书是公司的高级管理人员，承担法律、行政法规以及公司章程对公司高级管理人员所要求的义务，享有相应的工作职权，获得相应的报酬。

上市公司设立董事会秘书，负责公司股东大会和董事会会议的筹备、文件保管以及公司股权管理，办理信息披露事务等事宜。

（四）增设关联关系董事的表决权排除制度

上市公司董事与董事会会议决议事项所涉及的企业有关联关系的，不得对该项决议行使表决权，也不得代理其他董事行使表决权。该董事会会议由过半数的无关联关系董事出席即可举行，董事会会议所做决议须经无关联关系董事过半数通过。出席董事会的无关联关系董事人数不足3人的，应将该事项提交上市公司股东大会审议。这里所称关联关系，是指上市公司的董事与董事会决议事项所涉及的企业之间存在直接或者间接的利益关系。

第五节　公司董事、监事、高级管理人员的资格和义务

一、公司董事、监事、高级管理人员的资格

公司董事、监事、高级管理人员在公司中处于重要的地位并具有法定的职权，因此需

要对其任职资格做一些限制性的规定，以保证其具有正确履行职责的能力和条件。对此一些国家和地区均有规定，是世界通行的做法。

《公司法》规定，有下列情形之一的，不得担任公司的董事、监事、高级管理人员：

（1）无民事行为能力或者限制民事行为能力。无民事行为能力的人是指10周岁以下的未成年人和不能辨认自己行为的精神病人。限制民事行为能力的人是指10周岁以上的未成年人和不能完全辨认自己行为的精神病人。

（2）因贪污、贿赂、侵占财产、挪用财产或者破坏社会主义市场经济秩序，被判处刑罚，执行期满未逾5年，或者因犯罪被剥夺政治权利，执行期满未逾5年。

（3）担任破产清算的公司、企业的董事或者厂长、经理，对该公司、企业的破产负有个人责任的，自该公司、企业破产清算完结之日起未逾3年。

（4）担任因违法被吊销营业执照、责令关闭的公司、企业的法定代表人，负有个人责任的，自该公司、企业被吊销营业执照之日起未逾3年。

（5）个人所负数额较大的债务到期未清偿。

公司违反《公司法》的上述规定选举、委派董事、监事或者聘任高级管理人员的，该选举、委派或者聘任无效。公司董事、监事、高级管理人员在任职期间出现上述所列情形的，公司应当解除其职务。

二、公司董事、监事、高级管理人员的义务

公司董事、监事、高级管理人员应当遵守法律、行政法规和公司章程，对公司负有忠实义务和勤勉义务。公司董事、监事、高级管理人员不得利用职权收受贿赂或者其他非法收入，不得侵占公司的财产。

《公司法》规定，公司董事、高级管理人员不得有下列行为：

（1）挪用公司资金；

（2）将公司资金以其个人名义或者以其他个人名义开立账户存储；

（3）违反公司章程的规定，未经股东会、股东大会或者董事会同意，将公司资金借贷给他人或者以公司财产为他人提供担保；

（4）违反公司章程的规定或者未经股东会、股东大会同意，与本公司订立合同或者进行交易；

（5）未经股东会或者股东大会同意，利用职务便利为自己或者他人谋取属于公司的商业机会，自营或者为他人经营与所任职公司同类的业务；

（6）接受他人与公司交易的佣金归为己有；

（7）擅自披露公司秘密；

（8）违反对公司忠实义务的其他行为。

公司董事、高级管理人员违反上述规定所得的收入应当归公司所有。

公司董事、监事、高级管理人员执行公司职务时违反法律、行政法规或者公司章程的规定，给公司造成损失的，应当承担赔偿责任。

公司股东会或者股东大会要求董事、监事、高级管理人员列席会议的，董事、监事、高级管理人员应当列席并接受股东的质询。董事、高级管理人员应当如实向公司监事会或者不设监事会的有限责任公司的监事提供有关情况和资料，不得妨碍监事会或者监事行使职权。

三、股东诉讼

（一）股东代表诉讼

股东代表诉讼，也称股东间接诉讼，是指当董事、监事、高级管理人员或者他人的违反法律、行政法规或者公司章程的行为给公司造成损失，公司拒绝或者怠于向该违法行为人请求损害赔偿时，具备法定资格的股东有权代表其他股东，代替公司提起诉讼，请求违法行为人赔偿公司损失的行为。股东代表诉讼的目的，是保护公司利益和股东整体利益，而不仅仅是个别股东的利益。为保护个别股东利益而进行的诉讼是股东直接诉讼。

根据侵权人身份的不同与具体情况的不同，提起股东代表诉讼有以下几种程序：

1. 股东对公司董事、监事、高级管理人员给公司造成损失的行为提起诉讼的程序

按照《公司法》的规定，公司董事、监事、高级管理人员执行公司职务时违反法律、行政法规或者公司章程的规定，给公司造成损失的，应当承担赔偿责任。为了确保责任者真正承担相应的赔偿责任，《公司法》对股东代表诉讼做了如下规定：

（1）股东通过监事会或者监事提起诉讼。公司董事、高级管理人员执行公司职务时违反法律、行政法规或者公司章程的规定，给公司造成损失的，有限责任公司的股东、股份有限公司连续 180 日以上单独或者合计持有公司 1%以上股份的股东，可以书面请求监事会或者不设监事会的有限责任公司的监事向人民法院提起诉讼。

（2）股东通过董事会或者董事提起诉讼。监事执行公司职务时违反法律、行政法规或者公司章程的规定，给公司造成损失的，有限责任公司的股东、股份有限公司连续 180 日以上单独或者合计持有公司 1%以上股份的股东，可以书面请求董事会或者不设董事会的有限责任公司的执行董事向人民法院提起诉讼。

（3）股东直接提起诉讼。监事会、不设监事会的有限责任公司的监事，或者董事会、执行董事，收到有限责任公司的股东、股份有限公司连续 180 日以上单独或者合计持有公司 1%以上股份的股东的书面请求后，拒绝提起诉讼，或者自收到请求之日起 30 日内未提起诉讼，或者情况紧急、不立即提起诉讼将会使公司利益受到难以弥补的损害的，有限责任公司的股东、股份有限公司连续 180 日以上单独或者合计持有公司 1%以上股份的股东，有权为了公司的利益，以自己的名义直接向人民法院提起诉讼。

2. 股东对他人给公司造成损失的行为提起诉讼的程序

公司董事、监事、高级管理人员以外的他人侵犯公司合法权益，给公司造成损失的，

有限责任公司的股东、股份有限公司连续 180 日以上单独或者合计持有公司 1%以上股份的股东，可以通过监事会或者监事、董事会或者董事向人民法院提起诉讼，或者直接向人民法院提起诉讼。提起诉讼的具体程序，依照上述股东对公司董事、监事、高级管理人员给公司造成损失的行为提起诉讼的程序进行。

（二）股东直接诉讼

这是指股东对董事、高级管理人员违反规定损害股东利益的行为提起的诉讼。《公司法》规定，公司董事、高级管理人员违反法律、行政法规或者公司章程的规定，损害股东利益的，股东可以依法向人民法院提起诉讼。

第六节　公司股票和公司债券

一、公司股票

（一）股票的概念和特征

股票是指公司签发的证明股东所持股份的凭证。股票具有以下性质：一是有价证券。股票是一种具有财产价值的证券，股票记载着股票种类、票面金额及代表的股份数，反映着股票的持有人对公司的权利。二是证权证券。股票表现的是股东的权利，任何人只要合法占有股票，其就可以依法向公司行使权利，而且公司股票发生转移时，公司股东的权益也即随之转移。三是要式证券。股票应当采取纸面形式或者国务院证券监督管理机构规定的其他形式，其记载的内容和事项应当符合法律的规定。四是流通证券。股票可以在证券交易市场依法进行交易。

（二）股票的种类

从理论上分析，股票可分为下列种类：

（1）普通股和优先股。这是按照股东权利、义务的不同进行的分类。普通股是指享有普通权利、承担普通义务的股份，是股份的最基本形式。依照规定，普通股股东享有决策参与权、利润分配权、优先认股权和剩余资产分配权。优先股是指享有优先权的股份。公司对优先股的股利须按约定的股利率支付，不受公司盈利大小的影响，当年可供分配股利的利润不足以按约定的股利率支付优先股利的，由以后年度可供分配股利的利润补足。在公司进行清算时，优先股股东先于普通股股东取得公司剩余财产。但是，优先股不参与公司决策，不参与公司红利分配。实践中，发行优先股的很少。

（2）国有股、发起人股和社会公众股。这是按照投资主体性质的不同进行的分类。国有股包括国家股和国有法人股，国家股是指有权代表国家投资的政府部门或机构以国有资产投入公司形成的股份或依法定程序取得的股份。国有法人股是指具有法人资格的国有企业、事业及其他单位以其依法占用的法人资产向独立于自己的股份公司出资形成或依法定程序取得的股份。发起人股是指股份公司的发起人认购的股份。社会公众股是指个人和机构以合法财产购买并可依法流通的股份。

（3）内资股和外资股。这是按照投资者是以人民币认购和买卖还是以外币认购和买卖股票进行的分类。内资股一般是由境内人士或机构以人民币认购和买卖的股票。外资股一般是以外币认购和买卖的股票，又可分为境内上市外资股和境外上市外资股。境内上市外资股一般标为B股；境外上市外资股一般以境外上市地的英文名称中的第一个字母命名，比如，在香港上市的称为H股，在纽约上市的称为N股，在新加坡上市的称为S股等。

（4）记名股票和无记名股票。这是按照票面上是否记载股东的姓名或名称进行的分类。记名股票是指在票面上记载股东姓名或名称的股票。《公司法》规定，公司向发起人、法人发行的股票，应当为记名股票，并应当记载该发起人、法人的名称或者姓名，不得另立户名或者以代表人姓名记名。无记名股票是指在票面上不记载股东姓名或名称的股票。《公司法》规定，发行无记名股票的，公司应当记载其股票数量、编号及发行日期。

（三）股票的发行价格

股票的发行价格是指股票发行时所使用的价格，也是投资者认购股票时所支付的价格。股票的发行价格可以分为平价发行的价格和溢价发行的价格。平价发行是指股票的发行价格与股票的票面金额相同，也称为等价发行、券面发行。溢价发行是指股票的实际发行价格超过其票面金额。

《公司法》规定，股票发行价格可以按票面金额，也可以超过票面金额，但不得低于票面金额。因为，低于票面金额发行股票，违背资本充实原则，使股票发行募集的资金低于公司相应的注册资本数额。

（三）股票的形式和种类

1. 股票的形式

股票的形式有两种。一种是采用纸面形式；另一种是国务院证券监督管理机构规定的其他形式。股票应当载明下列主要事项：①公司名称；②公司成立日期；③股票种类、票面金额及代表的股份数；④股票的编号。股票由法定代表人签名，公司盖章。发起人的股票，应当标明发起人股票字样。

2. 股票的种类

股票的种类分为记名股票和无记名股票。《公司法》规定，公司发行的股票，可以为记名股票，也可以为无记名股票。公司向发起人、法人发行的股票，应当为记名股票，并应当记载该发起人、法人的名称或者姓名，不得另立户名或者以代表人姓名记名。

公司发行记名股票的，应当置备股东名册，记载下列事项：①股东的姓名或者名称及住所；②各股东所持股份数；③各股东所持股票的编号；④各股东取得股份的日期。发行无记名股票的，公司应当记载其股票数量、编号及发行日期。

股份有限公司成立后，即向股东正式交付股票。公司成立前不得向股东交付股票。

（四）公司发行新股

发行新股是指股份有限公司成立后再向社会募集股份的法律行为。股份有限公司发行新股是股份有限公司向社会募集股份，增加公司注册资本的行为。

公司发行新股，股东大会应当对下列事项做出决议：①新股种类及数额；②新股发行价格；③新股发行的起止日期；④向原有股东发行新股的种类及数额。

公司经国务院证券监督管理机构核准公开发行新股时，必须公告新股招股说明书和财务会计报告，并制作认股书。公司公开发行新股应当由依法设立的证券公司承销，签订承销协议，并同银行签订代收股款协议。公司发行新股，可以根据公司经营情况和财务状况，确定其作价方案。公司发行新股募足股款后，必须向公司登记机关办理变更登记，并公告。

（五）股份转让的法律规定

《公司法》对股份有限公司的股份转让做出了具体的规定，主要包括以下内容：

（1）股东持有的股份可以依法转让。股东转让其股份，应当在依法设立的证券交易场所进行或者按照国务院规定的其他方式进行。

（2）记名股票，由股东以背书方式或者法律、行政法规规定的其他方式转让，转让后由公司将受让人的姓名或者名称及住所记载于股东名册。股东大会召开前 20 日内或者公司决定分配股利的基准日前 5 日内，不得进行上述规定的股东名册的变更登记。但是，法律对上市公司股东名册变更登记另有规定的，从其规定。无记名股票的转让，由股东将该股票交付给受让人后即发生转让的效力。

（3）发起人持有的本公司股份，自公司成立之日起 1 年内不得转让。公司公开发行股份前已发行的股份，自公司股票在证券交易所上市交易之日起 1 年内不得转让。公司董事、监事、高级管理人员应当向公司申报所持有的本公司的股份及其变动情况，在任职期间每年转让的股份不得超过其所持有本公司股份总数的 25%；所持本公司股份自公司股票上市交易之日起 1 年内不得转让。上述人员离职后半年内，不得转让其所持有的本公司股份。公司章程可以对公司董事、监事、高级管理人员转让其所持有的本公司股份做出其他限制性规定。

（4）公司不得收购本公司股份。但是，有下列情形之一的除外：①减少公司注册资本；②与持有本公司股份的其他公司合并；③将股份奖励给本公司职工；④股东因对股东大会作出的公司合并、分立决议持异议，要求公司收购其股份的。公司因上述第①项至第③项的原因收购本公司股份的，应当经股东大会决议。公司依照上述规定收购本公司股份后，属于第①项情形的，应当自收购之日起 10 日内注销；属于第②项、第④项情形的，应当在 6 个月内转让或者注销。公司依照上述第③项规定收购的本公司股份，不得超过本公司已发行股份总额的 5%；用于收购的资金应当从公司的税后利润中支出；所收购的股份应当在 1 年内转让给职工。

（5）公司不得接受本公司的股票作为质押权的标的。这是因为，质押的意义在于当公司的债权得不到偿还时，公司有权将债务人的质押物进行买卖。但是，当公司以本公司的股票作为自己质押权的标的时，一旦债务人不能履行自己的债务，作为债权人的公司将该股票变卖时，如果没有人购买，自己的利益将得不到维护，起不到质押的作用。

（6）上市公司的股票，依照有关法律、行政法规及证券交易所交易规则上市交易。

（7）上市公司必须依照法律、行政法规的规定，公开其财务状况、经营情况及重大诉讼，在每会计年度内半年公布一次财务会计报告。

二、公司债券

（一）公司债券的概念和特征

公司债券是指公司依照法定程序发行、约定在一定期限还本付息的有价证券。

（1）公司债券的持有人是公司的债权人，对于公司享有民法上规定的债权人的所有权利，而股票的持有人则是公司的股东，享有《公司法》所规定的股东权利；

（2）公司债券的持有人，不问公司是否有盈利，对公司享有按照约定给付利息的请求权，而股票持有人，则必须在公司有盈利时才能依法获得股利分配；

（3）公司债券到了约定期限，公司必须偿还债券本金，而股票持有人仅在公司解散时方可请求分配剩余财产；

（4）公司债券的持有人享有优先于股票持有人获得清偿的权利，而股票持有人必须在公司全部债务清偿之后，方可就公司剩余财产请求分配；

（5）公司债券的利率一般是固定不变的，风险较小，而股票股利分配的高低，与公司经营好坏密切相关，故常有变动，风险较大。

（二）公司债券的种类

公司债券的种类包括：

（1）记名公司债券和无记名公司债券。

（2）可转换公司债券和不可转换公司债券。凡在发行债券时未做出转换约定的，均为不可转换公司债券。

（3）上市的公司债和非上市的公司债。

（三）公司债券的发行

1. 公司债券发行条件

公司发行公司债券应当符合《中华人民共和国证券法》规定的发行条件。

2. 公司债券募集办法

公司发行债券，应当公告公司债券募集办法，该办法中应当载明下列主要事项：①公司名称；②债券募集资金的用途；③债券总额和债券的票面金额；④债券利率的确定方式；⑤还本付息的期限和方式；⑥债券担保情况；⑦债券的发行价格、发行的起止日期；⑧公司净资产额；⑨已发行的尚未到期的公司债券总额；⑩公司债券的承销机构。

3. 公司债券记载的内容

以实物券方式发行公司债券的，必须在债券上载明公司名称、债券票面金额、利率、偿还期限等事项，并由法定代表人签名，公司盖章。公司发行公司债券应当置备公司债券存根簿。

（四）公司债券的转让

《公司法》规定，公司债券可以转让，转让价格由转让人与受让人约定。公司债券在证券交易所上市交易的，按照证券交易所的交易规则转让。

根据公司债券种类的不同，公司债券的转让有两种不同的方式。记名公司债券，由债券持有人以背书方式或者法律、行政法规规定的其他方式转让；转让后由公司将受让人的姓名或者名称及住所记载于公司债券存根簿，以备公司存查。无记名公司债券的转让，由债券持有人将该债券交付给受让人后即发生转让的效力；受让人一经持有该债券，即成为公司的债权人。发行可转换为股票的公司债券的，公司应当按照其转换办法向债券持有人换发股票，但债券持有人对转换股票或者不转换股票有选择权。

第七节　公司财务会计

一、公司财务会计的意义

（一）公司财务会计的概念

公司财务会计反映的财务信息包括公司的财务活动和经营状况，如资产负债表、利润表、现金流量表等。公司财务会计服务的对象是公司管理者和其他利害关系人。其他利害关系人是指公司股东、债权人、潜在投资者、潜在的交易方、政府财税机关等。

（二）公司财务会计制度的意义

（1）有利于保护投资者和债权人的利益。投资者除参加决定一些重大事项外，一般不参与公司日常的生产经营活动，投资者往往是通过了解公司的生产经营状况和公司财务、会计情况，来维护自身的利益。公司的资产作为其对债权人的担保，资产状况如何，资产经营情况如何，直接涉及债权人的债权是否能得到清偿。公司财务、会计工作的规范化，可以保证公司正确核算经营成果，合理分配利润；可以保证公司资产的完整；使债权人的利益得到保护。

（2）有利于吸收社会投资和获得交易机会。公司的潜在投资者做出投资于公司的决定都依赖于公司财务、会计信息的披露。公司财务、会计制度的规范化和公开化，可以使社会各方面都能方便地了解到公司的经营状况和盈利能力。对经营状况比较好的公司，可以起到吸收社会投资的作用。

（3）有利于政府的宏观管理。公司在统一的财务、会计制度规定下筹集分配资金，记录反映经济业务，有利于政府掌握情况，制定政策，实施管理。

二、公司财务会计制度

公司应当依照法律、行政法规和国务院财政部门的规定建立本公司的财务、会计制度。

公司应当在每一会计年度终了时编制财务会计报告，并依法经会计师事务所审计。财务会计报告应当依照法律、行政法规和国务院财政部门的规定制作。

有限责任公司应当依照公司章程规定的期限将财务会计报告送交各股东。

股份有限公司的财务会计报告应当在召开股东大会年会的20日前置备于本公司，供股东查阅；公开发行股票的股份有限公司必须公告其财务会计报告。

三、公司税后利润分配

（一）公司利润分配顺序

公司利润是指公司在一定会计期间的经营成果，包括营业利润、投资净收益和营业外收支净额等。

根据我国公司法及税法等相关规定，公司应当按照如下顺序进行利润分配：

（1）弥补以前年度的亏损，但不得超过税法规定的弥补期限；

（2）缴纳企业所得税；

（3）弥补在税前利润弥补亏损之后仍存在的亏损；

（4）提取法定公积金；

（5）提取任意公积金；

（6）向股东分配利润。

公司弥补亏损和提取公积金后所余税后利润，有限责任公司按照股东实缴的出资比例分配，但全体股东约定不按照出资比例分配的除外；股份有限公司按照股东持有的股份比例分配，但股份有限公司章程规定不按持股比例分配的除外。

公司股东会、股东大会或者董事会违反规定，在公司弥补亏损和提取法定公积金之前向股东分配利润的，股东必须将违反规定分配的利润退还公司。公司持有的本公司股份不得分配利润。

（二）公积金

1. 公积金的种类

公积金分为盈余公积金和资本公积金两类。

（1）盈余公积金。盈余公积金是从公司税后利润中提取的公积金，分为法定公积金和任意公积金两种。

法定公积金按照公司税后利润的10%提取，当公司法定公积金累计额为公司注册资本的50%以上时可以不再提取。公司的法定公积金不足以弥补以前年度亏损的，在依照规定提取法定公积金之前，应当先用当年利润弥补亏损。任意公积金按照公司股东会或者股东大会决议，从公司税后利润中提取。

（2）资本公积金。资本公积金是直接由资本原因等形成的公积金，股份有限公司以超过股票票面金额的发行价格发行股份所得的溢价款，以及国务院财政部门规定列入资本公积金的其他收入，应当列为公司资本公积金。

2. 公积金的用途

公司的公积金应当按照规定的用途使用。公司的公积金主要有以下用途：

（1）弥补公司亏损。公司的亏损按照国家税法规定可以用缴纳所得税前的利润弥补，超过用所得税前利润弥补期限仍未补足的亏损，可以用公司税后利润弥补；发生特大亏损，税后利润仍不足弥补的，可以用公司的公积金弥补。但是，资本公积金不得用于弥补公司的亏损。

（2）扩大公司生产经营。

（3）转增公司资本。公司为了达到增加资本的目的，可以将公积金的一部分转为资本。对用任意公积金转增资本的，法律没有限制，但用法定公积金转增资本时，《公司法》规定，法定公积金转为资本时，所留存的该项公积金不得少于转增前公司注册资本的25%。

第八节 公司合并、分立、解散和清算

一、公司合并、分立

公司合并是指两个以上的公司依照法定程序变为一个公司的行为。其形式有两种：一是吸收合并；二是新设合并。吸收合并是指一个公司吸收其他公司加入本公司，被吸收的公司解散。新设合并是指两个以上公司合并设立一个新的公司，合并各方解散。

公司合并，应当由合并各方签订合并协议，并编制资产负债表及财产清单。

公司合并时，合并各方的债权、债务，应当由合并后存续的公司或者新设的公司

承继。

公司分立是指一个公司依法分为两个以上的公司。《公司法》未明确规定公司分立的形式，一般有两种：一是公司以其部分财产和业务另设一个新公司，原公司存续；二是公司以其全部财产分别归入两个以上的新设公司，原公司解散。

公司分立，其财产做相应的分割。公司分立，应当编制资产负债表及财产清单。

公司分立前的债务由分立后的公司承担连带责任。但是，公司在分立前与债权人就债务清偿达成的书面协议另有约定的除外。

二、公司解散

（一）公司解散的特征

（1）公司解散事由发生后，公司并未终止，仍然具有法人资格，可以自己的名义开展与清算相关的活动，直到清算完毕并注销后才消灭其主体资格。

（2）除公司因合并或分立而解散，不必进行清算外，公司解散必须经过法定清算程序。

（3）公司解散的目的是终止其法人资格。

（二）公司解散的原因

公司解散的原因有以下五种情形：①公司章程规定的营业期限届满或者公司章程规定的其他解散事由出现；②股东会或者股东大会决议解散；③因公司合并或者分立需要解散；④依法被吊销营业执照、责令关闭或者被撤销；⑤人民法院依法予以解散。

公司有上述第①项情形的，可以通过修改公司章程而存续。公司依照规定修改公司章程的，有限责任公司须经持有2/3以上表决权的股东通过，股份有限公司须经出席股东大会会议的股东所持表决权的2/3以上通过。

单独或者合计持有公司全部股东表决权10%以上的股东，有下列事由之一，公司继续存续会使股东利益受到重大损失，通过其他途径不能解决，提起解散公司诉讼，人民法院应予受理：

（1）公司持续2年以上无法召开股东会或者股东大会，公司经营管理发生严重困难的；

（2）股东表决时无法达到法定或者公司章程规定的比例，持续2年以上不能做出有效的股东会或者股东大会决议，公司经营管理发生严重困难的；

（3）公司董事长期冲突，且无法通过股东会或者股东大会解决，公司经营管理发生严重困难的；

（4）经营管理发生其他严重困难，公司继续存续会使股东利益受到重大损失的情形。

三、公司清算

（一）公司清算的概念

公司清算，是指公司解散时，为终结现存的财产和其他法律关系，依照法定程序，对公司的财产和债权债务关系进行清理、处分和分配，以了结其债权债务关系，从而消灭公司法人资格的法律行为。公司除因合并或分立而解散外，其余原因引起的解散，均须经过清算程序。

（二）公司在清算期间的行为限制

（1）清算期间，公司不再从事新的经营活动，仅局限于清理公司已经发生但尚未了结的事务，包括清偿债务、实现债权以及处理公司内部事务等。

（2）清算期间，公司的代表机构为清算组。清算组负责处理未了事务，代表公司对外进行诉讼。在清算组未成立前，仍然由原公司法定代表人代表公司进行诉讼。清算组进行民事诉讼，应当以公司名义进行。

（3）清算期间，公司财产在未按照法定程序清偿前，不得分配给股东。

（三）清算组及其组成

公司应当在解散事由出现之日起 15 日内成立清算组，开始清算。有限责任公司的清算组由股东组成，股份有限公司的清算组由董事或者股东大会确定的人员组成。逾期不成立清算组进行清算的，债权人可以申请人民法院指定有关人员组成清算组进行清算。

债权人申请人民法院指定清算组进行清算的，人民法院应予受理：①公司解散逾期不成立清算组进行清算的；②虽然成立清算组但故意拖延清算的；③违法清算可能严重损害债权人或者股东利益的。具有上述情形，而债权人未提起清算申请，公司股东申请人民法院指定清算组对公司进行清算的，人民法院应予受理。人民法院受理公司清算案件应当及时指定有关人员组成清算组。清算组成员可以从下列人员或者机构中产生：①公司股东、董事、监事、高级管理人员；②依法设立的律师事务所、会计师事务所、破产清算事务所等社会中介机构；③依法设立的律师事务所、会计师事务所、破产清算事务所等社会中介机构中具备相关专业知识并取得执业资格的人员。

人民法院指定的清算组成员有下列情形之一的，人民法院可以根据债权人、股东的申请，或者依职权更换清算组成员：①有违反法律或者行政法规的行为；②丧失执业能力或者民事行为能力；③有严重损害公司或者债权人利益的行为。

（四）清算组的职权

清算组在清算期间行使下列职权：①清理公司财产，分别编制资产负债表和财产清单；②通知、公告债权人；③处理与清算有关的公司未了结的业务；④清缴所欠税款以及清算过程中产生的税款；⑤清理债权、债务；⑥处理公司清偿债务后的剩余财产；⑦代表公司参与民事诉讼活动。

（五）清算工作程序

1. 登记债权

清算组应当自成立之日起10日内通知债权人，并于60日内在报纸上公告。债权人应当自接到通知书之日起30日内，未接到通知书的自公告之日起45日内，向清算组申报其债权。在申报债权期间，清算组不得对债权人进行清偿。

2. 清理公司财产，制订清算方案

清算方案应当报股东会、股东大会或者人民法院确认。清算组在清理公司财产、编制资产负债表和财产清单后，发现公司财产不足清偿债务的，应当依法向人民法院申请宣告破产。公司经人民法院裁定宣告破产后，清算组应当将清算事务移交给人民法院。

3. 清偿债务

公司财产在分别支付清算费用、职工的工资、社会保险费用和法定补偿金，缴纳所欠税款，清偿公司债务后的剩余财产，有限责任公司按照股东的出资比例分配，股份有限公司按照股东持有的股份比例分配。

4. 公告公司终止

公司清算结束后，清算组应当制作清算报告，报股东会、股东大会或者人民法院确认，并报送公司登记机关，申请注销公司登记，公告公司终止。

第九节　违反公司法的法律责任

一、公司发起人、股东的法律责任

违反《公司法》规定，虚报注册资本、提交虚假材料或者采取其他欺诈手段隐瞒重要事实取得公司登记的，由公司登记机关责令改正，对虚报注册资本的公司，处以虚报注册资本金额5%以上15%以下的罚款；对提交虚假材料或者采取其他欺诈手段隐瞒重要事实的公司，处以5万元以上50万元以下的罚款；情节严重的，撤销公司登记或者吊销营业执照。构成犯罪的，依法追究刑事责任。

公司的发起人、股东虚假出资，未交付或者未按期交付作为出资的货币或者非货币财产的，由公司登记机关责令改正，处以虚假出资金额5%以上15%以下的罚款。构成犯罪的，依法追究刑事责任。

公司的发起人、股东在公司成立后，抽逃其出资的，由公司登记机关责令改正，处以所抽逃出资金额5%以上15%以下的罚款。构成犯罪的，依法追究刑事责任。

二、公司的法律责任

公司违反《公司法》规定，在法定的会计账簿以外另立会计账簿的，由县级以上人民政府财政部门责令改正，处以 5 万元以上 50 万元以下的罚款。构成犯罪的，依法追究刑事责任。

公司在依法向有关主管部门提供的财务会计报告等材料上做虚假记载或者隐瞒重要事实的，由有关主管部门对直接负责的主管人员和其他直接责任人员处以 3 万元以上 30 万元以下的罚款。

公司不依照《公司法》规定提取法定公积金的，由县级以上人民政府财政部门责令如数补足应当提取的金额，可以对公司处以 20 万元以下的罚款。

公司在合并、分立、减少注册资本或者进行清算时，不依照《公司法》规定通知或者公告债权人的，由公司登记机关责令改正，对公司处以 1 万元以上 10 万元以下的罚款。

公司在进行清算时，隐匿财产，对资产负债表或者财产清单做虚假记载或者在未清偿债务前分配公司财产的，由公司登记机关责令改正，对公司处以隐匿财产或者未清偿债务前分配公司财产金额 5%以上 10%以下的罚款；对直接负责的主管人员和其他直接责任人员处以 1 万元以上 10 万元以下的罚款。构成犯罪的，依法追究刑事责任。

公司在清算期间开展与清算无关的经营活动的，由公司登记机关予以警告，没收违法所得。

公司成立后无正当理由超过 6 个月未开业的，或者开业后自行停业连续 6 个月以上的，可以由公司登记机关吊销营业执照。

三、承担资产评估、验资或者验证的机构的法律责任

承担资产评估、验资或者验证的机构提供虚假材料的，由公司登记机关没收违法所得，处以违法所得 1 倍以上 5 倍以下的罚款，并可以由有关主管部门依法责令该机构停业、吊销直接责任人员的资格证书，吊销营业执照。构成犯罪的，依法追究刑事责任。

承担资产评估、验资或者验证的机构因过失提供有重大遗漏的报告的，由公司登记机关责令改正，情节较重的，处以所得收入 1 倍以上 5 倍以下的罚款，并可以由有关主管部门依法责令该机构停业、吊销直接责任人员的资格证书，吊销营业执照。

承担资产评估、验资或者验证的机构因其出具的评估结果、验资或者验证证明不实，给公司债权人造成损失的，除能够证明自己没有过错的外，在其评估或者证明不实的金额范围内承担赔偿责任。

【思考题】

1. 大学生创业怎样开办一家公司？
2. 从家族企业的角度如何看待现代公司治理？
3. 公司组织机构的设置如何能够成为权利的“护城河”？
4. 试比较有限责任公司和股份有限公司有哪些区别。

5. 股份转让的限制性规定打击了投资人的热情，从而影响了公司的长久发展吗?
6. 简述公司董事、监事的任职资格和义务。
7. 简述公司利润分配的顺序。

【学习参考案例】宝万之争

万科股权事件爆发之前，万科集团创始人、董事会主席王石在中国的商界，一直是神一样的存在。在知天命之年，他爬珠穆朗玛，去美国游学，谈了一场惊世骇俗的恋爱。

2015 年 7 月 10 日，在宝能系增持到 5%之后，王石曾在微信上发出“深圳企业，彼此知根知底”的言论。这种对宝能系隐晦的不欢迎，姚振华一定读懂了。7 月末，经冯仑牵线，王石和深圳市宝能投资集团董事长姚振华坐到了一起，即使有龃龉在先，姚振华仍表达了对王石的欣赏，并表示在成为万科大股东之后，要维护好王石这面旗帜。但王石在沟通中表现出了轻蔑，此后又公开谈论过此次会面，说姚振华“很健谈，有点收不住嘴，主要谈的是自己的发家史”。当姚振华表达出要当万科大股东时，王石的回答是：“什么时候宝能的信用赶上了万科，我什么时候欢迎你来当大股东。”

仅一个月之后，宝能系再度增持，持股比例升至 15.04%，成了万科的第一大股东。虽然华润随后进行了小规模增持，重回第一大股东之位，但持股比例仅比宝能系多了 0.19%。

2015 年 12 月 6 日，宝能系进一步增持，再次成为万科第一大股东，但华润却一直按兵不动。12 月 17 日，北京万科的一次员工交流会上，王石出人意料地出席了，并发表了主旨明确的讲话，核心思想是万科不欢迎宝能这样过于冒险、信用不够的大股东。第二天，该讲话由万科公司发放给媒体，万科股权事件中的矛盾彻底激化。万科停牌，宣布筹划重大资产重组。

2016 年 2 月的天山峰会，王石语出惊人，他讲道，不欢迎民营企业成为万科第一大股东，万科一直是国有企业占第一大股东，过去的设计是这样的，现在仍是这样，将来也会是这样。王石的理由是：“我国是社会主义国家，纯粹的民营企业如果达到举足轻重的地位，会有危险。”这样的表态再次激化了万科与宝能系之间的矛盾，同时也引起了社会上的争议。如果说王石是在向国有企业示好，那他的对象一定不是华润。一个月之后，万科披露了重组预案，计划以发行新股的方式，收购深圳地铁集团持有的地铁物业资产，预计交易规模在人民币 400 亿元~600 亿元。通过换股的方式引入深铁，对于万科来说当然是一石二鸟的好事，但此事在处理上确有失当之处。从紧接着华润的表态来看，万科管理层在发布公告之前没有征得华润的意见。万科给出的理由是，按照上市公司规则，仅一个合作备忘录，没有必要摆上董事会的台面。

在感到失去作为重要股东和关键角色的存在感后，华润离万科管理层越来越远，其后的三个月，华润和万科管理层究竟发生了多少次碰撞，外界已很难追溯。但 2016 年 6 月

12 日万科与深铁再度签署深化战略合作备忘录时，华润派代表列席了，这是一个让万科和外界都安心的信号。万科公司上下，对于当月 17 日的董事会非常有信心，当天的议案正是引入深铁的方案。出人意料的是，当天华润方三名董事全部投了反对票，于是产生了一个有争议的结果，7 票赞成，3 票反对，另有一名独立董事回避表决。虽然万科方认为，会议结果是议案通过，但华润方则提出了激烈的反对意见。这件事的实际结果是，2016 年年末，万科通过换股的方式进入深铁的方案被放弃了。

2016 年 6 月 23 日夜间，宝能发布公告明确反对万科发行股份购买资产预案，语气严厉地指责万科董事会未能均衡代表股东利益，直指万科“内部人控制问题”。华润随即公开附和宝能的公告。几天后，宝能系向万科发出通知，要求召开临时股东大会，提议罢免全部万科董事，当然也包括王石和郁亮。万科 2015 年股东大会，王石数次致歉，差点按照个别股东的要求，弯腰鞠躬。他向宝能道歉，为当初表现出的“瞧不起”的态度，也为造成了宝能“野蛮人”形象。

此后，万科股权事件一度朝着失控的方向发展。中国恒大从 2016 年 8 月开始，于二级市场不断扫货，直至成为万科的第三大股东。

2016 年 12 月，监管层的态度发生了根本性的转变，曾公开表态支持险资举牌的原保监会主席项俊波，在当月的会议上措辞严厉，表示“不能让险资成为资本市场的‘泥石流’”“保险姓保，保监会姓监”“险资股权收购禁止使用杠杆资金”“约谈十次不如停牌一次，还可以吊销牌照”。2016 年 12 月 5 日晚间，保监会突然发布信息，停止前海人寿（宝能系旗下）万能险的新业务。同时，叫停前海人寿、恒大人寿等 6 家险企的互联保险业务，并派遣检查组进驻宝能调查。2017 年 2 月，姚振华被保监会采取市场禁入措施，时间长达 10 年。

同样是 2016 年 12 月前后，华润将万科股权的处置权上交给国务院国资委，随后整个事件的解决如江水溃堤般一泻千里。2017 年 1 月，华润将持有的万科全部股权悉数转让给深铁。2017 年 3 月，中国恒大将其与下属企业所持有的约 15.53 亿股万科 A 股票的表决权、提案权及参加股东大会的权利，不可撤销地委托给深圳地铁集团行使，期限一年。这使深圳地铁的表决权超过了宝能系，自此成为万科的第一大股东。2017 年 6 月 9 日，深圳地铁以现金交易方式，正式受让恒大下属企业所持有的万科 A 股股份。这使深圳地铁持有万科股份的比例达到 29.38%，宝能系以 25.40%退居第二。10 天之后，深圳地铁就提案董事会换届。

万科该任董事会是在 2014 年 3 月 28 日被选举成立，一般而言，董事会任期不能超过 3 年，万科董事会可以说已经是“超期服役”，主要原因应该是为了继续“阻击宝能系”。

万科股权事件迁延两年之久，其间双方的主战场除了二级市场上的股权争夺，还包括舆论上的唇枪舌剑，资本上的角逐竞争。始自 2015 年 7 月“宝万之争”（万科管理层阻止宝能系获得万科控制权）终于告一段落。在被提名的 11 名候选董事中，3 人来自万科管理层，3人有深圳地铁的背景，还有2人来自深圳国企，没有一个人来自宝能系。万科的第十八届董事会第一次会议上，选举郁亮为公司第十八届董事会主席，聘任郁亮为公司总裁、首席执行官；选举林茂德为第十八届董事会副主席；聘任王文金为执行副总裁、首席风险官，张旭为执行副总裁、首席运营官，孙嘉为执行副总裁、财务负责人、首席财务官；为充分肯定王石过去33年对公司做出的不可替代的贡献，董事会委任王石为董事会名誉主席。

一颗星星划过，一个时代结束。

——节选自《中国企业家》杂志

第六章　合伙企业法律制度

【本章学习要求】

1. 了解合伙企业、合伙企业法的概念。
2. 掌握普通合伙企业的有关规定。
3. 掌握有限合伙企业的有关规定。
4. 熟悉合伙企业的解散和清算。
5. 了解违反合伙企业的法律责任。

【案例导入】

甲、乙、丙三人合伙养对虾，甲出资 15 万元，乙出资 5 万元以及相关用地，丙提供技术和劳务。对虾厂向信用社贷款 20 万元。后对虾全部死亡。信用社打算通过法院查封甲的一幢房子，拍卖后收回 20 万元贷款及利息。信用社的做法是否合法？

第一节　合伙企业法律制度概述

一、合伙企业的概念及分类

合伙是指两个以上的人为着共同目的，相互约定共同出资、共同经营、共享收益、共担风险的自愿联合。

合伙企业，是指自然人、法人和其他组织依照《中华人民共和国合伙企业法》（以下简称《合伙企业法》）在中国境内设立的普通合伙企业和有限合伙企业。

合伙企业分为普通合伙企业和有限合伙企业。普通合伙企业由普通合伙人组成，合伙人对合伙企业债务承担无限连带责任。《合伙企业法》对普通合伙人承担责任的形式有特别规定的，从其规定。有限合伙企业由普通合伙人和有限合伙人组成，普通合伙人对合伙企业债务承担无限连带责任，有限合伙人以其认缴的出资额为限对合伙企业债务承担责任。

二、合伙企业法的概念和基本原则

1. 合伙企业法的概念

合伙企业法有广义和狭义之分。狭义的合伙企业法，是指由国家最高立法机关依法制定的、规范合伙企业合伙关系的专门法律，即《中华人民共和国合伙企业法》。该法于1997年2月23日由第八届全国人民代表大会常务委员会第24次会议通过，2006年8月27日第十届全国人民代表大会常务委员会第23次会议修订。广义的合伙企业法，是指国家立法机关或者其他有权机关依法制定的、调整合伙企业合伙关系的各种法律规范的总称。因此，除了《合伙企业法》外，国家有关法律、行政法规和规章中关于合伙企业的法律规范，都属于合伙企业法的范畴。

2. 合伙企业法的基本原则

《合伙企业法》遵循下列基本原则：①协商原则；②自愿、平等、公平、诚实信用原则；③守法原则；④合法权益受法律保护原则；⑤依法纳税原则。

第二节　普通合伙企业

一、普通合伙企业的概念

普通合伙企业，是指由普通合伙人组成，合伙人对合伙企业债务依照《合伙企业法》规定承担无限连带责任的一种合伙企业。普通合伙企业具有以下特点：

（1）由普通合伙人组成。所谓普通合伙人，是指在合伙企业中对合伙企业的债务依法承担无限连带责任的自然人、法人和其他组织。《合伙企业法》规定，国有独资公司、国有企业、上市公司以及公益性的事业单位、社会团体不得成为普通合伙人。

（2）合伙人对合伙企业债务依法承担无限连带责任，法律另有规定的除外。所谓无限连带责任，包括两个方面：一是连带责任。即所有的合伙人对合伙企业的债务都有责任向债权人偿还，不管自己在合伙协议中所承担的比例如何。一个合伙人不能清偿对外债务的，其他合伙人都有清偿的责任。但是，当某一合伙人偿还合伙企业的债务超过自己所应承担的数额时，有权向其他合伙人追偿。二是无限责任。即所有的合伙人不仅以自己投入合伙企业的资金和合伙企业的其他资金对债权人承担清偿责任，而且在不够清偿时还要以合伙人自己所有的财产对债权人承担清偿责任。

所谓法律另有规定的除外，是指《合伙企业法》有特殊规定的，合伙人可以不承担无限连带责任。如《合伙企业法》中“特殊普通合伙企业”的责任承担的规定。

二、普通合伙企业的设立

1. 合伙企业的设立条件

根据《合伙企业法》的规定，设立合伙企业，应当具备下列条件：

（1）有 2 个以上合伙人。合伙企业合伙人至少为 2 人以上，对于合伙企业合伙人数的最高限额，我国合伙企业法未做规定，完全由设立人根据所设企业的具体情况决定。

关于合伙人的资格，《合伙企业法》做了以下限定：①合伙人可以是自然人，也可以是法人或者其他组织。如何组成，除法律另有规定外不受限制。②合伙人为自然人的，应当具有完全民事行为能力。无民事行为能力人和限制民事行为能力人不得成为合伙企业的合伙人。③国有独资公司、国有企业、上市公司以及公益性的事业单位、社会团体不得成为普通合伙人。

（2）有书面合伙协议。合伙协议是指由各合伙人通过协商，共同决定相互间的权利义务，达成的具有法律约束力的协议。合伙协议应当依法由全体合伙人协商一致，以书面形式订立。合伙协议应当载明下列事项：合伙企业的名称和主要经营场所的地点；合伙目的和合伙经营范围；合伙人的姓名或者名称、住所；合伙人的出资方式、数额和缴付期限；利润分配、亏损分担方式；合伙事务的执行；入伙与退伙；争议解决办法；合伙企业的解散与清算；违约责任等。合伙协议经全体合伙人签名、盖章后生效。合伙人按照合伙协议享有权利，履行义务。修改或者补充合伙协议，应当经全体合伙人一致同意；但是，合伙协议另有约定的除外。合伙协议未约定或者约定不明确的事项，由合伙人协商决定；协商不成的，依照《合伙企业法》和其他有关法律、行政法规的规定处理。

（3）有合伙人认缴或者实际缴付的出资。合伙协议生效后，合伙人应当按照合伙协议的规定缴纳出资。合伙人可以用货币、实物、知识产权、土地使用权或者其他财产权利出资，也可以用劳务出资。合伙人以实物、知识产权、土地使用权或者其他财产权利出资，需要评估作价的，可以由全体合伙人协商确定，也可以由全体合伙人委托法定评估机构评估。合伙人以劳务出资的，其评估办法由全体合伙人协商确定，并在合伙协议中载明。合伙人应当按照合伙协议约定的出资方式、数额和缴付期限，履行出资义务。以非货币财产出资的，依照法律、行政法规的规定，需要办理财产权转移手续的，应当依法办理。

（4）有合伙企业的名称和生产经营场所。普通合伙企业应当在其名称中标明“普通合伙”字样，其中特殊的普通合伙企业，应当在其名称中标明“特殊普通合伙”字样，合伙企业的名称必须和“合伙”联系起来，名称中必须有“合伙”二字。

（5）法律、行政法规规定的其他条件。

2. 合伙企业的设立登记

根据《合伙企业法》和国务院发布的《合伙企业登记管理办法》的规定，合伙企业的设立登记，应按如下程序进行：

（1）申请人向企业登记机关提交相关文件。该类文件有：①登记申请书，即由全体合伙人签署的设立合伙企业的书面申请。②合伙协议书，即由全体合伙人签署的书面合伙协议。③合伙人的身份证明。这里的合伙人应是全体合伙人。合伙人属于自然人的，应提交本人依法取得的身份证明，如中华人民共和国居民身份证；属于法人、其他组织的，应提交证明法人、其他组织存在的合法证明，如属于企业法人的，应提交企业登记机关颁发的营业执照，属于事业单位的，应提交登记管理机关颁发的事业单位法人证书，属于团体的，应提交登记管理机关颁发的社会团体法人登记证书等。④审批文件。需要注意的是，审批文件不是所有合伙企业在设立时必须提交的文件。合伙企业的经营范围中有属于法律、行政法规规定在登记前须经批准的项目的，该项经营业务应当依法经过批准，并在登记时提交批准文件。⑤其他法定的证明文件。如：全体合伙人指定的代表或者共同委托的代理人的委托书；出资权属证明；经营场所证明；合伙协议约定或者全体合伙人决定，委托一个或者数个合伙人执行合伙事务的，还应当提交全体合伙人的委托书等。

（2）企业登记机关核发营业执照。申请人提交的登记申请材料齐全、符合法定形式，企业登记机关能够当场登记的，应予当场登记，发给营业执照。如果申请人提交的登记申请材料不齐全、也不完全符合法定形式，需要补充有关材料，才能达到法定情形的，或者企业登记机关认为当场难以发给营业执照，对有关材料需要进一步核实等情况的，企业登记机关可以不予当场登记，但应当自受理申请之日起 20 日内，做出是否登记的决定。予以登记的，发给营业执照；不予登记的，应当给予书面答复，并说明理由。合伙企业的营业执照签发日期，为合伙企业的成立日期。合伙企业领取营业执照前，合伙人不得以合伙企业名义从事合伙业务。

三、合伙企业财产

1. 合伙企业财产的构成

根据《合伙企业法》规定，合伙人的出资、以合伙企业名义取得的收益和依法取得的其他财产，均为合伙企业的财产。从这一规定可以看出，合伙企业财产由以下三部分构成：

（1）合伙人的出资。《合伙企业法》规定，合伙人可以用货币、实物、知识产权、土地使用权或者其他财产权利出资，也可以用劳务出资。这些出资形成合伙企业的原始财产。需要注意的是，合伙企业的原始财产是全体合伙人“认缴”的财产，而非各合伙人“实际缴纳”的财产。

（2）以合伙企业名义取得的收益。合伙企业作为一个独立的经济实体，可以有自己的独立利益，因此，以其名义取得的收益作为合伙企业获得的财产，当然归属于合伙企业，成为合伙财产的一部分。其主要包括合伙企业的公共积累资金、未分配的盈余、合伙企业债权、合伙企业取得的工业产权和非专利技术以及合伙企业的名称（商号）、商誉等项财产权利。

（3）依法取得的其他财产。即根据法律、行政法规的规定合法取得的其他财产，如合法接受赠与的财产等。

2. 合伙企业财产的性质

合伙企业的财产具有独立性和完整性两方面的特征。所谓独立性，是指合伙企业的财产独立于合伙人，合伙人出资以后，一般说来，便丧失了对其作为出资部分的财产的所有权或者持有权、占有权，合伙企业的财产权主体是合伙企业，而不是单独的每一个合伙人。所谓完整性，是指合伙企业的财产作为一个完整的统一体而存在，合伙人对合伙企业财产权益的表现形式仅是依照合伙协议所确定的财产收益份额或者比例。

根据《合伙企业法》的规定，合伙人在合伙企业清算前，不得请求分割合伙企业的财产；但是，法律另有规定的除外。合伙人在合伙企业清算前私自转移或者处分合伙企业财产的，合伙企业不得以此对抗善意第三人。在确认善意取得的情况下，合伙企业的损失只能向合伙人进行追索，而不能向善意第三人追索。合伙企业也不能以合伙人无权处分其财产而对善意第三人的权利要求进行对抗，即不能以合伙人无权处分其财产而主张其与善意第三人订立的合同无效。当然，如果第三人是恶意取得，即明知合伙人无权处分而与之进行交易，或者与合伙人通谋共同侵犯合伙企业权益，则合伙企业可以据此对抗第三人。

3. 合伙人财产份额转让的限制

合伙人财产份额的转让，是指合伙企业的合伙人向他人转让其在合伙企业中的全部或者部分财产份额的行为。由于合伙人财产份额的转让将会影响到合伙企业以及各合伙人的切身利益，因此，《合伙企业法》对合伙人财产份额的转让做了以下限制性规定：

（1）合伙人之间转让在合伙企业中的全部或者部分财产份额时，应当通知其他合伙人。这一规定适用于合伙人财产份额的内部转让，因不涉及合伙人以外的人参加，合伙企业存续的基础没有发生实质性变更，因此不需要经过其他合伙人一致同意，只需要通知其他合伙人即可产生法律效力。

（2）除合伙协议另有约定外，合伙人向合伙人以外的人转让其在合伙企业中的全部或者部分财产份额时，须经其他合伙人一致同意。这一规定适用于合伙人财产份额的外部转让。

当然，“合伙人向合伙人以外的人转让其在合伙企业中的全部或者部分财产份额时，须经其他合伙人一致同意”，是一项法定的原则，且这项原则是在合伙协议中没有规定的情况下才有法律效力。如果合伙协议有另外的约定，即合伙协议约定，合伙人向合伙人以外的人转让其在合伙企业中的全部或者部分财产份额时，无须经过其他合伙人一致同意，比如约定 2/3 以上合伙人同意或者一定出资比例同意的情况下，则应执行合伙协议的规定。

（3）合伙人向合伙人以外的人转让其在合伙企业中的财产份额的，在同等条件下，其他合伙人有优先购买权；但是，合伙协议另有约定的除外。所谓优先购买权，是指在合伙人转让其财产份额时，在多数人接受转让的情况下，其他合伙人基于同等条件可先于其他非合伙人购买的权利。

合伙人以外的人依法受让合伙人在合伙企业中的财产份额的，经修改合伙协议即成为合伙企业的合伙人，依照《合伙企业法》和修改后的合伙协议享有权利，履行义务。合伙人以外的人成为合伙人须修改合伙协议，未修改合伙协议的，不应算作是法律所称的“合伙企业的合伙人”。合伙人以外的人成为合伙人后，依照《合伙企业法》和修改后的合伙协议享有权利，履行义务。

（4）合伙人以其在合伙企业中的财产份额出质的，须经其他合伙人一致同意；未经其他合伙人一致同意，其行为无效，由此给善意第三人造成损失的，由行为人依法承担赔偿责任。

合伙人财产份额的出质，是指合伙人将其在合伙企业中的财产份额作为质押物来担保债权人债权实现的行为。对合伙人财产份额出质的规定，包括以下两方面的内容：一是合伙人可以以其在合伙企业中的财产份额作为质物，与他人签订质押合同，但必须经其他合伙人一致同意；否则，合伙人的出质行为无效，即不产生法律上的效力，不受法律的保护。二是合伙人非法出质给善意第三人造成损失的，依法承担赔偿责任。合伙人擅自以其在合伙企业中的财产份额出质，违背了合伙企业存续的基础，具有主观上的过错。合伙人非法出质给善意第三人造成损失的，应当依法赔偿因其过错行为给善意第三人所造成的损失。

四、合伙事务执行

1. 合伙事务执行的形式

根据《合伙企业法》的规定，合伙人执行合伙企业事务，可以有两种形式：

（1）全体合伙人共同执行合伙事务。这是合伙事务执行的基本形式，也是在合伙企业中经常使用的一种形式，尤其是在合伙人较少的情况下更为适宜。在采取这种形式的合伙企业中，按照合伙协议的约定，各个合伙人都直接参与经营，处理合伙企业的事务，对外代表合伙企业。

（2）委托一个或者数个合伙人执行合伙事务。按照合伙协议的约定或者经全体合伙人决定，可以委托一个或者数个合伙人对外代表合伙企业，执行合伙事务。

关于合伙企业事务委托给一个或者数个合伙人执行时，其他未接受委托的合伙人是否还可以再执行合伙企业事务的问题，《合伙企业法》对此做了明确规定，即委托一个或者数个合伙人执行合伙事务的，其他合伙人不再执行合伙事务。这一规定主要是考虑到按照合伙协议的约定或者经全体合伙人决定，将合伙事务委托给部分合伙人执行，没有必要再由其他合伙人执行，否则容易引起冲突与矛盾。当然，对合伙协议或者全体合伙人做出的决定以外的某些事项，如果没有委托一个或数个合伙人执行时，可以由全体合伙人共同执行或者由全体合伙人决定委托给某一个特定的合伙人办理。

合伙人可以将合伙事务委托一个或者数个合伙人执行，但并非所有的合伙事务都可以委托给部分合伙人决定。根据《合伙企业法》的规定，除合伙协议另有约定外，合伙企业的下列事项应当经全体合伙人一致同意：①改变合伙企业的名称；②改变合伙企业的经营范围、主要经营场所的地点；③处分合伙企业的不动产；④转让或者处分合伙企业的知识产权和其他财产权利；⑤以合伙企业名义为他人提供担保；⑥聘任合伙人以外的人担任合伙企业的经营管理人员。

2. 合伙人在执行合伙事务中的权利和义务

（1）合伙人在执行合伙事务中的权利。根据《合伙企业法》的规定，合伙人在执行合伙事务中的权利主要包括以下内容：

①合伙人对执行合伙事务享有同等的权利；

②执行合伙事务的合伙人对外代表合伙企业；

③不执行合伙事务的合伙人的监督权利；

④合伙人查阅合伙企业会计账簿等财务资料的权利；

⑤合伙人有提出异议的权利和撤销委托的权利。

（2）合伙人在执行合伙事务中的义务。根据《合伙企业法》的规定，合伙人在执行合伙事务中的义务主要包括以下内容：

①合伙事务执行人向不参加执行事务的合伙人报告企业经营状况和财务状况；

②合伙人不得自营或者同他人合作经营与本合伙企业相竞争的业务；

③合伙人不得同本合伙企业进行交易；

④合伙人不得从事损害本合伙企业利益的活动。

3. 合伙事务执行决议办法

《合伙企业法》规定，合伙人对合伙企业有关事项做出决议，按照合伙协议约定的表决办法办理。合伙协议未约定或者约定不明确的，实行合伙人一人一票并经全体合伙人过半数通过的表决办法。《合伙企业法》对合伙企业的表决办法另有约定的，从其规定。这一规定明确了合伙事务执行决议的三种法定办法：

（1）由合伙协议对决议办法做出约定。

（2）实行合伙人一人一票并经全体合伙人过半数通过的表决办法。

（3）依照《合伙企业法》的规定做出决议。如《合伙企业法》规定，处分合伙企业的不动产、改变合伙企业的名称等，除合伙协议另有约定外，应当经全体合伙人一致同意。

4. 合伙企业的损益分配

（1）合伙损益。合伙损益包括两方面的内容：一是合伙利润，是指以合伙企业的名义所取得的经济利益，它反映了合伙企业在一定期间的经营成果。二是合伙亏损，是指以合伙企业的名义从事经营活动所形成的亏损。合伙亏损是全体合伙人所共同面临的风险，或者说是共同承担的经济责任。

（2）合伙损益分配原则。合伙损益分配包含合伙企业的利润分配与亏损分担两个方面，对合伙损益分配原则，《合伙企业法》做了原则规定，主要内容为：

①合伙企业的利润分配、亏损分担，按照合伙协议的约定办理；合伙协议未约定或者约定不明确的，由合伙人协商决定；协商不成的，由合伙人按照实缴出资比例分配、分担；无法确定出资比例的，由合伙人平均分配、分担。

②合伙协议不得约定将全部利润分配给部分合伙人或者由部分合伙人承担全部亏损。

5. 非合伙人参与经营管理

在合伙企业中，往往由于合伙人经营管理能力不足，需要在合伙人之外聘任非合伙人担任合伙企业的经营管理人员，参与合伙企业的经营管理工作。《合伙企业法》规定，除合伙协议另有约定外，经全体合伙人一致同意，可以聘任合伙人以外的人担任合伙企业的经营管理人员。

关于被聘任的经营管理人员的职责，《合伙企业法》做了明确规定，主要有：①被聘任的合伙企业的经营管理人员应当在合伙企业授权范围内履行职务；②被聘任的合伙企业的经营管理人员，超越合伙企业授权范围履行职务，或者在履行职务过程中因故意或者重大过失给合伙企业造成损失的，依法承担赔偿责任。

五、合伙企业与第三人的关系

1. 合伙企业与第三人关系

合伙企业对合伙人执行合伙事务以及对外代表合伙企业权利的限制，不得对抗善意第三人。

2. 合伙企业与债务人的关系

合伙企业对其债务，应先以其全部财产进行清偿。合伙企业不能清偿到期债务的，合伙人承担无限连带责任。合伙人由于承担无限连带责任，清偿数额超过规定的其亏损分担比例的，有权向其他合伙人追偿。

3. 合伙人个人债务的清偿

合伙人发生与合伙企业无关的债务，相关债权人不得以其债权抵销其对合伙企业的债务；也不得代位行使合伙人在合伙企业中的权利。合伙人的自有财产不足清偿其与合伙企业无关的债务的，该合伙人可以以其从合伙企业中分取的收益用于清偿；债权人也可以依法请求人民法院强制执行该合伙人在合伙企业中的财产份额用于清偿。

人民法院强制执行合伙人的财产份额时，应当通知全体合伙人，其他合伙人有优先购买权；其他合伙人未购买，又不同意将该财产份额转让给他人的，依照《合伙企业法》的规定为该合伙人办理退伙结算，或者办理削减该合伙人相应财产份额的结算。

六、入伙与退伙

1. 入伙

入伙是指在合伙企业存续期间，合伙人以外的第三人加入合伙，从而取得合伙人资格。

（1）入伙的条件和程序。《合伙企业法》规定，新合伙人入伙，除合伙协议另有约定外，应当经全体合伙人一致同意，并依法订立书面入伙协议。

订立入伙协议时，原合伙人应当向新合伙人如实告知原合伙企业的经营状况和财务状况。

（2）新合伙人的权利和责任。一般来讲，入伙的新合伙人与原合伙人享有同等权利，承担同等责任。但是，如果原合伙人愿意以更优越的条件吸引新合伙人入伙，或者新合伙人愿意以较为不利的条件入伙，也可以在入伙协议中另行约定。

关于新入伙人对入伙前合伙企业的债务承担问题，《合伙企业法》规定，新合伙人对入伙前合伙企业的债务承担无限连带责任。

2. 退伙

退伙是指合伙人退出合伙企业，从而丧失合伙人资格。

（1）退伙的原因。合伙人退伙，一般有两种原因：一是自愿退伙，二是法定退伙。

自愿退伙，是指合伙人基于自愿的意思表示而退伙。自愿退伙可以分为协议退伙和通知退伙两种。

关于协议退伙，《合伙企业法》规定，合伙协议约定合伙期限的，在合伙企业存续期间，有下列情形之一的，合伙人可以退伙：①合伙协议约定的退伙事由出现；②经全体合伙人一致同意；③发生合伙人难以继续参加合伙的事由；④其他合伙人严重违反合伙协议约定的义务。合伙人违反上述规定退伙的，应当赔偿由此给合伙企业造成的损失。

关于通知退伙，《合伙企业法》规定，合伙协议未约定合伙期限的，合伙人在不给合伙企业事务执行造成不利影响的情况下，可以退伙，但应当提前 30 日通知其他合伙人。合伙人违反上述规定退伙的，应当赔偿由此给合伙企业造成的损失。

法定退伙，是指合伙人因出现法律规定的事由而退伙。法定退伙分为当然退伙和除名两类。

关于当然退伙，《合伙企业法》规定，合伙人有下列情形之一的，当然退伙：①作为合伙人的自然人死亡或者被依法宣告死亡；②个人丧失偿债能力；③作为合伙人的法人或者其他组织依法被吊销营业执照、责令关闭、撤销，或者被宣告破产；④法律规定或者合伙协议约定合伙人必须具有相关资格而丧失该资格；⑤合伙人在合伙企业中的全部财产份额被人民法院强制执行。此外，合伙人被依法认定为无民事行为能力人或者限制民事行为能力人的，经其他合伙人一致同意，可以依法转为有限合伙人，普通合伙企业依法转为有限合伙企业。其他合伙人未能一致同意的，该无民事行为能力或者限制民事行为能力的合伙人退伙。当然退伙以退伙事由实际发生之日为退伙生效日。

关于除名，《合伙企业法》规定，合伙人有下列情形之一的，经其他合伙人一致同意，可以决议将其除名：①未履行出资义务；②因故意或者重大过失给合伙企业造成损失；③执行合伙事务时有不正当行为；④发生合伙协议约定的事由。对合伙人的除名决议应当书面通知被除名人。被除名人接到除名通知之日，除名生效，被除名人退伙。被除名人对除名决议有异议的，可以自接到除名通知之日起30日内，向人民法院起诉。

（2）退伙的效果。退伙的效果，是指退伙时退伙人在合伙企业中的财产份额和民事责任的归属变动。其分为两类情况：一是财产继承；二是退伙结算。

关于财产继承，《合伙企业法》规定，合伙人死亡或者被依法宣告死亡的，对该合伙人在合伙企业中的财产份额享有合法继承权的继承人，按照合伙协议的约定或者经全体合伙人一致同意，从继承开始之日起，取得该合伙企业的合伙人资格。有下列情形之一的，合伙企业应当向合伙人的继承人退还被继承合伙人的财产份额：①继承人不愿意成为合伙人；②法律规定或者合伙协议约定合伙人必须具有相关资格，而该继承人未取得该资格；③合伙协议约定不能成为合伙人的其他情形。合伙人的继承人为无民事行为能力人或者限制民事行为能力人的，经全体合伙人一致同意，可以依法成为有限合伙人，普通合伙企业依法转为有限合伙企业。全体合伙人未能一致同意的，合伙企业应当将被继承合伙人的财产份额退还该继承人。根据这一法律规定，合伙人死亡时其继承人可依法定条件取得该合伙企业的合伙人资格：一是有合法继承权；二是有合伙协议的约定或者全体合伙人的一致同意；三是继承人愿意。死亡的合伙人的继承人取得该合伙企业的合伙人资格，从继承开始之日起获得。

关于退伙结算，除合伙人死亡或者被依法宣告死亡的情形外，《合伙企业法》对退伙结算做了以下规定：①合伙人退伙，其他合伙人应当与该退伙人按照退伙时的合伙企业财产状况进行结算，退还退伙人的财产份额。退伙人对给合伙企业造成的损失负有赔偿责任的，相应扣减其应当赔偿的数额。退伙时有未了结的合伙企业事务的，待该事务了结后进行结算。②退伙人在合伙企业中财产份额的退还办法，由合伙协议约定或者由全体合伙人决定，可以退还货币，也可以退还实物。③合伙人退伙时，合伙企业财产少于合伙企业债务的，退伙人应当依照法律规定分担亏损，即如果合伙协议约定亏损分担比例的，按照合伙协议的约定办理；合伙协议未约定或者约定不明确的，由合伙人协商决定；协商不成的，由合伙人按照实缴出资比例分担；无法确定出资比例的，由合伙人平均分担。

合伙人退伙以后，并不能解除对于合伙企业既往债务的连带责任。根据《合伙企业法》的规定，退伙人对基于其退伙前的原因发生的合伙企业债务，承担无限连带责任。

七、特殊的普通合伙企业

1. 特殊的普通合伙企业的含义

特殊的普通合伙企业，是指以专业知识和专门技能为客户提供有偿服务的专业服务机构。特殊的普通合伙企业名称中应当标明“特殊普通合伙”字样。

2. 特殊的普通合伙企业的责任形式

（1）责任承担。《合伙企业法》规定，一个合伙人或者数个合伙人在执业活动中因故意或者重大过失造成合伙企业债务的，应当承担无限责任或者无限连带责任，其他合伙人以其在合伙企业中的财产份额为限承担责任。合伙人在执业活动中非因故意或者重大过失造成的合伙企业债务以及合伙企业的其他债务，由全体合伙人承担无限连带责任。所谓重大过失，是指明知可能造成损失而轻率地作为或者不作为。根据这一法律规定，特殊的普通合伙企业的责任形式分为两种：

①有限责任与无限连带责任相结合。即一个合伙人或者数个合伙人在执业活动中因故意或者重大过失造成合伙企业债务的，应当承担无限责任或者无限连带责任，其他合伙人以其在合伙企业中的财产份额为限承担责任。这是因为，其他合伙人出资后，该出资即形成合伙企业财产，由合伙企业享有财产权，合伙人对该出资即丧失占有、使用、收益和处分的权利，但由于特殊普通合伙企业的特殊性，为了保证特殊的普通合伙企业的健康发展，必须对合伙人的责任形式予以改变，否则以专业知识和专门技能为客户提供服务的专业服务机构难以存续。因此，对一个合伙人或者数个合伙人在执业活动中的故意或者重大过失行为与其他合伙人相区别对待，对于负有重大责任的合伙人应当承担无限责任或者无限连带责任，其他合伙人只能以其在合伙企业中的财产份额为限承担责任。这也符合公平、公正原则，如果不分清责任，简单地归责于无限连带责任或者有限责任，不但对其他合伙人不公平，而且债权人的利益也难以得到保障。

②无限连带责任。对合伙人在执业活动中非因故意或者重大过失造成的合伙企业债务以及合伙企业的其他债务，全体合伙人承担无限连带责任。这是在责任划分的基础上做出的合理性规定，以最大限度地实现公平、正义和保障债权人的合法权益。当然，这种责任形式的前提是，合伙人在执业过程中不存在重大过错，即既没有故意，也不存在重大过失。

（2）责任追偿。《合伙企业法》规定，合伙人执业活动中因故意或者重大过失造成的合伙企业债务，以合伙企业财产对外承担责任后，该合伙人应当按照合伙协议的约定对给合伙企业造成的损失承担赔偿责任。

3. 特殊的普通合伙企业的执业风险防范

特殊的普通合伙企业应当建立执业风险基金、办理职业保险。

执业风险基金，主要是指为了化解经营风险，特殊的普通合伙企业从其经营收益中提取相应比例的资金留存或者根据相关规定上缴至指定机构所形成的资金。执业风险基金用于偿付合伙人执业活动造成的债务。执业风险基金应当单独立户管理。

职业保险，又称职业责任保险，是指承保各种专业技术人员因工作上的过失或者疏忽大意所造成的合同一方或者他人的人身伤害或者财产损失的经济赔偿责任的保险。

第三节 有限合伙企业

一、有限合伙企业的概念及法律适用

1. 有限合伙企业的概念

有限合伙企业，是指由有限合伙人和普通合伙人共同组成，普通合伙人对合伙企业债务承担无限连带责任，有限合伙人以其认缴的出资额为限对合伙企业债务承担责任的合伙组织。有限合伙企业引入有限责任制度，有利于调动各方的投资热情，实现投资者与创业者的最佳结合。

有限合伙企业与普通合伙企业和有限责任公司相比较，具有以下显著特征：

（1）在经营管理上，普通合伙企业的合伙人，一般均可参与合伙企业的经营管理。有限责任公司的股东有权参与公司的经营管理（含直接参与和间接参与）。而在有限合伙企业中，有限合伙人不执行合伙事务，而由普通合伙人从事具体的经营管理。

（2）在风险承担上，普通合伙企业的合伙人之间对合伙债务承担无限连带责任。有限责任公司的股东对公司债务以其各自的出资额为限承担有限责任。而有限合伙企业中，不同类型的合伙人所承担的责任则存在差异，其中有限合伙人以其各自的出资额为限承担有限责任，普通合伙人之间承担无限连带责任。

2. 有限合伙企业法律适用

《合伙企业法》规定了两种类型的企业，即普通合伙企业和有限合伙企业。有限合伙企业与普通合伙企业之间既有相同点，也有差别，其中两者的差别主要表现为合伙企业的内部构造上。普通合伙企业的成员均为普通合伙人（特殊的普通合伙企业除外），而有限合伙企业的成员则被划分为两部分，即有限合伙人和普通合伙人。这两部分合伙人在主体资格、权利享有、义务承受与责任承担等方面存在着明显的差异。在法律适用中，凡是《合伙企业法》中对有限合伙企业有特殊规定的，应当适用有关《合伙企业法》中对有限合伙企业的特殊规定。无特殊规定的，适用有关普通合伙企业及其合伙人的一般规定。

本部分主要介绍有限合伙企业的有关特殊规定。

二、有限合伙企业设立的特殊规定

1. 有限合伙企业人数

《合伙企业法》规定，有限合伙企业由2个以上50个以下合伙人设立；但是，法律另有规定的除外。有限合伙企业至少应当有1个普通合伙人。按照规定，自然人、法人和其他组织可以依照法律规定设立有限合伙企业，但国有独资公司、国有企业、上市公司以及公益性的事业单位、社会团体不得成为有限合伙企业的普通合伙人。

在有限合伙企业存续期间，有限合伙人的人数可能发生变化。然而，无论如何变化，有限合伙企业中必须包括有限合伙人与普通合伙人两部分，否则，有限合伙企业应当进行组织形式变化。《合伙企业法》规定，有限合伙企业仅剩有限合伙人的，应当解散；有限合伙企业仅剩普通合伙人的，应当转为普通合伙企业。

2. 有限合伙企业名称

《合伙企业法》规定，有限合伙企业名称中应当标明“有限合伙”字样。按照企业名称登记管理的有关规定，企业名称中应当含有企业的组织形式。为便于社会公众以及交易相对人对有限合伙企业的了解，有限合伙企业名称中应当标明“有限合伙”的字样，而不能标明“普通合伙”“特殊普通合伙”“有限公司”“有限责任公司”等字样。

3. 有限合伙企业协议

有限合伙企业协议是有限合伙企业生产经营的重要法律文件。有限合伙企业协议除符合普通合伙企业合伙协议的规定外，还应当载明下列事项：①普通合伙人和有限合伙人的姓名或者名称、住所；②执行事务合伙人应具备的条件和选择程序；③执行事务合伙人权限与违约处理办法；④执行事务合伙人的除名条件和更换程序；⑤有限合伙人入伙、退伙的条件、程序以及相关责任；⑥有限合伙人和普通合伙人相互转变程序。

4. 有限合伙人出资形式

《合伙企业法》规定，有限合伙人可以用货币、实物、知识产权、土地使用权或者其他财产权利作价出资。有限合伙人不得以劳务出资。

5. 有限合伙人出资义务

《合伙企业法》规定，有限合伙人应当按照合伙协议的约定按期足额缴纳出资，未按期足额缴纳的，应当承担补缴义务，并对其他合伙人承担违约责任。按期足额出资是有限合伙人必须履行的义务，因此有限合伙人应当按照合伙协议的约定按期足额缴纳出资。合伙人未按照协议的约定履行缴纳出资义务的，首先应当承担补缴出资的义务，同时还应对其他合伙人承担违约责任。

6. 有限合伙企业登记事项

《合伙企业法》规定，有限合伙企业登记事项中应当载明有限合伙人的姓名或者名称及认缴的出资数额。

三、有限合伙企业事务执行的特殊规定

1. 有限合伙企业事务执行人

《合伙企业法》规定，有限合伙企业由普通合伙人执行合伙事务。执行事务合伙人可以要求在合伙协议中确定执行事务的报酬及报酬提取方式。如合伙协议约定数个普通合伙人执行合伙事务，这些普通合伙人均为合伙事务执行人。如合伙协议无约定，全体普通合伙人是合伙事务的共同执行人。合伙事务执行人除享有一般合伙人相同的权利外，还有接受其他合伙人的监督和检查、谨慎执行合伙事务的义务，若因自己的过错造成合伙财产损失的，应向合伙企业或其他合伙人负赔偿责任。

2. 禁止有限合伙人执行合伙事务

《合伙企业法》规定，有限合伙人不执行合伙事务，不得对外代表有限合伙企业。有限合伙人的下列行为，不视为执行合伙事务：①参与决定普通合伙人入伙、退伙；②对企业的经营管理提出建议；③参与选择承办有限合伙企业审计业务的会计师事务所；④获取经审计的有限合伙企业财务会计报告；⑤对涉及自身利益的情况，查阅有限合伙企业财务会计账簿等财务资料；⑥在有限合伙企业中的利益受到侵害时，向有责任的合伙人主张权利或者提起诉讼；⑦执行事务合伙人怠于行使权利时，督促其行使权利或者为了本企业的利益以自己的名义提起诉讼；⑧依法为本企业提供担保。

另外，《合伙企业法》规定，第三人有理由相信有限合伙人为普通合伙人并与其交易的，该有限合伙人对该笔交易承担与普通合伙人同样的责任。有限合伙人未经授权以有限合伙企业名义与他人进行交易，给有限合伙企业或者其他合伙人造成损失的，该有限合伙人应当承担赔偿责任。

3. 有限合伙企业利润分配

《合伙企业法》规定，有限合伙企业不得将全部利润分配给部分合伙人；但是，合伙协议另有约定的除外。

4. 有限合伙人权利

（1）有限合伙人可以同本企业进行交易。《合伙企业法》规定，有限合伙人可以同本有限合伙企业进行交易；但是，合伙协议另有约定的除外。

（2）有限合伙人可以经营与本企业相竞争的业务。《合伙企业法》规定，有限合伙人可以自营或者同他人合作经营与本有限合伙企业相竞争的业务；但是，合伙协议另有约定的除外。

四、有限合伙企业财产出质与转让的特殊规定

1. 有限合伙人财产份额出质

《合伙企业法》规定，有限合伙人可以将其在有限合伙企业中的财产份额出质；但是，

合伙协议另有约定的除外。所谓有限合伙人将在有限合伙企业中的财产份额出质，是指有限合伙人以其在合伙企业中的财产份额对外进行权利质押。有限合伙人在有限合伙企业中的财产份额，是有限合伙人的财产权益，在有限合伙企业存续期间，有限合伙人可以对该财产权利进行一定的处分。

2. 有限合伙人财产份额转让

《合伙企业法》规定，有限合伙人可以按照合伙协议的约定向合伙人以外的人转让其在有限合伙企业中的财产份额，但应当提前 30 日通知其他合伙人。有限合伙人对外转让其在有限合伙企业的财产份额时，有限合伙企业的其他合伙人有优先购买权。

五、有限合伙人债务清偿的特殊规定

《合伙企业法》规定，有限合伙人的自有财产不足清偿其与合伙企业无关的债务的，该合伙人可以以其从有限合伙企业中分取的收益用于清偿；债权人也可以依法请求人民法院强制执行该合伙人在有限合伙企业中的财产份额用于清偿。人民法院强制执行有限合伙人的财产份额时，应当通知全体合伙人。在同等条件下，其他合伙人有优先购买权。

六、有限合伙企业入伙与退伙的特殊规定

1. 入伙

《合伙企业法》规定，新入伙的有限合伙人对入伙前有限合伙企业的债务，以其认缴的出资额为限承担责任。这里需要注意，在普通合伙企业中，新入伙的合伙人对入伙前合伙企业的债务承担连带责任，而在有限合伙企业中，新入伙的有限合伙人对入伙前有限合伙企业的债务，以其认缴的出资额为限承担责任。

2. 退伙

（1）有限合伙人当然退伙。《合伙企业法》规定，有限合伙人出现下列情形时当然退伙：①作为合伙人的自然人死亡或者被依法宣告死亡；②作为合伙人的法人或者其他组织依法被吊销营业执照、责令关闭、撤销，或者被宣告破产；③法律规定或者合伙协议约定合伙人必须具有相关资格而丧失该资格；④合伙人在合伙企业中的全部财产份额被人民法院强制执行。

（2）有限合伙人丧失民事行为能力的处理。《合伙企业法》规定，作为有限合伙人的自然人在有限合伙企业存续期间丧失民事行为能力的，其他合伙人不得因此要求其退伙。

（3）有限合伙人继承人的权利。《合伙企业法》规定，作为有限合伙人的自然人死亡、被依法宣告死亡或者作为有限合伙人的法人及其他组织终止时，其继承人或者权利承受人可以依法取得该有限合伙人在有限合伙企业中的资格。

（4）有限合伙人退伙后责任承担。《合伙企业法》规定，有限合伙人退伙后，对基于其退伙前的原因发生的有限合伙企业债务，以其退伙时从有限合伙企业中取回的财产承担责任。

七、合伙人性质转变的特殊规定

《合伙企业法》规定，除合伙协议另有约定外，普通合伙人转变为有限合伙人，或者有限合伙人转变为普通合伙人，应当经全体合伙人一致同意。有限合伙人转变为普通合伙人的，对其作为有限合伙人期间有限合伙企业发生的债务承担无限连带责任。普通合伙人转变为有限合伙人的，对其作为普通合伙人期间合伙企业发生的债务承担无限连带责任。

第四节　合伙企业解散和清算

一、合伙企业解散

合伙企业解散，是指各合伙人解除合伙协议，合伙企业终止活动。

根据《合伙企业法》的规定，合伙企业有下列情形之一的，应当解散：①合伙期限届满，合伙人决定不再经营；②合伙协议约定的解散事由出现；③全体合伙人决定解散；④合伙人已不具备法定人数满 30 天；⑤合伙协议约定的合伙目的已经实现或者无法实现；⑥依法被吊销营业执照、责令关闭或者被撤销；⑦法律、行政法规规定的其他原因。

二、合伙企业清算

合伙企业解散的，应当进行清算。《合伙企业法》对合伙企业清算做了以下几方面的规定：

1. 确定清算人

合伙企业解散，应当由清算人进行清算。清算人由全体合伙人担任；经全体合伙人过半数同意，可以自合伙企业解散事由出现后 15 日内指定一个或者数个合伙人，或者委托第三人，担任清算人。自合伙企业解散事由出现之日起 15 日内未确定清算人的，合伙人或者其他利害关系人可以申请人民法院指定清算人。

2. 清算人职责

清算人在清算期间执行下列事务：①清理合伙企业财产，分别编制资产负债表和财产清单；②处理与清算有关的合伙企业未了结事务；③清缴所欠税款；④清理债权、债务；⑤处理合伙企业清偿债务后的剩余财产；⑥代表合伙企业参加诉讼或者仲裁活动。

3. 通知和公告债权人

清算人自被确定之日起 10 日内将合伙企业解散事项通知债权人，并于 60 日内在报纸上公告。债权人应当自接到通知书之日起 30 日内，未接到通知书的自公告之日起 45 日内，向清算人申报债权。债权人申报债权，应当说明债权的有关事项，并提供证明材料。清算人应当对债权进行登记。清算期间，合伙企业存续，但不得开展与清算无关的经营活动。

4. 财产清偿顺序

合伙企业财产在支付清算费用和职工工资、社会保险费用、法定补偿金以及缴纳所欠税款、清偿债务后的剩余财产，依照《合伙企业法》关于利润分配和亏损分担的规定进行分配。

合伙企业财产清偿问题主要包括以下三方面的内容：

（1）合伙企业的财产首先用于支付合伙企业的清算费用。清算费用包括：①管理合伙企业财产的费用，如仓储费、保管费、保险费等。②处分合伙企业财产的费用，如聘任工作人员的费用等。③清算过程中的其他费用，如通告债权人的费用、调查债权的费用、咨询费用、诉讼费用等。

（2）合伙企业的财产支付合伙企业的清算费用后的清偿顺序如下：合伙企业职工工资、社会保险费用和法定补偿金；缴纳所欠税款；清偿债务。其中法定补偿金主要是指法律、行政法规和规章所规定的应当支付给职工的补偿金，如《中华人民共和国劳动合同法》规定的解除劳动合同的补偿金。

（3）分配财产。合伙企业财产依法清偿后仍有剩余时，对剩余财产，依照《合伙企业法》的规定进行分配，即按照合伙协议的约定办理；合伙协议未约定或者约定不明确的，由合伙人协商决定；协商不成的，由合伙人按照实缴出资比例分配；无法确定出资比例的，由合伙人平均分配。

5. 注销登记

清算结束，清算人应当编制清算报告，经全体合伙人签名、盖章后，在 15 日内向企业登记机关报送清算报告，申请办理合伙企业注销登记。

合伙企业注销后，原普通合伙人对合伙企业存续期间的债务仍应承担无限连带责任。

6. 合伙企业不能清偿到期债务的处理

合伙企业不能清偿到期债务的，债权人可以依法向人民法院提出破产清算申请，也可以要求普通合伙人清偿。合伙企业依法被宣告破产的，普通合伙人对合伙企业债务仍应承担无限连带责任。

第五节　违反合伙企业法的法律责任

一、违法行为及其法律责任

1. 合伙人违法行为应承担的法律责任

（1）违反《合伙企业法》规定，提交虚假文件或者采取其他欺骗手段，取得合伙企业登记的，由企业登记机关责令改正，处以5 000元以上5万元以下的罚款；情节严重的，撤销企业登记，并处以5万元以上20万元以下的罚款。

（2）违反《合伙企业法》规定，合伙企业未在其名称中标明“普通合伙”“特殊普通合伙”或者“有限合伙”字样的，由企业登记机关责令限期改正，处以2 000元以上1万元以下的罚款。

（3）违反《合伙企业法》规定，未领取营业执照，而以合伙企业或者合伙企业分支机构名义从事合伙业务的，由企业登记机关责令停止，处以5 000元以上5万元以下的罚款。

（4）合伙企业登记事项发生变更时，未依照规定办理变更登记的，由企业登记机关责令限期登记；逾期不登记的，处以2 000元以上2万元以下的罚款。合伙企业登记事项发生变更，执行合伙事务的合伙人未按期申请办理变更登记的，应当赔偿由此给合伙企业、其他合伙人或者善意第三人造成的损失。

（5）合伙人执行合伙事务，或者合伙企业从业人员利用职务上的便利，将应当归合伙企业的利益据为己有的，或者采取其他手段侵占合伙企业财产的，应当将该利益和财产退还合伙企业；给合伙企业或者其他合伙人造成损失的，依法承担赔偿责任。

（6）合伙人对《合伙企业法》规定或者合伙协议约定必须经全体合伙人一致同意始得执行的事务擅自处理，给合伙企业或者其他合伙人造成损失的，依法承担赔偿责任。

（7）不具有事务执行权的合伙人擅自执行合伙事务，给合伙企业或者其他合伙人造成损失的，依法承担赔偿责任。

（8）合伙人违反《合伙企业法》规定或者合伙协议的约定，从事与本合伙企业相竞争的业务或者与本合伙企业进行交易的，该收益归合伙企业所有；给合伙企业或者其他合伙人造成损失的，依法承担赔偿责任。

（9）合伙人违反合伙协议的，应当依法承担违约责任。合伙人履行合伙协议发生争议的，合伙人可以通过协商或者调解解决。不愿通过协商、调解解决或者协商、调解不成的，可以按照合伙协议约定的仲裁条款或者事后达成的书面仲裁协议，向仲裁机构申请仲裁。合伙协议中未订立仲裁条款，事后又没有达成书面仲裁协议的，可以向人民法院起诉。

2. 合伙企业清算人违法行为应承担的法律责任

（1）清算人未依照《合伙企业法》规定向企业登记机关报送清算报告，或者报送清算报告隐瞒重要事实，或者有重大遗漏的，由企业登记机关责令改正。由此产生的费用和损失，由清算人承担和赔偿。

（2）清算人执行清算事务，牟取非法收入或者侵占合伙企业财产的，应当将该收入和侵占的财产退还合伙企业；给合伙企业或者其他合伙人造成损失的，依法承担赔偿责任。

（3）清算人违反《合伙企业法》规定，隐匿、转移合伙企业财产，对资产负债表或者财产清单做虚假记载，或者在未清偿债务前分配财产，损害债权人利益的，依法承担赔偿责任。

3. 行政管理机关及其人员违法行为应承担的法律责任

有关行政管理机关的工作人员违反规定，滥用职权、徇私舞弊、收受贿赂、侵害合伙企业合法权益的，依法给予行政处分。

二、其他有关规定

1. 违反合伙企业法的刑事责任

违反《合伙企业法》规定，构成犯罪的，依法追究刑事责任。

2. 民事赔偿和缴纳罚款、罚金的承担顺序

违反《合伙企业法》规定，应当承担民事赔偿责任和缴纳罚款、罚金，其财产不足以同时支付的，先承担民事赔偿责任。

（1）罚款、罚金和民事赔偿。罚款属于行政责任的一种，是行政责任所确定的行政处罚责任中的一种财产罚，即行政机关强制违反行政管理秩序的行为人在一定期限内向国家交纳一定数量的金钱而使其遭受一定经济损失的行政处罚形式。罚金属于刑事责任的一种，是刑罚中的一种附加刑，即人民法院强制触犯刑律、构成犯罪的行为人向国家缴纳一定数量的金钱的刑罚方式。民事赔偿是民事责任的一种，即民事法律关系中，没有履行自己义务的一方当事人向对方当事人支付一定数量的金钱，以弥补对方因为自己没有履行义务而造成的损失，包括违约民事赔偿和侵权民事赔偿。

（2）民事赔偿和缴纳罚款、罚金的承担顺序。《合伙企业法》法律责任包括了民事责任、行政责任和刑事责任三种责任形式。比如，合伙企业登记事项发生变更时，未依照《合伙企业法》规定办理变更登记的，由企业登记机关责令限期登记；逾期不登记的，处以2000元以上2万元以下的罚款。合伙企业登记事项发生变更，执行合伙事务的合伙人未按期申请办理变更登记的，应当赔偿由此给合伙企业、其他合伙人或者善意第三人造成的损失。如果其还有其他违法事项，构成犯罪的，还有可能被处罚金。这里可能出现民事赔偿、罚款、罚金在一个当事人身上同时适用的情况。民事赔偿、罚款、罚金是三种不同的责任形式，但他们有一个共同点，就是当事人都要向外支付一定数额的金钱，当同时在一个当事人身上适用时，就牵涉到承担顺序的问题。为此，《合伙企业法》规定，违反《合伙企业法》的行为发生后，违法行为人同时承担民事赔偿、罚款、罚金，其财产不足以同时支付的，首先应承担民事赔偿责任，赔偿受害人的损失，其财产还有剩余的情况下，再用剩余的财产缴纳罚款、罚金。

【思考题】

1. 什么是合伙企业？哪些主体不能成为普通合伙人？

2. 普通合伙企业如何执行合伙事务？

3. 普通合伙企业如何进行损益分配和亏损分担？

4. 特殊普通合伙企业的合伙人应如何承担责任？

5. 有限合伙企业设立有哪些特殊规定？合伙人性质转变有哪些特殊规定？

6. 合伙企业在哪些情形下应当解散？

【学习参考案例】

【案情简介】

张某弟兄俩和李某从小一起长大，感情十分要好。2014 年，张某弟兄俩与李某商议共同出资 20 万元（其中李某出资 10 万元，张某弟兄俩各 5 万元）合伙开办一家食品超市，具体业务由张某弟兄俩负责。经营一年多后，该超市便赢利 10 万元，按照当时约定，李某分得了 5 万元的红利，张某弟兄俩则一人分得 2.5 万元。弟兄俩见该超市利润丰厚，便以“李某不会经营”为借口，将李某的投资从超市提出，退给李某，并强制将李某从该超市除名，不让李某到超市上班。李某曾多次找张某弟兄俩质问，都没有结果。李某无奈之下将张某弟兄俩告上了法庭，可张某弟兄俩却说，合伙企业是我们三个人的事，你到法院去起诉也没有用，双方关系也从此交恶。

【法理评析】

本案主要涉及合伙企业强制退伙的一些问题，分析如下：

在法律上，合伙企业有下列特征：一是合伙需由两个以上公民、法人或其他组织组成联合经营体；二是合伙必须订立合伙协议而成立；三是合伙人共同出资、共同经营、共同劳动；四是合伙人共享收益，共担风险。

为了更加规范合伙企业，规范合伙人的权利和义务，《合伙企业法》对合伙企业的设立、合伙企业的财产、合伙企业的事务执行、合伙企业与第三人关系、合伙人入伙、退伙、合伙企业解散、清算以及法律责任等做了详细的规定。

《合伙企业法》第四十九条规定，合伙人有下列情形之一的，经其他合伙人一致同意，可以决议将其除名：

（一）未履行出资义务；

（二）因故意或者重大过失给合伙企业造成损失；

（三）执行合伙事务时有不正当行为；

（四）发生合伙协议约定的事由。

该条第二款规定：“对合伙人的除名决议应当书面通知被除名人。被除名人接到除名通知之日，除名生效，被除名人退伙。”依据该条看，李某被张某弟兄俩除名，显然违反了上述规定的情形，其理由：

一是李某并没有出现上述规定被除名的行为；

二是李某被张某弟兄俩除名，没有用书面形式通知李某。

从本案看，张某弟兄俩见合伙超市利润可观，就以李某不会经营为借口，将李某的投资退出，并强制将李某除名，并不让其到超市上班，这显然不符合法律对于强制退伙的规定。

该条第三款规定："被除名人对除名决议有异议的，可以自接到除名通知之日起三十日内，向人民法院起诉。"张某兄弟所说"合伙企业是我们三人的事，你到法院起诉也没有用"明显有违该款规定。李某对张某弟兄俩的除名不服，完全可以依法向人民法院提起诉讼，请求人民法院确认该除名无效，以保护自己的合法权益。

第七章　合同法律制度

【本章学习要求】

（一）掌握合同订立的形式、合同订立方式
（二）掌握合同的生效、效力待定合同
（三）掌握合同抗辩权的行使、保全措施
（四）掌握合同的变更、合同的转让
（五）掌握合同权利义务终止的具体情形、合同权利义务终止的法律后果
（六）掌握违约责任的主要形式
（七）熟悉格式条款、违约责任的免除

【案例导入】

甲公司因转产致使一台价值1千万元的精密机床闲置。该公司董事长与乙公司签订了一份机床转让合同。合同规定，精密机床作价950万元，甲公司于10月31日前交货，乙公司在交货后10天内付清款项。在交货日前，甲公司发现乙公司经营的经营状况恶化.通知乙公司中止交货并要求乙公司提供担保；乙公司予以拒绝。又过了一个月乙公司的经营状况进一步恶化，于是提出解除合同。乙公司遂向法院起诉。法院查明：第一，甲公司股东会决议

规定，对精密机床的处置应经股东会特别决议；第二，甲公司的机床原由丙公司保管，保管期限至10月31日，保管费50万元。11月5日，甲公司将机床提走，并约定10天内付保管费，如果10天内不付保管费，丙公司可对该机床行使留置权.现丙公司要求对该机床行使留置权。

请问：

1. 甲公司与乙公司之间转让机床的合同是否有效？为什么？
2. 甲公司中止履行的理由能否成立？为什么？
3. 甲公司能否解除合同？为什么？
4. 丙公司能否行使留置权？为什么？

第一节 合同法律制度概述

一、合同的概念和分类

合同是民事主体之间设立、变更、终止民事法律关系的协议。

按照不同的标准可以将合同划分成不同的类型，合同主要有以下分类：

1. 有名合同和无名合同

这是根据合同在法律上有无名称和专门性规定进行的分类。有名合同是指法律设有规范，并赋予一定名称的典型合同。《民法典合同编》中规定了买卖合同；供用电、水、气、热力合同；赠与合同；借款合同；保证合同；租赁合同；融资租赁合同；保理合同；承揽合同；建设工程合同；运输合同；技术合同；保管合同；仓储合同；委托合同；物业服务合同；行纪合同；中介合同；合伙合同 19 类有名合同。无名合同是指法律尚未特别规定，也未赋予一定名称的合同。无名合同可以参照适用《民法典合同编》或者其他法律相类似的合同的规定。

2. 诺成合同和实践合同

这是根据合同的成立是否以交付标的物为必要进行的分类。诺成合同指当事人意思表示一致即成立、生效的合同，如买卖合同。实践合同是指除当事人的意思表示一致以外，尚须交付标的物或完成其他给付才能成立的合同，如借款合同、仓储保管合同等。

3. 要式合同和不要式合同

这是根据法律对合同的形式是否有特定要求而进行的分类。要式合同是指法律或当事人要求必须具备一定形式的合同。不要式合同即法律或当事人不要求必须具备一定形式的合同。

4. 双务合同和单务合同

这是根据当事人是否互负给付义务所进行的分类。双务合同是指双方当事人互负给付义务的合同，如租赁合同。单务合同是指只有一方当事人负给付义务的合同，如赠与合同。

5. 有偿合同和无偿合同

这是根据当事人权利的获得是否支付代价所进行的分类。有偿合同是指当事人一方享有合同规定的权益，须向对方当事人偿付相应代价的合同，如买卖合同。无偿合同是指当事人一方享有合同规定的权益，不必向对方当事人偿付相应代价的合同，如赠与合同。

6. 主合同与从合同

这是根据合同的主从关系所进行的分类。主合同是指能够独立存在，不以其他合同的存在为存在前提的合同。从合同是指不具有独立性而以其他合同的存在为存在前提的合同。如对于担保合同而言，主债务合同就是主合同，担保合同就是从合同。

二、合同法律制度的调整范围

合同法律制度是调整平等主体之间的交易关系的法律，它主要规范合同的订立，合同的效力，合同的履行、变更、转让、终止，以及违反合同的责任及各类典型合同等问题。

婚姻、收养、监护等有关身份关系的协议，适用有关该身份关系的法律规定；没有规定的，可以根据其性质参照适用《民法典合同编》的规定。

在中华人民共和国境内履行的中外合资经营企业合同、中外合作经营企业合同、中外合作勘探开发自然资源合同，适用中华人民共和国的法律。

非因合同产生的债权债务关系，适用有关该债权债务关系的法律规定；没有规定的，适用《民法典合同编》通则的有关规定，根据其性质不能适用的除外。

第二节　合同的订立

合同的订立是指两个或两个以上的当事人，依法就合同的主要条款经过协商一致达成协议的法律行为。合同当事人可以是自然人，也可以是法人或者组织，但都应当具有与订立合同相应的民事权利能力和民事行为能力。当事人也可以依法委托代理人订立合同。

一、合同订立的形式

当事人订立合同可以采用书面形式、口头形式和其他形式。

（一）书面形式

书面形式是指合同书、信件、电报、电传、传真等可以有形地表现所载内容的形式。以电子数据交换、电子邮件等能够有形地表现所载内容，并可以随时调取查用的数据电文，视为书面形式。

书面形式明确肯定，有据可查，对于防止争议和解决纠纷有积极意义。法律、行政法规规定采用书面形式的，应当采用书面形式。当事人约定采用书面形式的，应当采用书面形式。

（二）口头形式

口头形式是指当事人双方就合同内容面对面或以通信设备交谈达成协议。

口头形式直接、简便、迅速，但发生纠纷时难以取证，不易分清责任，所以，对于不即时清结的和较重要的合同不宜采用口头形式。

（三）其他形式

除了书面形式和口头形式，合同还可以以其他形式成立。法律没有列举具体的“其他形式”，但可以根据当事人的行为或者特定情形推定合同的成立。这种形式的合同可以称为默示合同，指当事人未用语言或文字明确表示意见，而是根据当事人的行为表明其已经接受或在特定的情形下推定成立的合同。

二、合同的内容

合同的内容由当事人约定，当事人也可以参照各类合同的示范文本订立合同。

合同一般包括下列条款：

（一）当事人的姓名或者名称和住所；

（二）标的；

（三）数量；

（四）质量；

（五）价款或者报酬；

（六）履行期限、地点和方式；

（七）违约责任；

（八）解决争议的方法。

三、合同格式条款

（一）格式条款的概念

格式条款是当事人为了重复使用而预先拟定，并在订立合同时未与对方协商的条款。当事人采用格式条款订立合同时，提供格式条款的一方应当遵循公平原则确定当事人之间的权利和义务。

（二）对格式条款适用的法律限制

1. 提供格式条款一方的义务

提供格式条款的一方应当遵循公平原则确定当事人之间的权利和义务，并有提示说明的义务，应当采取合理的方式提请对方注意免除或者限制其责任的条款，按照对方的要求，对该条款予以说明。提供格式条款的一方未履行提示或者说明义务，致使对方没有注意或者理解与其有重大利害关系的条款的，对方可以主张该条款不成为合同的内容。

2. 格式条款无效的情形

（1）提供格式条款的一方不合理地免除或者减轻其责任、加重对方责任、限制对方主要权利；

（2）提供格式条款的一方排除对方主要权利；

（3）格式条款具有《民法典总则编》规定的情形时无效，这些情形包括：行为人与相对人以虚假的意思表示实施的民事法律行为无效；违反法律、行政法规的强制性规定的民事法律行为无效。但是，该强制性规定不导致该民事法律行为无效的除外；违背公序良俗的民事法律行为无效；行为人与相对人恶意串通，损害他人合法权益的民事法律行为无效。

（4）格式条款中的下列免责条款无效：有造成对方人身损害的免责条款；有因故意或重大过失造成对方财产损失的免责条款。

3. 对格式条款的解释

对格式条款的理解发生争议的，应当按照通常理解予以解释。对格式条款有两种以上解释的，应当做出不利于提供格式条款一方的解释；格式条款和非格式条款不一致的，应当采用非格式条款。

四、合同订立的方式

当事人订立合同，可以采取要约、承诺方式或者其他方式。

（一）要约

要约是一方当事人以缔结合同为目的，向对方当事人提出合同条件，希望对方当事人接受的意思表示。发出要约的当事人称为要约人，要约所指向的对方当事人则称为受要约人。

1. 要约应具备的条件

（1）内容具体确定。发出要约的目的在于订立合同，要约人必须是能够确定的；受要约人一般也是特定的，但在一些场合，要约人也可以向不特定人发出要约。要约的内容必须具有足以使合同成立的主要条件，包括主要条款，如标的、数量、质量、价款或者报酬、履行期限、地点和方式等，一经受要约人承诺，合同即可成立。如果要约内容含混不清，内容不具备一个合同的最基本的要素，即使受要约人承诺，也会因缺乏合同的主要条件而使合同无法成立。

（2）必须是特定人所为的意思表示。要约是要约人向相对人（受要约人）所作出的含有合同条件的意思表示，旨在得到受要约人的承诺并成立合同，只有要约人是特定的人，受要约人才能对之承诺。

（3）要约必须向相对人发出。要约必须经过相对人的承诺才能成立合同，因此要约必须是要约人向相对人发出的意思表示。相对人一般为特定的人，但在特殊情况下，对不特定的人做出又不妨碍要约所达目的时，相对人也可以是不特定人。例如，正在工作的自动售货机，自选市场标价陈列的商品等，都是针对不特定的相对人发出的要约。

（4）表明经受要约人承诺，要约人即受该意思表示约束。要约是一种法律行为，要约人发出的要约的内容必须能够表明：如果对方接受要约，合同即告成立。

2. 要约邀请

要约邀请是希望他人向自己发出要约的意思表示。要约邀请与要约不同，要约是一个一经承诺就成立合同的意思表示；而要约邀请的目的则是邀请他人向自己发出要约，自己如果承诺才成立合同。要约邀请处于合同的准备阶段，没有法律约束力。

拍卖公告、招标公告、招股说明书、债券募集办法、基金招募说明书、商业广告和宣传、寄送的价目表等为要约邀请。如果商业广告和宣传的内容符合要约条件的，构成要约。

3. 要约生效时间

以对话方式作出的意思表示，相对人知道其内容时生效。

以非对话方式作出的意思表示，到达相对人时生效。以非对话方式作出的采用数据电文形式的意思表示，相对人指定特定系统接收数据电文的，该数据电文进入该特定系统时生效；未指定特定系统的，相对人知道或者应当知道该数据电文进入其系统时生效。当事人对采用数据电文形式的意思表示的生效时间另有约定的，按照其约定生效。

4. 要约的效力

对要约人的效力：要约一经生效，要约人即受到要约的约束，不得随意撤销或对要约加以限制、变更和扩张。

对受要约人的效力：受要约人在要约生效时即取得承诺的权利，即取得了依其承诺而成立合同的法律地位，所以受要约人可以承诺，也可以不承诺。

5. 要约的撤回、撤销与失效

要约撤回是指要约在发出后、生效前，要约人使要约不发生法律效力的意思表示。撤回要约的通知应当在要约到达相对人前或者与要约同时到达相对人，具体来说有两种情况：其一，撤回通知先于要约到达受要约人。（此时不会给受要约人造成任何损害，自应允许撤回要约，要约不发生效力。）其二，撤回通知与要约同时到达受要约人。（此时受要约人也不会因为信赖要约而行事，不会产生损害，撤回通知也足以消灭要约。）

要约撤销是指要约人在要约生效后、受要约人承诺前，使要约丧失法律效力的意思表示。撤销要约的意思表示以对话方式作出的，该意思表示的内容应当在受要约人作出承诺之前为受要约人所知道；撤销要约的意思表示以非对话方式作出的，应当在受要约人作出承诺之前到达受要约人。由于撤销要约可能会给受要约人带来不利的影响，损害受要约人的利益，因此法律规定了两种不得撤销要约的情形：①要约人以确定承诺期限或者其他形式明示要约不可撤销；②受要约人有理由认为要约是不可撤销的，并已经为履行合同做了合理准备工作。

要约失效是指要约丧失法律效力，即要约人与受要约人均不再受其约束，要约人不再承担接受承诺的义务，受要约人也不再享有通过承诺使合同得以成立的权利。法律规定了要约失效的情形：①要约被拒绝；②要约被依法撤销；③承诺期限届满，受要约人未做出承诺，要约中确定了承诺期限的，超过这个期限不承诺，则要约失效，要约中没有规定承诺期限的，在通常情况下，要约发出后一段合理时间内不承诺的，要约失效；④受要约人对要约的内容做出实质性变更。发生这种情况即为反要约，反要约是一个新的要约，提出反要约就是对原要约的拒绝，使原要约失去效力，原要约人不再受该要约的约束。

（二）承诺

承诺是受要约人同意要约的意思表示。

1. 承诺应当具备的条件

承诺应当具备的条件包括：①承诺必须由受要约人做出。如由代理人做出承诺，则代理人须有合法的委托手续。②承诺必须向要约人做出。③承诺的内容必须与要约的内容一致。④承诺必须在有效期限内做出。

2. 承诺的方式

承诺应当以通知的方式做出；但是，根据交易习惯或者要约表明可以通过行为做出承诺的除外。

通知的方式可以是口头的，也可以是书面的。一般来说，如果法律或要约中没有规定必须以书面形式表示承诺，当事人就可以口头形式表示承诺。根据交易习惯或当事人之间的约定，承诺也可以不以通知的方式，而以通过实施一定的行为或以其他方式做出。如果要约人在要约中规定承诺需用特定方式的，只要该种方式不为法律所禁止或不属于在客观上根本不可能，承诺人在做出承诺时就必须符合要约人规定的承诺方式。

3. 承诺的期限

承诺应当在要约确定的期限内到达要约人。要约以信件或者电报做出的，承诺期限自信件载明的日期或者电报交发之日开始计算。信件未载明日期的，自投寄该信件的邮戳日期开始计算。要约以电话、传真、电子邮件等快速通讯方式做出的，承诺期限自要约到达受要约人时开始计算。

要约没有确定承诺期限的，承诺应当依照下列规定到达：①要约以对话方式作出的，应当即时作出承诺；②要约以非对话方式作出的，承诺应当在合理期限内到达。

受要约人超过承诺期限发出承诺，或者在承诺期限内发出承诺，按照通常情形不能及时到达要约人的，为新要约，要约人及时通知受要约人该承诺有效的除外。受要约人在承诺期限内发出承诺，按照通常情形能够及时到达要约人，但是因其他原因致使承诺到达要约人时超过承诺期限的，除要约人及时通知受要约人因承诺超过期限不接受该承诺外，该承诺有效。

4. 承诺的生效

承诺通知以对话方式作出的，要约人知道其内容时生效；承诺通知以非对话方式作出的，到达要约人时生效。以非对话方式作出的采用数据电文形式的意思表示，要约人指定特定系统接收数据电文的，该数据电文进入该特定系统时生效；未指定特定系统的，要约人知道或者应当知道该数据电文进入其系统时生效。当事人对采用数据电文形式的意思表示的生效时间另有约定的，按照其约定。

承诺不需要通知的，根据交易习惯或者要约的要求做出承诺的行为时生效。

承诺也可以撤回。承诺的撤回是指受要约人阻止承诺发生法律效力的意思表示。撤回承诺的通知应当在承诺到达相对人前或者与承诺同时到达相对人。

承诺的内容应当与要约的内容一致。受要约人对要约的内容作出实质性变更的，为新要约。有关合同标的、数量、质量、价款或者报酬、履行期限、履行地点和方式、违约责任和解决争议方法等的变更，是对要约内容的实质性变更。

承诺对要约的内容作出非实质性变更的，除要约人及时表示反对或者要约表明承诺不得对要约的内容作出任何变更外，该承诺有效，合同的内容以承诺的内容为准。

（三）合同的成立

当事人采用合同书形式订立合同的，自当事人均签名、盖章或者按指印时合同成立。在签名、盖章或者按指印之前，当事人一方已经履行主要义务，对方接受时，该合同成立。

法律、行政法规规定或者当事人约定合同应当采用书面形式订立，当事人未采用书面形式但是一方已经履行主要义务，对方接受时，该合同成立。

当事人采用信件、数据电文等形式订立合同要求签订确认书的，签订确认书时合同成立。

当事人一方通过互联网等信息网络发布的商品或者服务信息符合要约条件的，对方选择该商品或者服务并提交订单成功时合同成立，但是当事人另有约定的除外。

五、缔约过失责任

缔约过失责任是指当事人在订立合同过程中，因故意或过失致使合同未成立、未生效、被撤销或无效，给他人造成损失应承担的损害赔偿责任。

在订立合同过程中有下列情形之一，给对方造成损失，应当承担损害赔偿责任：①假借订立合同，恶意进行磋商；②故意隐瞒与订立合同有关的重要事实或者提供虚假情况；③当事人泄露或不正当地使用在订立合同过程中知悉的商业秘密；④有其他违背诚实信用原则的行为。

负有缔约过失责任的当事人，应当赔偿受损害的当事人，赔偿以受损害的当事人的损失为限，包括直接利益的减少和间接利益的损害。

缔约过失责任与违约责任不同，违约责任产生于合同生效之后，适用于生效合同，赔偿的是可期待利益的损害；缔约过失责任则发生在合同成立之前，适用于合同未成立、未生效、无效等情况，赔偿的是信赖利益的损失。信赖损失小于或等于可期待利益的损失。

第三节　合同的效力

合同的效力是指合同对当事人的约束力。合同成立后并不一定都能产生约束力，可能出现有效合同、无效合同、可撤销的合同及效力待定的合同等几种情形。其中，有效合同对当事人具有约束力，受法律保护；无效合同自始无效；可撤销的合同及效力待定合同的效力则取决于当事人的意思表示。

一、有效合同

有效的合同，一般应具备三个条件：①行为人具有相应的民事行为能力；②意思表示真实；③不违反法律、行政法规的强制性规定，不违背公序良俗。三个条件缺一不可，否则就可能导致合同无效或可撤销。

依法成立的合同，原则上自成立时生效，但是法律另有规定或者当事人另有约定的除外。

实践合同，除当事人意思表示一致外，还须交付标的物或完成其他现实交付才能成立。例如，①定金合同从实际交付定金之日起生效。②自然人之间的借款合同为实践合同，自贷款人提供借款时生效。

依照法律、行政法规的规定，合同应当办理批准等手续的，依照其规定。未办理批准等手续影响合同生效的，不影响合同中履行报批等义务条款及相关条款的效力。应当办理申请批准等手续的当事人未履行义务的，对方可以请求其承担违反该义务的责任。

依照法律、行政法规的规定，合同的变更、转让、解除等情形应当办理批准等手续的，适用前款规定。

二、无效合同

无效合同是指不符合合同的有效条件，不受法律保护的合同。无效合同包括全部无效的合同和部分无效的合同。

（1）无民事行为能力人签订的合同无效。

（2）以虚假的意思表示签订的合同无效。《民法典总则编》规定，行为人与相对人以虚假的意思表示实施的民事法律行为无效。以虚假的意思表示隐藏的民事法律行为的效力，依照有关法律规定处理。简而言之，通谋虚假表示无效，而隐藏表示是否有效依照法律规定，可能有效，可能无效。如名为买卖实为租赁，租赁有效。

（3）违反法律、行政法规的强制性规定的合同无效，但是该强制性规定不导致该合同无效的除外。法律、行政法规的规定包括强制性规定和任意性规定，如果合同违反了法律、行政法规的强制性规定，则合同无效；如果合同仅仅只是违反了法律、行政法规的任意性规定，则合同不一定无效。

法律、行政法规的强制性规定又可分为效力性强制规定和管理性强制规定，如果违反效力性强制规定的，应当认定合同无效；违反管理性强制性规定的，应当根据具体情形认定其效力。

（4）违背公序良俗的合同无效。

（5）恶意串通，损害他人合法权益的合同无效。

合同中的下列免责条款无效：①造成对方人身伤害的；②因故意或者重大过失造成对方财产损失的。

三、可撤销合同

可撤销合同是指已经成立的合同如果具有法定情形，当事人有权请求人民法院或仲裁机构予以撤销的合同。

（一）可撤销合同的种类

根据《民法典》的规定，可撤销的合同包括以下几类：

（1）因重大误解订立的合同。如果合同当事人因自身的原因对所签合同的重要内容发生错误认识，而且这种错误认识将给当事人造成重大损失，则该当事人可以向人民法院或仲裁机构请求撤销该合同。

（2）因当事人欺诈而订立的合同。如果一方当事人以欺诈手段，使对方在违背真实意思的情况下订立了合同，受欺诈方有权请求人民法院或者仲裁机构予以撤销。

（3）因第三人欺诈而订立的合同。第三人实施欺诈行为，使一方当事人在违背真实意思的情况下订立了合同，对方知道或者应当知道该欺诈行为的，受欺诈方有权请求人民法院或者仲裁机构予以撤销。

（4）因受胁迫订立的合同。一方当事人或者第三人以胁迫手段，使对方在违背真实意思的情况下订立了合同，受胁迫方有权请求人民法院或者仲裁机构予以撤销。

（5）显失公平的合同。一方当事人利用对方处于危困状态、缺乏判断能力等情形，致使合同订立时显失公平的，受损害方有权请求人民法院或者仲裁机构予以撤销。

（二）撤销权的消灭

请求人民法院或者仲裁机构对具有可撤销情形的合同予以撤销的权利称为撤销权。撤销权应当及时行使，超过法律规定的时间，当事人享有的撤销权消灭。有下列情形之一的，撤销权消灭：

（1）当事人自知道或者应当知道撤销事由之日起一年内没有行使撤销权的，撤销权消灭。

（2）重大误解的当事人自知道或者应当知道撤销事由之日起九十日内没有行使撤销权

的，撤销权消灭。

（3）当事人受胁迫，自胁迫行为终止之日起一年内没有行使撤销权的，撤销权消灭。

（4）当事人知道撤销事由后明确表示或者以自己的行为表明放弃撤销权的，撤销权消灭。

（5）当事人自合同订立之日起五年内没有行使撤销权的，撤销权消灭。

（三）无效、被撤销合同的法律后果

无效、被撤销合同的法律后果包括：

（1）无效的或者被撤销的合同自始没有法律约束力。

（2）合同部分无效，不影响其他部分效力的，其他部分仍然有效。

（3）合同无效、被撤销或者确定不发生效力后，行为人因该行为取得的财产，应当予以返还；不能返还或者没有必要返还的，应当折价补偿。有过错的一方应当赔偿对方由此所受到的损失；各方都有过错的，应当各自承担相应的责任。法律另有规定的，依照其规定。

四、效力待定的合同

合同虽然成立，但其效力能否发生，尚未确定。对于某些方面不符合合同生效的要件，但并不属于无效合同或可撤销合同，法律允许根据情况予以补救的合同，为效力待定合同。

效力待定合同主要包括以下两种情况：

（1）限制民事行为能力人订立的合同，经法定代理人追认后，该合同有效。但纯获利益的合同或者是与其年龄、智力、精神健康状况相适应而订立的合同，不必经法定代理人追认，合同当然有效。相对人也可以催告法定代理人自收到通知之日起三十日内予以追认。法定代理人未作表示的，视为拒绝追认。合同被追认之前，善意相对人有撤销的权利。撤销应当以通知的方式作出。

（2）行为人没有代理权、超越代理权或者代理权终止后以被代理人名义订立的合同，未经被代理人追认，对被代理人不发生效力。相对人可以催告被代理人自收到通知之日起三十日内予以追认。被代理人未作表示的，视为拒绝追认。合同被追认之前，善意相对人有撤销的权利。撤销应当以通知的方式作出。

第四节　合同的履行

合同履行是指债务人通过完成合同规定的义务，使债权人的合同权利得以实现的行为。

一、合同履行的原则

合同的履行应遵循以下几个原则：

（1）全面履行的原则。合同订立后，当事人应当按照合同的约定全面履行自己的义务。包括履行义务的主体、标的、数量、质量、价款或者报酬及履行期限、地点、方式等。

（2）诚实信用原则。当事人应当遵循诚信原则，根据合同的性质、目的和交易习惯履行通知、协助、保密等义务。

（3）绿色环保原则。当事人在履行合同过程中，应当避免浪费资源、污染环境和破坏生态。

（4）情势变更原则。合同成立后，合同的基础条件发生了当事人在订立合同时无法预见的、不属于商业风险的重大变化，继续履行合同对于当事人一方明显不公平的，受不利影响的当事人可以与对方重新协商；在合理期限内协商不成的，当事人可以请求人民法院或者仲裁机构变更或者解除合同。人民法院或者仲裁机构应当结合案件的实际情况，根据公平原则变更或者解除合同。

二、抗辩权的行使

抗辩权是指在双务合同中，一方当事人在对方不履行或履行不符合约定时，依法对抗对方要求或否认对方权利主张的权利。法律规定了同时履行抗辩权、后履行抗辩权和不安抗辩权三种抗辩权。

（一）同时履行抗辩权

同时履行抗辩权是指在双务合同中应当同时履行的一方当事人有证据证明另一方当事人在同时履行的时间不能履行或不能适当履行，到履行期时其享有不履行或部分履行的权利。

法律规定，当事人互负债务，没有先后履行顺序的，应当同时履行。一方在对方履行之前有权拒绝其履行请求，一方在对方履行债务不符合约定时，有权拒绝其相应的履行请求。

1. 同时履行抗辩权的行使条件

同时履行抗辩权的行使，需要具备以下条件：

（1）需基于同一双务合同。双方当事人因同一合同互负债务，在履行上存在关联性，形成对价关系，这是同时履行抗辩权成立的前提条件。单务合同因只有一方有履行义务，无法发生抗辩权。

（2）根据合同约定或合同性质，要求当事人同时履行合同义务，双方的履行没有先后顺序。

（3）双方债务已届清偿期。当事人行使抗辩权必须双方债务都已到清偿期，否则不存在同时履行抗辩的问题。

（4）一方当事人有证据证明应同时履行义务的对方当事人未履行或未适当履行合同。

（5）对方履行的可能性。如果对方已不可能履行，如标的物灭失，则当事人再向对方提出同时履行抗辩权就没有实际意义了，只能解除合同。

2. 同时履行抗辩权的适用

同时履行抗辩权的适用情形有以下两种：

（1）当一方不能履行或拒绝履行合同时，即应当同时履行合同的一方当事人不履行合同时，另一方当事人就享有也不履行合同的权利。

（2）当一方部分履行合同或履行合同不符合约定时，当事人一方部分履行合同的，对方当事人有权就未履行部分提出抗辩，拒绝相应的给付，只履行对应的部分；当事人一方履行合同不符合约定时，另一方有权拒绝其相应的履行请求。

3. 同时履行抗辩权的效力

同时履行抗辩权只是暂时阻止对方当事人请求权的行使，而不是永久地终止合同。当对方当事人完全履行了合同义务，同时履行抗辩权即告消灭，主张抗辩权的当事人就应当履行自己的义务。当事人因行使同时履行抗辩权致使合同迟延履行的，迟延履行责任由对方当事人承担。

（二）*后履行抗辩权*

后履行抗辩权是指合同当事人互负债务，有先后履行顺序，先履行一方未履行的，后履行一方有权拒绝其履行请求。先履行一方履行债务不符合约定的，后履行一方有权拒绝其相应的履行请求。

1. 后履行抗辩权行使的条件

后履行抗辩权的行使有四个条件：

（1）当事人基于同一双务合同，互负债务。

（2）当事人的履行有先后顺序。

（3）应当先履行的当事人不履行合同或不适当履行合同。

（4）后履行抗辩权的行使人是履行义务顺序在后的一方当事人。

2. 后履行抗辩权的适用

后履行抗辩权的适用情形包括：

（1）应当先履行的一方当事人不履行到期债务时。先履行的一方当事人如果不履行已到期债务，那么，后履行的当事人有权不履行义务。

（2）应当先履行的一方当事人履行债务不符合约定时。如果先履行的一方当事人履行有瑕疵或部分履行的，后履行当事人有权不履行相应的合同义务。

3. 后履行抗辩权的效力

后履行抗辩权不是永久性的，它的行使只是暂时阻止了当事人请求权的行使。先履行一方的当事人如果完全履行了合同义务，则后履行抗辩权消灭，后履行当事人就应当按照合同约定履行自己的义务。

（三）不安抗辩权

不安抗辩权又称先履行抗辩权，是指当事人互负债务，有先后履行顺序的，先履行的一方有确切证据证明另一方丧失履行债务能力时，在对方没有履行或者没有提供担保之前，有权中止合同履行的权利。规定不安抗辩权是为了切实保护当事人的合法权益，防止借合同进行欺诈，促使对方履行义务。

1. 不安抗辩权行使的条件

不安抗辩权的行使有四个条件：

（1）当事人基于同一双务合同。

（2）当事人的履行有先后顺序。

（3）不安抗辩权的行使人是履行义务顺序在先的一方当事人。

（4）后履行合同的一方当事人有丧失或可能丧失履行债务能力的情形。

2. 不安抗辩权适用的情形

应当先履行债务的当事人，有确切证据证明对方有下列情形之一的，可以中止履行：

（1）经营状况严重恶化。

（2）转移财产、抽逃资金，以逃避债务。

（3）丧失商业信誉。

（4）有丧失或者可能丧失履行债务能力的其他情形。

当事人没有确切证据中止履行的，应当承担违约责任。

3. 不安抗辩权的效力

不安抗辩权的效力包括：

（1）中止合同，即先履行合同的当事人停止履行或延期履行合同。先履行合同的当事人行使中止权时，应当及时通知对方，以免给对方造成损害，也便于对方在接到通知后，提供相应的担保，使合同得以履行。如果对方当事人恢复了履行能力或提供了相应的担保后，先履行一方当事人“不安”的原因消除，应当恢复合同的履行。

（2）解除合同。中止履行后，对方在合理期限内未恢复履行能力且未提供适当担保的，视为以自己的行为表明不履行主要债务，中止履行的一方可以解除合同并可以请求对方承担违约责任。

三、合同的保全

（一）代位权

因债务人怠于行使其债权或者与该债权有关的从权利，影响债权人的到期债权实现的，债权人可以向人民法院请求以自己的名义代位行使债务人对相对人的权利，但是该权利专属于债务人自身的除外。

代位权的行使有五个条件：

（1）债务人对第三人享有合法债权，并且是非专属于债务人自身的权利，如果债务人没有对外的债权，就无所谓代位权。

（2）债务人怠于行使其债权，如果债务人已经行使了权利，即使不尽如意，债权人也不能行使代位权。

（3）因债务人怠于行使权利已害及债权人的债权，即债务人不履行其对债权人的到期债务，又不以诉讼方式或仲裁方式向其债务人主张其享有的具有金钱给付内容的到期债权，致使债权人的到期债权未能实现。

（4）债务人的债权已到期，债务人已陷于迟延履行，如果债务人的债务未到履行期或履行期间未届满的，债权人不能行使代位权。

（5）债务人的债权不是专属于债务人自身的债权。专属于债务人自身的债权，是指基于扶养关系、抚养关系、赡养关系、继承关系产生的给付请求权和劳动报酬、退休金、养老金、抚恤金、安置费、人寿保险、人身伤害赔偿请求权等权利。

代位权的行使范围以债权人的到期债权为限，对超出部分人民法院不予支持。债权人行使代位权的必要费用，由债务人负担。

相对人对债务人的抗辩，可以向债权人主张。

人民法院认定代位权成立的，由债务人的相对人向债权人履行义务，债权人接受履行后，债权人与债务人、债务人与相对人之间相应的权利义务终止。

（二）撤销权

债务人以放弃其债权、放弃债权担保、无偿转让财产等方式无偿处分财产权益，或者恶意延长其到期债权的履行期限，影响债权人的债权实现的，债权人可以请求人民法院撤销债务人的行为。

债务人以明显不合理的低价转让财产，以明显不合理的高价受让他人财产或者为他人的债务提供担保，影响债权人的债权实现，债务人的相对人知道或者应当知道该情形的，债权人可以请求人民法院撤销债务人的行为。

所谓“明显不合理的低价”，人民法院应当以交易当地一般经营者的判断，并参考交易当时交易地的物价部门指导价或者市场交易价，结合其他相关因素综合考虑予以确认。

引起撤销权发生的要件是债务人有损害债权人债权的行为发生，主要指债务人以赠与、免除等无偿行为处分债权，包括放弃到期债权、放弃债权担保、无偿转让财产或以明显不合理的低价转让财产。无偿行为不论第三人善意、恶意取得，均可撤销；有偿转让行为，以第三人的恶意取得为要件，若第三人主观上无恶意，则不能撤销其善意取得的行为。债务人、第三人的行为被撤销的，其行为自始无效。

债权人行使撤销权应以自己的名义，向被告住所地人民法院提起诉讼，请求法院撤销债务人因处分财产而危害债权的行为。债权人为原告，债务人为被告，受益人或者受让人为诉讼上的第三人。撤销权自债权人知道或者应当知道撤销事由之日起 1 年内行使。自债务人的行为发生之日起 5 年内没有行使撤销权的，该撤销权消灭。

撤销权的行使范围以债权人的债权为限。债权人行使撤销权的必要费用，由债务人承担。

第五节　合同的变更和转让

一、合同的变更

合同的变更仅指合同内容的变更，是指合同成立后，当事人双方根据客观情况的变化，依照法律规定的条件和程序，经协商一致，对原合同内容进行修改、补充或者完善。合同的变更是在合同的主体不改变的前提下对合同内容的变更，合同性质并不改变。

当事人协商一致，可以变更合同。

合同变更后，变更后的内容就取代了原合同的内容，当事人就应当按照变更后的内容履行合同，合同各方当事人均应受变更后的合同的约束。为了减少在合同变更时可能发生的纠纷，当事人对合同变更的内容约定不明确的，推定为未变更。

合同变更的效力原则上仅对未履行的部分有效，对已履行的部分没有溯及力，但法律另有规定或当事人另有约定的除外。

二、合同的转让

合同的转让是指合同当事人一方将其合同的权利和义务全部或部分转让给第三人的行为。合同的转让仅指合同主体的变更，不改变合同约定的权利义务。

（一）合同权利转让

债权人转让权利无需经债务人同意，但应当通知债务人。未通知债务人的，该转让对债务人不发生效力。债权人转让权利的通知不得撤销，但经受让人同意的除外。

债权人转让主权利时，附属于主权利的从权利也一并转让，受让人在取得主债权时，也取得与主债权有关的从权利（如抵押权），但该从权利专属于债权人自身的除外。受让人取得从权利不因该从权利未办理转移登记手续或者未转移占有而受到影响。

债务人对让与人的抗辩（如提出债权无效抗辩、诉讼时效抗辩），可以向受让人主张。

有下列情形之一的，债务人可以向受让人主张抵销：

（1）债务人接到债权转让通知时，债务人对让与人享有债权，并且债务人的债权先于转让的债权到期或者同时到期。

（2）债务人的债权与转让的债权是基于同一合同产生。

下列三种情形，债权人不得转让合同权利：

（1）根据合同性质不得转让。一是根据当事人之间信任关系而发生的债权，如委托合同中委托人对受托人的信任。二是以选定的债权人为基础发生的合同权利，如以某个特定演员的演出活动为基础订立的演出合同。三是合同内容中包括了针对特定当事人的不作为义务，如禁止某人在转让某项权利后再将该权利转让给他人。四是从权利。

（2）根据当事人约定不得转让。当事人在订立合同时，可以对权利的转让作出特别的约定，禁止债权人将权利转让给第三人。当事人约定非金钱债权不得转让的，不得对抗善意第三人。当事人约定金钱债权不得转让的，不得对抗第三人。

（3）依照法律规定不得转让。

（二）合同义务转移

债务人将合同的义务全部或者部分转移给第三人，应当经债权人同意；否则债务人转移合同义务的行为对债权人不发生效力，债权人有权拒绝第三人向其履行，债权人有权要求债务人履行义务并承担不履行或迟延履行合同的法律责任。债务人或者第三人可以催告债权人在合理期限内予以同意，债权人未作表示的，视为不同意。

第三人与债务人约定加入债务并通知债权人，或者第三人向债权人表示愿意加入债务，债权人未在合理期限内明确拒绝的，债权人可以请求第三人在其愿意承担的债务范围内和债务人承担连带债务。

债务人转移债务的，新债务人可以主张原债务人对债权人的抗辩；原债务人对债权人享有债权的，新债务人不得向债权人主张抵销。

债务人转移债务的，新债务人应当承担与主债务有关的从债务，但是该从债务专属于原债务人自身的除外。

（三）合同权利义务的一并转让

当事人一方经对方同意，可以将自己在合同中的权利和义务一并转让给第三人。合同的权利和义务一并转让的，适用债权转让、债务转移的有关规定。

第六节　合同的权利义务终止

合同权利义务终止是指依法生效的合同，因具备法定情形和当事人约定的情形，合同债权、债务归于消灭，债权人不再享有合同权利，债务人也不必再履行合同义务，合同当事人双方终止合同关系，合同的效力随之消灭。

一、合同权利义务终止的具体情形

（一）债务已经履行

债务已经履行，又称债的清偿。债务一经履行，合同的目的得以实现，合同关系自然终止。在合同实务中，这是合同终止最主要的原因。

以下情况也属于合同已经履行：①当事人约定的第三人按照合同内容履行，产生债务消灭的后果；②债权人同意以他种给付代替合同原定给付，有时实际履行债务在法律上或者事实上不可能，如标的物灭失无法交付或者实际履行费用过高，这时经债权人同意，可以采用替代物履行的办法，达到债务消灭的目的；③当事人之外的第三人接受履行，当事人约定债务人向第三人履行，第三人已接受履行的，债务归于消灭。

（二）债务相互抵销

抵销分为法定抵销和约定抵销。

1. 法定抵销

当事人互负到期债务，该债务的标的物种类、品质相同的，任何一方可以将自己的债务与对方的债务抵销，但是，根据债务性质、按照当事人约定或者依照法律规定不得抵销的除外。当事人主张抵销的，应当通知对方。通知自到达对方时生效。抵销不得附条件或者附期限。

2. 约定抵销

当事人互负债务，标的物的种类、品质不相同的，经双方协商一致，也可以抵销。约定抵消应遵循双方自愿的原则。

（三）债务人依法将标的物提存

提存是指由于债权人的原因，债务人无法向其交付合同标的物而将该标的物交给提存机关，从而消灭债务、终止合同的制度。

有下列情形之一，难以履行债务的，债务人可以将标的物提存：①债权人无正当理由拒绝受领；②债权人下落不明；③债权人死亡未确定继承人、遗产管理人，或者丧失民事行为能力未确定监护人；④法律规定的其他情形。

标的物不适于提存或者提存费用过高的，债务人依法可以拍卖或者变卖标的物，提存所得的价款。

债务人将标的物或者将标的物依法拍卖、变卖所得价款交付提存部门时，提存成立。提存成立的，视为债务人在其提存范围内已经交付标的物。标的物提存后，债务人应当及时通知债权人或者债权人的继承人、遗产管理人、监护人、财产代管人。

提存期间，标的物的孳息归债权人所有。提存费用由债权人负担。标的物提存后，毁损、灭失的风险由债权人承担。债权人可以随时领取提存物，但是，债权人对债务人负有到期债务的，在债权人未履行债务或者提供担保之前，提存部门根据债务人的要求应当拒绝其领取提存物。

债权人领取提存物的权利，自提存之日起5年内不行使而消灭，提存物扣除提存物费用后归国家所有。但是，债权人未履行对债务人的到期债务，或者债权人向提存部门书面表示放弃领取提存物权利的，债务人负担提存费用后有权取回提存物。

（四）债权人免除债务

债务的免除是指合同没有履行或未完全履行，权利人放弃自己的全部或部分权利，从而使合同义务减轻或使合同终止的一种形式。

债权人免除债务人部分或者全部债务的，合同的权利义务部分或者全部终止，但是债务人在合理期限内拒绝的除外。

（五）混同

混同，即债权债务同归于一人。例如，由于甲、乙两企业合并，甲、乙企业之间原先订立的合同中的权利义务同归于合并后的企业，债权债务关系自然终止。债权和债务同归于一人的，债权债务终止，但是损害第三人利益的除外。

（六）合同解除

合同解除是指合同有效成立后，因主客观情况发生变化，使合同的履行成为不必要或不可能，根据双方当事人达成的协议或一方当事人的意思表示提前终止合同效力。

当事人一方依法主张解除合同的，应当通知对方。合同自通知到达对方时解除；通知载明债务人在一定期限内不履行债务则合同自动解除，债务人在该期限内未履行债务的，合同自通知载明的期限届满时解除。对方对解除合同有异议的，任何一方当事人均可以请求人民法院或者仲裁机构确认解除行为的效力。当事人一方未通知对方，直接以提起诉讼或者申请仲裁的方式依法主张解除合同，人民法院或者仲裁机构确认该主张的，合同自起诉状副本或者仲裁申请书副本送达对方时解除。

合同解除有约定解除和法定解除：

1. 约定解除（双方）

根据合同自愿原则，当事人在法律规定范围内享有自愿解除合同的权利。当事人约定解除合同包括两种情况：

（1）事先约定解除权。双方事先约定了合同当事人一方解除合同的事由，解除合同的事由发生时，解除权人就可以通过行使解除权而终止合同。

（2）事后协商一致解除，指合同生效后，未履行或未完全履行之前，当事人以解除合同为目的，经协商一致，订立一个解除原来合同的协议，使合同效力消灭的行为。

2. 法定解除（单方）

有下列情形之一的，当事人可以解除合同：①因不可抗力致使不能实现合同目的；

②在履行期限届满前，当事人一方明确表示或者以自己的行为表明不履行主要债务；③当事人一方迟延履行主要债务，经催告后在合理期限内仍未履行；④当事人一方迟延履行债务或者有其他违约行为致使不能实现合同目的；⑤法律规定的其他情形。

合同解除后，尚未履行的，终止履行；已经履行的，根据履行情况和合同性质，当事人可以要求恢复原状或者采取其他补救措施，并有权要求赔偿损失。合同因违约解除的，解除权人可以请求违约方承担违约责任，但是当事人另有约定的除外。主合同解除后，担保人对债务人应当承担的民事责任仍应当承担担保责任，但是担保合同另有约定的除外。

（七）法律规定或者当事人约定终止的其他情形

略。

二、合同权利义务终止的法律后果

（一）负债字据的返还

负债字据是债权债务关系的证明，债权人应当在合同关系消灭后，将负债字据返还债务人。

（二）在合同当事人之间发生后合同义务

合同的权利义务终止后，当事人应当遵循诚实信用原则，根据交易习惯履行通知、协助、保密、旧物回收等义务。

（三）合同中关于解决争议的方法、结算和清理条款的效力

合同无效、被撤销或者终止的，不影响合同中独立存在的有关解决争议方法的条款的效力。合同的权利义务关系终止，不影响合同中结算和清理条款的效力。

第七节　违约责任

一、违约责任的概念

违约责任即违反合同的民事责任，是指合同当事人一方或双方不履行合同义务或者履行合同义务不符合约定时，依照法律规定或者合同约定所承担的法律责任。依法订立的有效合同对当事人双方来说，都具有法律约束力。如果不履行或者履行义务不符合约定，就要承担违约责任。

二、承担违约责任的形式

当事人一方不履行合同义务或者履行合同义务不符合约定的，应当承担继续履行、采取补救措施或者赔偿损失等违约责任。当事人一方明确表示或者以自己的行为表明不履行

合同义务的，对方可以在履行期限届满之前请求其承担违约责任。

（一）继续履行

订立合同的目的是为了实现合同的约定，即实际履行合同。继续履行合同既是为了实现合同目的，又是一种违约责任。当事人一方未支付价款、报酬、租金、利息，或者不履行其他金钱债务的，对方可以请求其支付。当事人一方不履行非金钱债务或者履行非金钱债务不符合约定的，对方可以请求履行。有下列情形之一的除外：①法律上或者事实上不能履行；②债务的标的不适于强制履行或者履行费用过高；③债权人在合理期限内未请求履行。

（二）采取补救措施

当事人一方履行合同义务不符合约定的，应当按照当事人的约定承担违约责任。对违约责任没有约定或者约定不明确，当事人可以协议补充；不能达成补充协议的，按照合同相关条款或者交易习惯仍不能确定的，受损害方根据标的的性质以及损失的大小，可以合理选择请求对方承担修理、重作、更换、退货、减少价款或者报酬等违约责任。

（三）赔偿损失

当事人一方不履行合同义务或者履行合同义务不符合约定的，在履行义务或者采取补救措施后，对方还有其他损失的，应当赔偿损失。损失赔偿额应当相当于因违约所造成的损失，包括合同履行后可以获得的利益，但不得超过违约一方订立合同时预见到或者应当预见到的因违约可能造成的损失。

当事人一方违约后，对方应当采取适当措施防止损失的扩大；没有采取适当措施致使损失扩大的，不得就扩大的损失请求赔偿。当事人因防止损失扩大而支出的合理费用，由违约方承担。

赔偿损失的方式有三种：①恢复原状，即恢复到损害发生前的原状；②金钱赔偿，是赔偿损失的主要方式，需加付利息；③代物赔偿，即以其他财产替代赔偿。

（四）支付违约金

为了保证合同的履行，保护自己的利益不受损失，合同当事人可以约定一方违约时应当根据情况向对方支付一定数额的违约金，也可以约定因违约产生的损失赔偿额的计算方法。

违约金是指合同当事人一方由于不履行合同或者履行合同不符合约定时，按照合同的约定，向对方支付的一定数额的货币。违约金是对不能履行或者不能完全履行合同行为的一种带有惩罚性质的经济补偿手段，不论违约的当事人一方是否已给对方造成损失，都应当支付。

约定的违约金低于造成的损失的，人民法院或者仲裁机构可以根据当事人的请求予以增加；约定的违约金过分高于造成的损失的，人民法院或者仲裁机构可以根据当事人的请求予以适当减少。当事人就迟延履行约定违约金的，违约方支付违约金后，还应当履行债务。

（五）给付或者双倍返还定金

定金是合同当事人一方为了确保合同的履行，依据法律规定或当事人双方的约定，由一方当事人按照合同标的额的一定比例，预先向对方支付的金钱。

当事人可以约定一方向对方给付定金作为债权的担保。定金合同自实际交付定金时成立。定金的数额由当事人约定；但是，不得超过主合同标的额的百分之二十，超过部分不产生定金的效力。实际交付的定金数额多于或者少于约定数额的，视为变更约定的定金数额。

债务人履行债务后，定金应当抵作价款或者收回。给付定金的一方不履行债务或者履行债务不符合约定，致使不能实现合同目的的，无权请求返还定金；收受定金的一方不履行债务或者履行债务不符合约定，致使不能实现合同目的的，应当双倍返还定金。

当事人既约定违约金，又约定定金的，一方违约时，对方可以选择适用违约金或者定金条款。定金不足以弥补一方违约造成的损失的，对方可以请求赔偿超过定金数额的损失。

三、违约责任的免除

法律规定了三种免责事由：法定事由、免责条款、法律有特别规定。

（一）法定事由

因不可抗力不能履行合同的，根据不可抗力的影响，部分或者全部免除责任，但法律另有规定的除外。当事人迟延履行后发生不可抗力的，不免除其违约责任。

因不可抗力不能履行合同的，应当及时通知对方，以减轻可能给对方造成的损失，并应当在合理期限内提供证明。

（二）免责条款

免责条款是指合同双方当事人在合同中约定，当出现一定的事由或条件时，可免除违约方的违约责任。

（三）法律的特别规定

在法律有特别规定的情况下，可以免除当事人的违约责任。如承运人对运输过程中货物的毁损、灭失承担损害赔偿责任，但承运人证明货物的毁损、灭失是因不可抗力、货物本身的自然性质或者合理损耗及托运人、收货人的过错造成的，不承担损害赔偿责任。

【思考题】

1. 简述合同履行的原则。
2. 如何区别要约和要约邀请？
3. 法律上对合同的格式条款有哪些限制？

4. 什么情况下合同无效?

5. 承担违约责任都有哪些形式?

【学习参考案例】

【案情简介】

2012年11月，原告李双杰与被告张学萍签订《房屋出租合同》，约定由张学萍承租李双杰368号院的房屋，租期一年，至2013年10月31日，租金每年10万元，半年付。2013年租赁合同到期后，双方通过短信息方式协商续租事宜，张学萍要求李双杰提供汇款用的银行账号，李双杰予以提供，张学萍向李双杰汇款4.5万元（扣除张学萍给李双杰做防水的费用5 000元），但李双杰认为扣除防水款后，张学萍应当给付6万元的租金，张学萍认为半年租金是5万元，不同意按照半年租金6.5万元的标准续签合同，双方就此发生争议。李双杰诉至法院，要求解除《房屋出租合同》，张学萍返还房屋，并按照每日356元的标准支付自2013年11月1日至实际腾退之日止的房屋使用费。

【审理判析】

北京市朝阳区人民法院经审理认为：李双杰与张学萍以短信息的方式协商续租事项，应当认定属于合同法中规定的对话的协商，作为房屋出租人的李双杰提出按照每年13万元的租金标准续租合同，但作为承租人的张学萍并未即时作出同意该租金标准的承诺，虽在庭审过程中，张学萍表示同意按照李双杰提出的13万元的租金标准继续履行合同，但张学萍的该承诺已经明显超出承诺的合理期限，李双杰现已经不同意与张学萍继续履行合同，故应当认定李双杰、张学萍双方在原书面《房屋出租合同》到期终止后，并未形成事实上的租赁合同关系。据此，判决张学萍腾退房屋并支付房屋使用费。

判决后，张学萍不服，提起上诉。

北京市第三中级人民法院认为：在双方签订的《房屋出租合同》即将到期终止时，李双杰与张学萍曾就续租事宜进行协商，双方短信息往来记录显示李双杰同意续租的租金标准为年租金13万元，而张学萍主张的数额则为10万元，双方就租赁合同主要条款价款问题存有争议，并未达成一致合意。张学萍的单方付款行为系对李双杰所发出要约的实质性变更，应视为以实际行为发出之新要约，李双杰对该新要约并未承诺同意，4.5万元款项到账行为不能视为李双杰同意并主动接受张学萍主张的以年租金10万元为前提的实际履行，应视为双方就此未达成一致意思表示，李双杰与张学萍于原租赁合同期满后并未形成新的租赁关系。张学萍继续占有、使用涉案房屋并无法定或约定的权利基础，应予腾退，并应支付原合同期满后其继续占用期间的房屋使用费。故判决驳回上诉，维持原判。

【法理研究】

本案的争议焦点是双方协商续租的合同是否成立。其中包含两个关键点：一是承诺的期间；二是无合意之履行行为不能视为合同成立。

1、关于承诺期间。

合同的订立，是缔约双方为意思表示并达成合意的过程。缔约达成合意，是合同的条款，至少是主要条款已经确定，各方当事人享有的权利和承担的义务得以固定。合同的订立，以要约、承诺的方式作出。对方当事人了解要约内容时要约开始生效，受约人得以在一定期间内作出承诺，此期间为要约存续期间。要约人在要约中定有存续期间，受约人须在此期间内作出承诺，未定存续期间的，要约以对话方式作出的，应当即时作出承诺，但当事人另有约定的除外。对话为要约者，受约人未立即承诺的，要约即失去效力。

本案中，双方以短信息方式协商续租事宜，虽并非传统意义上的订立方式，但由于短信息以即时可收发的状态，双方可即时了解对方的意思表示，故而本案中双方订立合同的方式，可以参照适用合同法规定的以对话方式的协商。则一方发出要约后，另一方需即时承诺，否则要约失效。李双杰要求年租金为 13 万元，张学萍未即时承诺，该要约失效。同时张学萍要求租金 10 万元，李双杰亦未即时承诺，双方就合同价款未达成合意。虽然在一审的庭审中，张学萍表示愿意以 13 万元的价格承租涉案房屋，但由于李双杰之要约已经失效，张学萍的承诺不产生合同订立的效果。

2、无合意之履行行为不能视为合同成立。

合同的订立，其最强调的是双方合意。为保证合意的一致性，承诺的内容应当与要约的内容一致。受约人对要约作出实质性变更的，为新要约。对有关合同的标的、数量等主要条款内容的变更，是对要约内容的实质性变更。本案中张学萍的 10 万元租金的意思表示，系对李双杰要约的实质性变更，是新的要约。

合同法第二十二条规定：“承诺应当以通知的方式作出，但依据交易习惯或者要约表明可以通过行为作出承诺的除外。”本案中张学萍主张其已经履行合同，且李双杰业已接受，故而合同已经成立。然而，张学萍的单方履行行为对李双杰原要约内容作出实质变更，实际是以单方行为表示了新的要约，但李双杰未予承诺，双方合意依然没有达成，合同未成立。一方当事人不能以已履行为理由“绑架”要约人，从而成立合同，因为从根本上讲，合同法所遵循的最高原则，系双方合意，无合意即无合同，更谈不上履行。